老年教育百人谈
百名学员谈老有所学

郑汉华　主编

中国科学技术大学出版社

内 容 简 介

为了系统总结"十三五"期间安徽省老年教育取得的进展、积累的经验、涌现的典型,更好地推动"十四五"老年教育高质量发展,安徽省老年大学协会精心策划并组织全省老年大学(学校)的校长、教师、学员畅谈在老年大学(学校)工作、学习的体会,会同安徽老年开放大学(安徽老年教育研究院)编辑整理成《老年教育百人谈》,包括三个分册。在《百名校长谈老年教育》分册中,来自全省各老年大学(学校)的校长们回顾了本校创办历史、办学过程及办学成就,阐述了对老年教育及老年大学(学校)的地位、作用等的深刻认识,总结出成功的办学经验、办学方法及规章制度等,对今后各地老年大学(学校)的建设和发展有重要的借鉴意义。在《百名教师谈教学体会》分册中,来自全省各老年大学(学校)各个专业的教师们谈教学经验及心得体会,讲述了教学准备过程中的艰辛、教学过程中遇到的困难和问题以及收到较好教学成果的喜悦等,书中介绍的教学方法及其效果,对老年大学(学校)教师有较大借鉴意义。在《百名学员谈老有所学》分册中,来自全省各老年大学(学校)的学员们根据自己在学校的所见所感所得,并结合自身变化和当下的时代发展背景,讲述了自己老有所学、老有所得、老有所为的心路历程,书中讲述的故事,对当代老年人如何充分利用退休空闲时间丰富自己的精神文化生活具有一定的参考意义。

图书在版编目(CIP)数据

老年教育百人谈/郑汉华主编. ——合肥:中国科学技术大学出版社,2022.9
ISBN 978-7-312-02806-9

Ⅰ.老… Ⅱ.郑… Ⅲ.老年教育—研究 Ⅳ.G777

中国版本图书馆 CIP 数据核字(2022)第 073949 号

老年教育百人谈
LAONIAN JIAOYU BAI REN TAN

出版	中国科学技术大学出版社
	安徽省合肥市金寨路 96 号,230026
	http://press.ustc.edu.cn
	https://zgkxjsdxcbs.tmall.com
印刷	安徽省瑞隆印务有限公司
发行	中国科学技术大学出版社
开本	787 mm×1092 mm 1/16
印张	81
字数	976 千
版次	2022 年 9 月第 1 版
印次	2022 年 9 月第 1 次印刷
定价	228.00 元(全三册)

老年教育百人谈

组 编

安徽省老年大学协会

安徽老年开放大学

安徽老年教育研究院

◆

编 委 会

主 编

郑汉华

副主编

朱 彤

编 委

方 文　谢荣华　钱自海　江 丽　李 杨

前　言

党的十八大以来，以习近平同志为核心的党中央高度重视老龄工作。党的十九届五中全会提出"实施积极应对人口老龄化国家战略"。2021年在重阳节来临之际，习近平总书记做出重要指示，强调要贯彻落实积极应对人口老龄化国家战略，把积极老龄观、健康老龄化理念融入经济社会发展全过程。习近平总书记的重要指示精神，为新时代老年教育工作指明了方向。2021年11月，中共中央、国务院出台了《关于加强新时代老龄工作的意见》，提出将老年教育纳入终身教育体系，依托国家开放大学等建国家老年大学。

安徽省委、省政府高度重视老年教育发展。2021年10月14日，省委书记郑栅洁到合肥市包河区老年大学进行老龄工作调研时强调，要认真贯彻习近平总书记关于老龄工作的重要指示精神，全面落实积极应对人口老龄化国家战略；在11月召开的安徽省第十一次党代会上，明确提出要"办好老年教育"。2022年5月25日，省委、省政府部署全省"暖民心"行动，"老有所学"作为十项行动之一。这是贯彻落实习近平总书记关于老龄工作重要指示精神和以人民为中心的发展思想,以最大力度、最实举措满足老年人终身学习需求的重要决策。我省1998年进入老龄化社会(65岁及以上人口占比达到7%),目前已进入中度老龄化阶段。根据2021年5月公布的第七次人口普查数据,我省60岁及以上人口占全省总人口比例为18.79%,其中65岁及以上人口占15.01%。老年教育如何在严峻的老龄化形势下抓住发展机遇,创建良好的人口环境,对我国"十四五"时期的经济社会发展乃至全面建设社会主义现代化国家进程都将产生重大而深远的影响。

"十三五"期间,我省老年教育工作在省委、省政府的高度重视和领导下,创新体制机制,整合社会资源,积极扩大老年教育供给,老年教育治理体系和能力有了较大幅度的提升,不少工作在全国有创新、有特色、有亮点。2020年11月13日,我省颁布《安徽省老年教育条例》,这是全国为数不多的省级老年教育地方法规。我省还先后出台了《关于加快"十三五"期间老年教育发展的实施意见》《关于积极推进老年大学(学校)建设与发展的若干意见》《关于进一步加强全省基层老年教育工作的若干意见》和《安徽省老年教育机构办学指南》等一系列政策文件,围绕老年教育管理体制与保障措施、资源配置与整合利用、办学标准制定与实施、教师队伍建设与培训、课程开发与利用、教育质量管理与指导等问题做出明确规定,从制度层面引导老年教育健康发展。老年大学(学校)作为老年教育的主要载体,在满足老年人多样化学习需求、引领老年人健康养老、再融入社会和服务社会等方面发挥了重要的平台作用。据不完全统计,截至2021年年底,我省各级各类老年大学(学校)有8700所,接受各种形式老年教育的老年学员有140万人左右。针对老年学员的调查显示,老年人到老年大学(学校)学习的愿望十分强烈,对多样化、个性化、高质量老年教育的需求与日俱增。

为了系统总结"十三五"期间安徽省老年教育取得的进展、积累的经验、涌现的典型,更好地推动"十四五"老年教育高质量发展,安徽省老年大学协会精心策划并组织全省老年大学(学校)的校长、教师、学员畅谈在老年大学(学校)工作、学习的体会,会同安徽老年开放大学(安徽老年教育研究院)编辑整理成《老年教育百人谈》(包括《百名校长谈老年教育》《百名教师谈教学体会》《百名学员谈老有所学》三个分册)。

在《百名校长谈老年教育》分册中,来自全省各老年大学(学校)的校长们回顾了本校创办历史、办学过程及办学成就,阐述了对老年教育及老年大学(学校)的地位、作用等的深刻认识,总结出成功的办学经验、办学方法及规章制度等,对今后各地老年大学(学校)的建设和发展有重要的借鉴意义。在《百名教师谈教学体会》分册中,来自全省各老年大学(学校)各个专业的教师们谈教学经验及心得体会,讲述了教学准备过程中的艰辛、教学过程中遇到的困难和问题以及收到较好教学成果的喜悦等,书中介绍的教学方法及其效果,对老年大学(学校)教师来说有较大借鉴意义。在《百名学员谈老有所学》分册中,来自全省各老年大学(学校)的学员们根据自己在学校的所见所感所得,并结合自身变化和当下的时代发展背景,讲述了自己老有所学、老有所得、老有所为的心路历程,书中讲述的故事,对当代老年人如何充分利用退休空闲时间丰富自己的精神文化生活具有一定的参考意义。

作者们的文章切合实际,有真情实感,值得老年大学(学校)的领导、教师与学员阅读与学习;值得公众通过本书了解老年教育与老年大学(学校)的情况;值得将本书推荐给身边的老年人阅读,使他们知道老年人的生活也可以是丰富多彩的。本书也为与老年教育相关的领导决策提供了一手的资料。本书内容翔实,言之有物,可以帮助我们提高对老年大学(学校)和老年人学习的价值的认识,欣赏和尊重老年人对社会的贡献。

本书的编辑出版,是在安徽省老年大学协会统一领导下,由各市老年教育委员会(简称"老教委")负责组织实施和遴选推荐的。高开华同志在担任安徽省老年大学协会副会长期间,为本书的编写做了大量工作。正是这些老领导和老同志的全力支持和热情参与,使最基础的组稿工作得以顺利完成。在此,我们向所有关心、指导、帮助、参与本书编辑出版工作的单位、领导、专家、教师、学员一并表示诚挚的感谢!

由于时间紧,加上我们的水平有限,书中难免有所疏漏,欢迎读者批评指正。

编　者
2022 年 7 月

目　录

前言 …………………………………………………………（i）
退休生活"别样红" ………………………………………桑桂荣（1）
以奉献圆梦想 ……………………………………………雷　虹（4）
健康快乐与我们同在 ……………………………………闵克泉（9）
京韵随心　圆梦老年大学 ………………………………孟　燕（12）
文化养生　康乐有为 ……………………………………徐道安（14）
我的退休生活有了用武之地 ……………………………潘长华（17）
老有所学　学有所乐 ……………………………………刘宣传（21）
充实地过好每一天 ………………………………………尹志强（23）
老年大学圆了我的书法梦 ………………………………师燕冶（27）
学唱京剧　提升我的快乐指数 …………………………杜平长（31）
在美丽的校园里享受美好生活 …………………………张维萍（35）
学史明志守初心　立德树人担使命 ……………………武光友（37）
开启人生第四篇章 ………………………………………郑　岚（41）
人生永远没有太晚的开始 ………………………………邢小萍（44）
在合唱团里学做人 ………………………………………闫长义（46）
老年人是文化自信的实践者 ……………………………张建华（51）
上老年大学"有事做" ……………………………………刘海娜（53）
我喜欢在老年大学的每一天 ……………………………周　红（58）
在老年大学的幸福日子 …………………………………梁青春（61）
拥抱美好的明天 …………………………………………王维淦（66）
人生莫待夕阳老　笔下流年无限好 ……………………夏世永（70）

闲来研墨笑盈腮 ……………………………………	金嘉德（73）
童心在校园 …………………………………………	苏继向（76）
重走"读书郎"之路 …………………………………	唐启善（78）
我的同学我的班 ……………………………………	王建华（81）
幸福晚年　夕阳生辉 ………………………………	胡玉香（83）
我们努力地奔向那诗和远方 ………………………	陈凌英（85）
老年大学是老年人的欢乐窝 ………………………	张士亮（87）
文化养老是康养的最佳选择 ………………………	乙思溥（89）
老年大学是我们晚年生活的最佳选择 ……………	陈　峰（90）
老年人心中的殿堂 …………………………………	李素芹（94）
把平平淡淡的日子过得诗情画意 …………………	庞　琰（98）
坚持学习的人永远年轻 ……………………………	倪德明（101）
习字让我的生活丰富多彩 …………………………	庄大传（103）
收获崭新的人生和幸福的晚年 ……………………	宋同兰（106）
生命的第二春在此扬帆起航 ………………………	赵　瀚（108）
百花齐放春满园 ……………………………………	倪冬宁（111）
追梦在路上 …………………………………………	吴爱华（113）
白发甘当老学郎 ……………………………………	张德绥（116）
老有所学才能老有所乐 ……………………………	李振乾（118）
红火瑜伽俏夕阳 ……………………………………	孟凡林（121）
老年大学让我焕发青春 ……………………………	陈　林（124）
为人生添彩 …………………………………………	李树敏（127）
夕阳辉灿醉春风 ……………………………………	苏林生（129）
练字修身　学书陶情 ………………………………	李德君（134）
一起奔跑在理想的路上 ……………………………	王　宇（136）
老有所学　自得其乐 ………………………………	孙登先（141）
飒爽武姿映夕晖 ……………………………………	刘开霞（144）
让晚年生活更富情趣 ………………………………	廖延竹（148）
为新时代老年生活喝彩 ……………………………	马起玉（153）
诗书画唤醒了我的活力 ……………………………	李卫琴（155）
不被"后浪推在沙滩上" ……………………………	尤逢荣（159）
活出一个最精彩的自己 ……………………………	刘光华（162）

键盘敲得夕阳红	梁忠全(166)
智能手机让晚年生活更加多姿多彩	王淑萱(170)
62岁那年我拿到了自考毕业证书	吴广仁(173)
老年大学是我最爱去的地方	张翠华(178)
在这里,实现了我童年的夙愿	孙荣祖(180)
我们赶上了好时代	胡旭东(182)
活到老,学到老　永远不"掉队"	张　显(184)
老年人的再学习是生活需要、时代需要、健康需要	赵言富(186)
让睿智的年华在晚霞中闪耀	方　毅(189)
京剧充实了我的生活	韦德鑫(191)
生活中不可缺少的组成部分	李景和(192)
习书的摇篮	贺继慧(196)
奋斗赢幸福	纪道明(199)
老有所学精神爽	刘正年(203)
我的绘画之路	武继文(205)
老年大学助我更好地理解生命的意义	殷晓东(210)
学在其中　乐在其中	陈文林(212)
班长是班级教学管理的重要支撑	杨　林(214)
愿袅袅墨香芬芳我的流年	李　英(219)
老有所为充实了我的晚年生活	蔡星宝(223)
我为博望老年大学增光添彩	吴宗凤(228)
我们相聚在幸福的乐园中	祁国建(230)
在这里,我们意气风发	谢德金(234)
老年团体成为芜湖的一道靓丽风景	吴翠英(238)
浅谈如何加强老年大学班长队伍建设	张新民(241)
喜看新生老凤尽翱翔	史明静(246)
学到了知识　收获了健康	夏金兰(250)
心灵的家园	杨增芳(254)
老年生活更加丰富多彩	刘桂仙(256)
皓首学艺犹未迟	何　文(258)
最美不过夕阳红	李玉萍(262)
让生命继续绽放多彩的花	梁瑞英(264)

花甲之后　圆少年乐器梦	陶根苗(267)
夕阳工程造就了朝阳产业	杨小宣(272)
在老年大学演绎着不老人生	吴敬立(275)
我的"大学"梦	王　玲(277)
夕阳花开的地方	郑燕玉(279)
童年的梦想今成真	樊翠岚(281)
指尖上流淌着的幸福	徐　磊(284)
老年大学是我快乐的乐园	李燕琳(289)
每天做一个全新的自己	刘穆莲(291)
享学习之乐　品夕阳之美	郑晓阳(293)
一座通往幸福的桥梁	陈松菊(298)
黄梅情缘让我们互敬互爱一家亲	何子明(301)
我因老年大学而年轻	曹　莉(303)
让我更加自信和快乐	徐　芳(308)
老两口快乐"留学"老年大学	朱素萍(311)
健脑修心　求知求乐	王日耀(315)
学得乐观伴夕阳	沈大珍(319)
老枝新叶四时肥	汤昌社(321)
在"三园"中丰富晚年生活	郑和平(325)
老有所为的生活从这里起航	余秀芝(329)
上老年大学是我最佳选择	王绍箕(332)
老年大学：一本读不完的百科全书	宁艳穗(336)
让学习成为一种可能	罗建华(339)
80岁我学会了使用电脑	朱道毅(342)
老有所学　幸福生活每一天	苏　敏(345)

退休生活"别样红"

桑桂荣

退休后,每个人都会有一个适应的过程,工作了一辈子,突然闲下来,需要慢慢地适应这种全新的生活。有些老人选择出去旅游,游览大好河山;有些老人帮着子女带孩子,尽享天伦之乐……但"新鲜感"过后,很多老人很快就会进入一个"闲下来"的状态,整日在家里无所事事,没有精神寄托和依靠,人很快就会"蔫"下来。而老年大学可以为大家的退休生活打开一扇"圆梦"的窗户,体会别样的"夕阳红"。

5年前,我退休在家,每天的生活就是买菜、烧饭,整天围着灶台转,生活枯燥乏味。我也曾想过,我每天的日子就是这样吗?这不是我想要的生活,我要走出去,去寻找我人生的价值,让我的老年退休生活过得更加有意义,活出不一样的精彩人生。于是,我义无反顾地走进了安徽老年大学。

近年来,在省委、省政府的重视和关怀下,安徽老年大学办学蓬勃发展。在这里,老有所教、老有所学、老有所为、老有所乐得以实现。通过在老年大学的学习,我能深切感受到各级领导对我们老年人的关心和爱护。老年大学通过线上服务、线下体验,打造一体化资源统筹、一站式综合服务、一网式信息管理的智慧养老平台,老同志不仅可以全方位、多层次、专业化享受涉老信息等资讯,还使广大老同志能更好、更快地适应数字化社会,让更多的老同志享受实时、便捷、高效、优质的健康保健、生活文娱、精神文化等服务,实实在在地帮助广大老年人更快地融入数字信息时代。在日常生活中能熟练使用智能手机,享受其给我们生活带来的便利,避免被数字社会边缘化。

  安徽老年大学老师教学严谨,认真负责。在健身舞班,我有幸跟着王光荣老师学习舞蹈,王老师每堂课都有周密的教学计划,从手、眼、身、法、步等方面不厌其烦地给我们讲解要领,耐心细致地手把手教我们。王老师用曼妙的舞姿诉说着人间的爱,用辛勤的汗水浇灌着我们的心田。刚开始学习的时候,我们对舞蹈的理解不够,在节奏上和动作上不够规范,王老师就像教小学生一样教我们,耐心分解每个动作的要领,带着我们反复练习,不断鼓励我们,给了我们学习的信心和快乐,让我们越学越感兴趣;王老师平易近人、和蔼可亲、教学严谨认真,让我们领略了她高雅的艺术风采;王老师的热心和耐心使我们感受到了暖心,以至于后来的学习也进步很快。在王老师的引领下,我们从"小教室"登上了"大舞台"。是她的辛勤付出给了我们在舞台上展示的机会,让我们深深体会到表演的无限快乐。疫情期间,王光荣老师及时调整教学计划,采用网络视频教学。网络授课如何尽可能地兼顾插班学员以及学习程度不一的学员?如何解决与线下学习师生、学员互动不足的问题?如何保证网课质量不下降?王老师可谓是煞费苦心,在她缜密的设计下,我们学起舞来并没有特别吃力,也能够跟上教学进度。她根据广大学员的实际情况和诉求,编新舞,教新曲,满满的爱通过网络传递给每一位学员,能跟着王老师学习真乃幸事!王老师的舞蹈课绝对超值,即兴编排的巧思一流,能将晦涩难懂的舞乐知识讲授得清晰、透彻、易懂。疫情时期,王老师大冷天在冰冷的地板上录制教程,克服在几平方米的狭小空间里视觉角度不佳的困难,通过多手机、多机位、多角度操作,编排了不同程度的舞蹈动作……我们居家足不出户,仍能学习到优质丰富的知识,学业和舞乐水平得到提高。一句话,衷心谢谢王老师!让大家即使在疫情最严峻的2020年也没有停止我们的舞步,用舞步舞出了不一样的人生,以我们独特的形式"艺"起行动,共同抗疫。

安徽老年大学学习氛围融洽,学员之间的友谊深厚。现在老年人同年轻人一样,不再满足于衣食无忧,他们热爱文化生活,追求健康时尚。因此,老年大学成了老年人更新知识的课堂和开心娱乐的园地。在安徽老年大学,我认识了很多新朋友,大家相互切磋技艺,交流思想,增进友谊,培养了谦和诚信、相互包容、举止文明、乐于助人的高尚情操。通过学习舞蹈,我变得更加自信,生活也充实起来,并且能够保持思维敏捷,腿脚灵活,克服了身体的许多不适,而且还强化了我们的坚强意志,姐妹之间上课时步伐一致,下课时相互交流,取长补短,共同进步,和谐的氛围既让我的身心愉悦,又让我有了健康的体魄,舞技也得到了提升。我们学习的舞蹈《人间天河》在年终汇报演出中取得了较好的成绩,受到了领导的一致好评。我们用肢体语言向观众呈现了南水北调浩大工程的场景,同时也展示了我们努力学习的成果。学习的《小球操》舞蹈,让我们在健身的过程中,找到了快乐,通过形体锻炼,我们更加自信。

总之,几年的老年大学学习生活,使我的艺术修养得到了提升,思想品德得到了提升,丰富了我的业余生活,使我的晚年生活有滋有味。老年大学也充分展现了老年人"活到老,学到老"的精神面貌,践行了"我学习、我成长、我快乐"的终身学习理念,已成为老年朋友们交友、学习、修心的精神乐园。老年大学,让老年人走出家门,老有所学、老有所乐,让我们的晚年生活从"养老"变成了"享老",我要发自内心地说:感谢有你,安徽老年大学,是你让我的退休生活"别样红"!

(作者系安徽老年大学学员)

以奉献圆梦想

雷 虹

我是一名有35年党龄的老党员,同时也是一名合唱团团员。退休后组织关系转入西杭社区党支部,担任第三党小组组长,兼包河区烟墩街道理论宣讲员。在讲党史、学合唱过程中,我逐渐明晰了退休生活的目标:以初心敬党心,以榜样聚力量,以奉献圆梦想,实现老有所学、学以致用,个人与社会共成长。

(一)讲"党史"坚定理想信念

2021年2月20日,习近平总书记对党史学习教育进行了全面动员和部署,他强调,在全党开展党史学习教育,是党中央立足党的百年历史新起点、统筹中华民族伟大复兴战略全局和世界百年未有之大变局、为动员全党全国满怀信心投身全面建设社会主义现代化国家而做出的重大决策。全党同志要做到学史明理、学史增信、学史崇德、学史力行,学党史、悟思想、办实事、开新局,以昂扬姿态奋力开启全面建设社会主义现代化国家新征程,以优异成绩迎接建党一百周年。

1. 确定党史宣讲主题

元宵节刚过,根据烟墩街道"重温百年党史 传承红色基因"系列主题宣讲"七进"活动要求、西杭社区党支部工作安排和听众的特点(党员、团员、成人、学生),我迅速组建了西杭社区宣讲小组,融入包河区烟墩街道鲁化宣讲团"四史"宣讲队,提前为自己选定了两个宣讲内容:一是"红船映初心 精神铸丰碑",二是"县委书记的榜样——焦裕禄",并着手收集相关资料。

2. 研究党的精神谱系

革命精神是党和国家的宝贵财富,"红船精神""焦裕禄精神"都是红色革命精神。"红船精神"指的是开天辟地、敢为人先的首创精神,坚定理想、百折不挠的奋斗精神,立党为公、忠诚为民的奉献精神。"焦裕禄精神"指的是亲民爱民、艰苦奋斗、科学求实、迎难而上、无私奉献的精神。习近平总书记"七一"重要讲话指出,一百年前,中国共产党的先驱们创建了中国共产党,形成了坚持真理、坚守理想,践行初心、担当使命,不怕牺牲、英勇斗争,对党忠诚、不负人民的伟大建党精神,这是中国共产党的精神之源。标示了党的革命精神的源头和起点,深化和拓展了党的精神谱系。他强调,一百年来,中国共产党弘扬伟大建党精神,在长期奋斗中构建了中国共产党的精神谱系,锤炼出鲜明的政治品格。他要求我们,要继续弘扬光荣传统,赓续红色血脉,永远把伟大建党精神继承下去,发扬光大。

3. 梳理党的优势特质

习近平总书记概括提炼了32个字的伟大建党精神:"坚持真理、坚守理想",体现的是我们党思想先进、信仰坚定的特质,它展现的是强大的思想优势;"践行初心、担当使命",体现的是我们党初衷不改、本色依旧的特质,它展现的是强大的政治优势;"不怕牺牲、英勇斗争",体现的是我们党意志顽强、作风优良的特质,它展现的是强大的精神优势;"对党忠诚、不负人民",体现的是我们党品德高尚、情系人民的特质,展现的是强大的道德优势。我们党提倡公德、重视品德,我们党教育党员干部、教育人民群众有两个重要的手段:一是靠思想的力量武装人,二是靠道德人格的力量激励人。

4. 策划党课表现形式

我通过"学习强国"App以及在浙江红船干部学院、焦裕禄干部学院等网站寻找相关信息、数据、图片,认真备课,先后制作了《启航——中共一大会议》《红船映初心　精神铸丰碑》《县委书记的榜样——焦裕禄》3个课件,准备了2个短视频、1个诵读视频,力求通过一堂堂"党史课",揭示历史背后的道理,把中国共产党的精神谱系讲透,引领人们更加深刻地理解中国共产党为什么"能"、马克思主义为什么"行"、中国特色社会主义为什么"好"。用中共早期领导人的故事、焦裕禄的故事,坚定党员的信仰、凝聚力量;用伟大成就鼓舞大家斗志、砥砺品格;用管理理论启发党员干部立足本职,为群众办实事;把各级党(团)组织建设成全体党(团)员的精神家园。

5. 坚守信念凝聚力量

"一条小船诞生一个大党""一船红中国,万众跟党走",我用朴实无华的言行,引导党员、群众、学生感受"红船精神"的历史地位和时代价值,明确"大力弘扬红船精神,奋力走在新时代前列"的使命担当和实践要求,增强对马克思主义、共产主义的信仰,对中国特色社会主义的信念,对实现中华民族伟大复兴的信心,从而汇聚起全面建设社会主义现代化强国的磅礴力量。大家纷纷表示,要把党史学习教育同社区治理、文明创建相结合,以实际行动践行"红船精神",让革命精神内化于心、外化于形,当好"红船精神"的守护者、传承者和践行者。

6. 成绩斐然上级嘉奖

2021年3月13日至7月15日,我完成了烟墩街道机关第一和第二党支部、云川社区党委和团支部、西杭社区党支部等6场宣讲活动,《安徽商报》《合肥晚报》以及"学习安徽网""法制安徽网""小包说新闻"等媒体跟踪报道了每次的宣讲活动,街道、社区也开展了全方位、多角度的宣传报道,推动了基层单位"党史学习教育"走深走实。2021年6月30日,烟墩街道授予我"优秀共产党员"称号。

(二)学合唱展现集体风采

如何用最美的声音唱响爱党、爱国的最强音,是我退休后孜孜不倦的追求。

我是唱歌爱好者,云川社区老年学校是我重新踏上合唱道路的起点。我参与了学校声乐班(合唱团)组建、专业老师选聘、管理制度起草、歌唱作品选择、词曲创作理解、表演动作设计、合唱声训排练等工作。我鼓励学员注重倾听、各声部无缝衔接,使班级变得更团结、更和谐、更文明。

我是"云端"管理员,班级微信群是我组织网上歌咏活动的载体。2020年疫情肆虐,各级老年大学(学校)假期无限期延长。为了振奋大家的抗疫信心,我建立了"云服务"平台,实施实名入群制度,严格信息发布渠道,全面编织人际交流的"安全网",成功使得抗疫原创歌曲、中外经典歌曲在云端顺利传唱。我策划了"母亲节云联欢"活动,展现了老年人与时俱进的"云上"生活,帮助学校实现了闭门"不谢客"、服务"不打烊"的目标,学员对美好生活的向往日益增强。

我是低声部部长,在方兴合唱团,我的合唱技能持续得到提升。为全面学习合唱理论、掌握合唱方法,我同时在安徽老年大学歌咏(三)班、合肥市文化馆艺术培训中心乐理与视唱班及声乐班、烟墩街道合唱团学习,师从国家一级作曲家李亚盟老师和国家一级指挥陈礼珆、曹效建、王华金老师。每周坚持4次声音训练、合唱训练,1次乐理学习,1次器乐(古筝)学习。"风里雨里,学校排练教室等你"已变成我生活的一部分。每次登台表演对我都是一次全方位的锻炼;每次演出前的系统训练,不仅让我的专业技能得以迅速提高,还让我的抗压能力与日俱增。

两年半时间,不同的场合、不同的歌曲、不同的磨炼,终于让我成为一名合格的合唱队员,并明白了许多道理:合唱的"合"字,包含人合、意合、声合。合唱是需要用心呵护、静心聆听、细心品味的声乐艺术。学合唱一定要会"三声一鸣",即假声、轻声、直声、哼鸣。合唱的声音是艺术,咬字是艺术,表现状态也是艺术。用不同的声音表现不同的合唱作品,是合唱的语言。要唱好合唱,应当先做好人,做懂配合、能吃苦、能包容、求进步的人。选择合唱团,意味着选择了一种新的生活方式:执着、坚守。搞好合唱团,"管理、出勤、声音、语言"缺一不可。

一分耕耘,一分收获。2021年,在庆祝中国共产党成立100周年"唱支山歌给党听"包河区第六届合唱比赛中,我代表"烟墩街道合唱团""方兴合唱团"参赛,分别荣获一等奖、三等奖。2019年在庆祝中华人民共和国成立70周年系列活动中,我参加"万年埠合唱团",获合肥市职工合唱展演三等奖、包河区合唱比赛二等奖。

"不忘来时路,踏歌向前行;永远跟党走,奉献一片情!"我完美地兑现了自己的承诺。

(作者系安徽老年大学滨湖校区学员)

健康快乐与我们同在

闵克泉

我退休已经 17 年了,总觉得越活越年轻,越活越有滋味。为什么会有这种感觉?大抵与我在老年大学上学有关吧,因为自从上了老年大学,我便有了老有所学、老有所乐、老有所为的感觉。老年大学是老同志们开启退休后另一段幸福人生的精神摇篮。

在安徽老年大学,我明显感受到学校对我们老同志的呵护和尊重。学校在办好日常教学的基础上,为广大学员创造了各种才艺展示的机会,还多次邀请专家举办讲座,只要有机会我就积极参加各项活动。在丰富多彩的学习和活动中,我感觉到人越来越有精神,身体越来越棒,也很少生病了,比吃什么补品都强。

先说说我的老有所学。有一句话叫作"活到老,学到老"。一个人真正的衰老不是年龄变大,而是当他不再学习、不再进步时,就失去了年轻时的活力和朝气。所以无论多大年纪,都要坚持学点知识,永远保持好奇心和求知欲。把生活安排得尽量丰富和有趣,我们活着的每一天才更有价值和意义。退休后,我便开启了老有所学的模式。先后在社区老年大学和安徽老年大学学习了二胡、笛子、古筝、乐理、声乐、朗读、黄梅戏、书法、绘画、太极、摄影。这些都要学精不容易,课堂上学习新知识,回到家里还得练习巩固,有了奋斗目标,就来了精神。特别是朗读,我有幸得到了安徽电视台主播朱广德的指导,懂得运用语言声音表达作品的情感,从而激起听众的共鸣,普通话水平也有了大幅提高。试想,如不参加老年大学的学习,就只能钓鱼、打牌,哪里能体会到学习带来的收获和快乐。

再说说我的老有所乐。有了老有所学就有了老有所乐,说起这必须竖起大拇指给老年大学点赞!老年大学教学与展示相长。我参加过二胡和古筝集体表演,熟悉了民乐合奏的台风要求;参加合唱表演,提高了用声能力,对黄梅戏的戏曲唱腔特点也有了进一步了解;在安徽老年大学举办的"我看新中国 70 周年"演讲比赛中获得了优秀奖;在学校的主题征文比赛中获得三等奖。

我还要给自己和老伴儿点个赞。老伴儿在家是我的"领导",也是我在老年大学的同学。上了老年大学后,家庭关系更和睦,我俩在学习上互相鼓励,生活中互相关心,被街道评为"书香家庭"。我和老伴儿在表演的节目中扮演夫妻时,老有真情实感了,咱们可是实打实"原装"的呀!我们俩常常感怀——要时刻记得不虚度光阴,老年大学的学习使我俩生活充实又有活力。我们虽已进入老年,却感到时光正好,我们珍惜每一天,做我们喜欢做的事,归来仍是少年;我们与老年大学同行,健康快乐便与我们同在。

我还想和大家分享老年大学助我老有所为,幸福满满!幸福的生活人人向往之,是什么让你的生活充满幸福感?我们从哪里获得幸福感?如何发现生活的意义呢?我想,每个人的答案都不尽相同。我的体会是,做一个乐于助人的志愿者是最幸福的。我住在合肥万达城小区,属于包河区万年埠街道。社区领导因为考虑我们这些老年大学的学员素质都比较高,就把我们当作"宝",老年大学出来的人才也就有了用武之地。我在协助社区工作方面献计献策,还做了大量的工作。比如为了维护社区居住小区的安全,我组织成立了巡逻队,巡查并制止高空抛物、遛狗不拴绳、各种车辆乱停乱放等行为;在疫情防控期间,特别是形势最严峻的那段时期,参加生活小区值班,控制人员进出,劝导小区居民不随意出门、出门必须戴口罩,后期参加社区防疫巡逻队,到公共场所进行3人列队巡逻。万慈社区得到上级领导多次表扬,也受到中央电视台、新华社、安徽电视台、合肥电视台等媒体的相继报道;万慈社区党支部被省委组织部授予示范党支部。想到社区的美好、安宁与祥和也有自己的一份努力,我这心里头可美了。

在老年大学学到的知识和技能,使我在社会公益志愿活动中愈加得心应手,不断实践着老有所为的幸福人生。作为师范附小的课外辅导员,我经常被邀请去学校给孩子们讲故事。我一般会准备小学生感兴趣的内容,例如《我家住进了渡江部队的解放军》《击落U-2》等,通过讲述这些故事,培养孩子们的爱国情感,引导他们珍惜现在的生活以及对解放军表达崇拜与尊敬之情。宣讲过后,有小记者采访我时问道:"闵爷爷,您对我们有什么期望?"我就满怀希望地告诉他们:"同学们现在在学校好好学习,掌握现代科学知识,练好本领,将来更好地保卫祖国和建设祖国,把我们的国家建设得更加强大。"我还去过消防队做宣讲,面对逆行的英雄消防队员,讲那些舍生忘死、以人民利益为重的内容,如英雄麦贤德重伤不下火线的故事,以此激发消防队员们奋不顾身、勇敢战斗的精神。而当我在居民社区演讲时,我会讲解放军同志在荣誉面前相互谦让的故事,以促进邻里和睦相处。

听众们一次次热烈的掌声和叫好声就是我继续宣讲的动力,我体会到做一名宣讲员很有意义,很光荣。具有感染力的宣讲,得益于老年大学提供的学习机会,平时都是同学、伙伴们给我点赞,在此我要再次为我们的老年大学竖起大拇指,感谢老年大学给我们老同志提供了一方老有所学的天地,感谢老年大学带我们畅享老有所乐,感谢老年大学成就了我们老有所为的幸福生活。

有了老年大学这么棒的精神家园,我们这些老同志,特别是老党员更要做好表率,为迎接第二个百年继续前行!为实现中国梦努力奋斗!

(作者系安徽老年大学滨湖校区学员)

京韵随心　圆梦老年大学

孟　燕

我对京剧的热爱萌发于我的少年时代。

我出生于部队大院,我的童年都是在北京军区装甲兵部队坦克二团度过的。在我12岁的时候,天津戏校到我所在的部队子弟小学招生,我报名考试并被录取了。但由于父亲即将转业,不忍将我一个小女孩独自留在天津,加之对演戏的世俗偏见,就没让我去上天津戏校。当时样板戏风靡全国,我也非常喜欢。对京剧的热爱在我幼小的内心深处扎下了根,部队大院是我京剧梦的起源地。

我于1976年随父转业,从天津迁入合肥,初中、高中、工作、结婚生子,45年的时光转眼即逝,我见证了合肥的变化、成长,合肥变美了、变高了、变富了、变绿了……

我在中国工商银行合肥市分行工作了36年，2017年退休。退休后的生活忙碌又枯燥，我觉得需要充实、丰富我的精神生活，这时童年的记忆仿佛越来越清晰，京腔京韵时常萦绕于耳边。心随京韵，我上了老年大学，系统学习京剧这门艺术，丰富自己的退休生活，实现当年想学习京剧的愿望。

从少年的戏剧萌芽到老年学习科目的筛选落定，主要还是因为京剧的魅力无法抵挡。

进入京剧艺术的百花园中，只觉一片锦绣，美不胜收：唱念做打，丰富多彩；板式腔调，变化万千；京韵念白，节奏铿锵；人物形象，惟妙惟肖；一开口，一投足，真是精彩绝伦，余音绕梁，妙不可言。人老了，还能沉浸其中，此生无憾。

为了找到合适的学习环境，我先后去了安徽老年大学芜湖路校区和合肥老年大学百花井校区报名，却都由于种种原因没有实现，后来在安徽老年大学滨湖校区学委会主席应作梅的推荐下，于2018年9月来到安徽老年大学滨湖校区，报名青衣班，系统学习京剧，迟到40年的梦想终于实现了。我非常珍惜这次学习机会，从没请过一次假、旷过一节课，虽然离学校较远，每次单程坐公交车需要一个小时，但每堂课我都提前半小时来到，还做好上课前的准备工作。

回想起我初来合肥的时候，合肥根本没有老年大学。因为生活经济条件不富足，更谈不上去追求精神世界的满足。现在上老年大学已不是什么新鲜事了，特别是"十三五"期间，每年新增很多老年大学，但依然满足不了老年人的学习欲望，排队报名已经是很普遍的现象。为了老有所学、老有所乐、老有所为，上老年大学已成为退休人群丰富生活的主要方式，这里是老年人实现年轻时没有完成的夙愿的最佳地方。

我所在的安徽老年大学滨湖校区是安徽老年大学的样板学

校,学习环境堪称"华东一流",从我来到这所老年大学的那天起,我就深深爱上了这所花园式的校园。规范统一的教室,严格科学的管理,在细节中我深深感到滨湖校区领导和老师们对学员的关怀,在活动中激发学员健康向上的生活理念,如涓涓细流,滋润着每一个学员的心灵,让心灵得以安宁、快乐、丰富、美好!

安徽老年大学的进步与发展是我省"十三五"期间老年教育成果的集中展现,是中国共产党建党100周年辉煌成就的缩影,是安徽老年人幸福生活展现的窗口。京韵随心,弘扬国粹,我要越活越年轻,越活越有劲!我要与祖国共欢乐,共成长,见证祖国的繁荣富强。

(作者系安徽老年大学滨湖校区学员)

文化养生　康乐有为

徐道安

"最是人间留不住,朱颜辞镜花辞树。"退休了,在家的日子多少有点孤单寂寞,为了老有所乐和老有所学,我选择了到老年大学学习。过去,我想上大学,苦于种种原因,没能实现。未曾想,在安徽老年大学圆了梦。2013年,我开始在安徽老年大学做一个永不毕业的"老童生",学习诗书画。

安徽老年大学芜湖路校区坐落在包河之畔,与充满着人文景观的包公祠相邻,二者皆为包河之畔亮丽的风景。清晨,鹤发童颜的学子从四面八方汇聚于校园,无不精神焕发,自豪和幸福溢于言表。

我是安徽老年大学一分子,在学校学习是一种精神享受。

在这里,生活愉悦,可以收获人生理想的硕果。

在这里,增长知识,丰富生活,陶冶情操,促进健康,融入社会。

在这里,有着快乐学习、怡心健体、文化养生、自强不息的学习氛围。

在这里,不会有求学的压力,感受到的是求知、求乐、求交流、求展示的轻松。

在这里,没有功利的追逐、权力的争夺,学员们和谐、平等相处,共同追求健康、高雅、有质量的生活。

在这里,过去是要我学,现在是我要学,享受学习,提升自我,康乐有为,实乃快哉!

安徽老年大学现代化设施齐全,管理规范,秩序井然,学科齐全,是一所老年人的高等学府,是我们学习的乐园、幸福的家园。

老年大学所设课程比较多,我们可以选择自己喜爱的专业课程学习。根据自己的爱好,我选择学习诗书画。

诗词是中国文化的精髓瑰宝,学习诗词可获得心灵的洗礼、文化的熏陶。诗词班的章国保老师教学认真、知识渊博,无论是谈诗的结构与形式、鉴赏与诵读,还是谈诗的发展与流派、写作途径和方法,都游刃有余。他教学循循善诱,平易亲切,又要语不繁,切中肯綮,令人学习兴趣盎然。经过几年的时间,我由入门学习到初步掌握一些诗词的基本知识,逐步地学习写作,发表作品,散见于《中华诗词》《松云诗词》《庐阳诗词》及校报校刊等,取得了一些令人欣慰的成绩。

绘画对于我来说,是一个特别的陌生的课程。在课堂上,我跟随老师的教学安排,一步一个脚印地学,从树石、云水、点景等学起,在水墨、线条、浓淡、枯湿中摸索。在老师的精心指点和学友的帮助下,现在我也能画出个像模像样的作品了,可以自娱自乐。

我素来喜欢学习写毛笔字,但基础差,习不得法。在安徽老年大学的书法课堂上,我向老师和学员们学习,学习书法理论,临摹法帖,方知写字与书法有着天壤之别。书法深奥无比,讲究传统与继承,讲究变化与平衡,讲究功底与兼容,讲究美感和视觉震撼。经过几年的学习和努力,我也取得了一点成绩,并能用自己的所学服务社会,和书友们交流、互动。我曾参与多场义务写春联活动;书法作品惠赠亲友,还多次用于展览展示,并发表于报纸、杂志上;我还去少年宫辅导青少年习字等。在收获成功喜悦的同时,心中有着一种说不出的高兴。当手捧着安徽省书法协会会员证书时,心中漾起微笑的涟漪。这些都得益于我在安徽老年大学的所学!

安徽老年大学不仅是我们老年人实现梦想的殿堂,也是我们老年人的"加油站"。随着时代的发展,作为老年人,在老年大学进行"充电",能够不断学习新知识,积极进取,追赶潮流,展示风采,争做"现代人",融入社会,服务社会,是自己接受新事物、与时俱进的实际需求,只有通过终生学习的历练,才能具有厚学颐养、康乐向上的资本。

多年来,在安徽老年大学美好的学习时光,使我退休后的生活变得丰富多彩、充实、快乐,人也变得更加健康;在老年大学,有了一分归属感,多了一分乐趣,添了一分幸福!展望未来,今后的路还很长,仍需努力、奋进,真可谓:

喜进泮宫堂,梦圆灵府房。

养生文化路,益寿画图忙。

学海共相渡,书山齐竞翔。

求知多少事,白发自然长。

(作者系安徽老年大学芜湖路校区学员)

我的退休生活有了用武之地

潘长华

我是一名退休干部,年龄77岁。退休前是安徽省烟草专卖局培训中心主任,对教育事业很有情感。退休第二年先后在安徽老年大学、合肥老年大学学习过诗词、中西医保健、数码相机摄影和图片后期制作等课程,至今已有10多年的学龄。10多年的老年大学学习,让我体会到退休人员参加老年教育的重要意义,感受到了与众不同的老年教育特色。

刚退休的第一年里,由于习惯常年紧张的工作节奏,突然一下子从领导岗位退下来在家休息,生活节奏全被打乱,成天待在家中无所适从,心情烦躁。原单位老干部处领导知道我的情况后,劝我去上老年大学。在他的开导下,2005年秋季我到安徽老年大学报了名,学习西医保健和数码摄影两门课程。从此以后,到老年大学上课就成了我生活中不可缺少的一部分。

在老年大学上保健课时,我不仅知道了关于老年人的疾病和预防知识,还了解到常见疾病和预防知识,开阔了眼界。例如,在中医保健课上,老师介绍道:人要按照"易经"的方法,养成健康的起居生活规律,特别强调中午要午睡、晚上要早睡、不能吃夜宵等。以前我有中午不午睡、晚上边看电视边吃东西的习惯,尤其是退休前在深圳工作时,因工作需要经常晚上熬夜,还养成了吃夜宵的习惯,结果胃部经常感到不舒服。听了老师讲课后,我下决心要改正这些不良的生活习惯。现在,晚餐后我再也不吃任何东西了,正在慢慢养成午睡、早睡的习惯。目前,胃部不舒服的现象基本上消失。在西医保健课学习中,我对防病、治病的认识有了很大提高,填补了过去对医学一窍不通的空白,积累了一些防病治病的经验。

我年轻时就特别爱好摄影。为了不让自己知识老化,跟上时代发展的步伐,我选学了数码相机摄影以及图片后期制作等课程。陈力生老师是我学习数码相机摄影的启蒙老师。通过学习,加之原来有点摄影基础,我的摄影技术提高很快。为了使我的摄影和照片后期制作水平进一步提高,2011年开始,我参加了安徽老年大学张恣宽老师主讲的数码相机摄影和后期制作课程的学习。2020年,由于新冠肺炎疫情的影响,老年大学停课,我便在网上有选择地学习摄影课程,克服了上网课和照顾孙子、孙女时间冲突的矛盾,通过勤记笔记,解决了老年人记忆力衰退等问题。为了满足学习的需要,我还更换了电脑主机、购买了最新款的数码相机。

通过多年来老师们循循善诱的指导,我的摄影技术和电脑后期制作技术明显提高。2010年,我第一次参加《合肥晚报》组织的"合肥雪景"摄影比赛,我的处女作《清风阁雪景》获得优秀奖,给了我很大的鼓励;作品《渴望》荣获2011年"黄山集美拍客行动"全国摄影大赛三等奖;2012年作品《宏村冬景》在中组部老干部局举办的全国离退休干部参加的"诗书画影抒情怀、喜迎党的十八大"主题活动中评为二等奖;作品《酿造》荣获2015年安徽省摄影家协会和省烟草专卖局"徽映"摄影协会共同举行的摄影比赛二等奖。除此之外,我还参加了大大小小的各种比赛,都获得了一些名次。同时,我还在报纸杂志上发表过多幅摄影作品。2015年,我成为安徽省摄影家协会会员。看着自己的摄影作品能够得到有关专家的认可,心里感觉甜滋滋的,名副其实地做到了"老有所乐"。

2011年,安徽省烟草专卖局离退休人员成立了摄影组,我当选为组长,为大家讲摄影方面的知识,组织大家外出采风。2013年,安徽省烟草专卖局成立"徽映"摄影协会,我当选为副会长。几年来,我先后到5个市的烟草专卖局讲授摄影课,深受欢迎。2014年,在合肥市召开的全国烟草行业企业管理现场会上,我受省烟草专卖局"徽映"摄影协会的委托,现场拍摄新闻照片。2019年,在安徽老年大学摄影提高班秋季课程的最后一堂课上,我被许凤生老师请上讲台,为全班同学讲授摄影后期技巧,深受同学们欢迎。此外,我还经常针对老年教育的特点,制作了摄影后期方面的课件发给同学们,受到他们的称赞。2021年,安徽老年大学摄影学会换届选举,我担任了学会秘书长,协助会长开展摄影学会工作,并先后3次为会员讲授摄影后期知识,受到他们的欢迎。此外,周围的邻居让我给他们拍全家福照片,我也十分乐意;历届大学同学聚会期间,我热心承担起为来自全国各地的老同学拍照留念的任务;还给爱好摄影的同学讲解摄影方面知识。想到自己还能够发挥余热,为烟草行业服务,给老年大学同学提供帮助,为他人服务,我很欣慰自己还能"老有所为"。

《礼记》:"学然后知不足,教然后知困。"我在学摄影的过程中,真切体会到这句话的内涵。刚开始学摄影时,每拍完一幅作品我都不能完全满意,总感觉还有瑕疵。我就诚心请教老年大学的老师和同学们,让他们指出我拍摄过程中的得与失,时间久了,一些基本的技巧和表现手法我就掌握了。原单位的同事知道我爱好摄影，就想让我讲讲摄影知识，我很高兴地答应，但在准备讲课内容时，我发现自己会拍照是一回事，如何将自己掌握的技巧明白地表达出来又是另一回事。为了能通俗易懂、深入浅出地把自己所掌握的技巧表达出来，也为了让大家轻松地接受与学会摄影，我学会了用PPT做课件。在讲课的过程中，我把在老年大学学来的知识传播给大家，深受大家的欢迎。2016年，我参加了安徽老年大学庆祝建校30周年有奖论文征集活动，我所写的《老年大学给我的退休生活充满了阳光》获得二等奖，同时还被《东方烟草报》转载。2020年9月，省老年大学组织学员参加"中国老年教育"论坛投稿，我写了《浅谈中国老年教育》一文。该文根据我10多年参加老年教育的体会，针对当前老年教育的现状，提出了一些改革创新的中肯建议。这些经历，让我充分体会到"老有所思"的乐趣。

回顾10多年来在老年大学的学习之路，我深深地体会到老年大学给我枯燥无味的退休生活带来了生机，提高了生活品质，让我的退休生活充满阳光，变得更加丰富多彩！我经常以亲身经历告诉周边的老年朋友们，让他们都到老年大学去学习，做到"老有所学"，像我一样焕发出崭新的精神面貌来！

（作者系安徽老年大学学员）

老有所学　学有所乐

刘宣传

2016年年初退休后,我基本上在家过上了买买菜、烧烧饭、每年陪爱人去旅游几次的生活,偶尔应邀参加朋友聚会;加之,孩子又在国外,小孙子也不需要我们看管,还有很多时间待打发。老年大学的诞生为老年人提供了学习场所,老年人可以根据自己的喜好,选择所学课程,尽情学习,圆自己的学习梦。爱人早我几年退休,她很早就上了合肥市老年大学,并多次动员我也去报名。她说,老年大学课程多,所学知识十分丰富。经不住爱人的一再劝说,2018年秋季我准备报名。谁知报名时难度很大,有些专业班也不是想上就能上得了的。学校里年龄小的有50多岁,年龄大的有80多岁,中途基本没有毕业生,每学期报名名额只能满足老生,新生只能到开课时再视情况插班。看到这种情况如一瓢冷水浇来,凉透了全身,老了想上老年大学也很困难！好在老年大学一般都会创造条件尽量满足老年人的学习需要,另外现在老年大学也有很多,除了有省老年大学,各市、区、街道、社区等还有老年大学,有条件的大型企业单位为满足老年人学习的需求也在办类似的老年大学。我后来报了包河区老年大学楷书班、行书班,当起了插班生,2021年春季又报上了安徽老年大学山水班、包河区老年大学花鸟班。

在老年大学学习时,我感觉身边都是"能人",字写得好,画画得好,而我几乎什么都不懂。书法课初学碑帖,云里雾里,好在老师讲课很认真,考虑细致,兼顾新生,从握笔、运笔、纸张墨汁等准备讲起,再讲字的结构、厚薄、碑帖的历史背景、书法家特点等,时不时还来点小幽默,活跃课堂气氛。每堂课后还留有作业,下次上课前老师还要批改、点评。绘画课听起来更是吃力,老师边画边讲技法,看老师画得心应手,而我却无从下手。每次下课回家后看着帖子练习,看着老师的画稿临摹,一开始很是着急,后来慢慢调整心态,就好多了。老年大学里都是老年人,年龄差距大,学习能力和水平差距也很大,只要自己努力,达到自己的心理预期即可。练书法时,一遍不行来两遍,甚至多遍,不管写得好坏,都按时完成作业。绘画也是,坚持每天画一到两幅。虽然学校和老师没有强求交作业,但我和大多数同学一样,抱着学生学习的态度,每次都按时交作业,更主要的是珍惜能上老年大学的机会,想经过老师批改,指出存在的问题,不断改进提高。功夫不负有心人,慢慢地有点感觉了,虽然我是插班生,但逐步对书画学习有了兴趣,能够静下心来认真练习,写字的能力不断提高,交作业时不时地也获得老师"没话说"的批语。自从学习书法后,我家每年春联都是由我书写的。我的绘画水平也在一点一点提高,并用自己画的画作为媒介,每天坚持在微信朋友圈、不同群里问好,不仅得到了大家的点赞鼓励,还参加了网络大赛和原单位举办的活动,分别获得二、三等奖和优秀奖,学习劲头越来越大,兴趣渐浓,学有所乐。

在老年大学,我不仅学到了一些新知识,开阔了视野,还圆了年轻时想学却学不了的梦。在学习书法的过程中,我了解了一些碑帖和历史故事,知道了一些古代和现代书法家,如颜真卿、王羲之、赵孟頫等;在绘画学习中,知道了一些技法和古代及现代的一些知名画家;认识了年龄不同、经历不同、兴趣相同、爱好相同的同学,交了新朋友,扩大了人际交往圈,更多地接触社会、了解社会。老年同学们相互交流人生、交流学习体会,给人不一样的感觉。特别是在老年大学学习书画以后,我能够坐下来静心书写,摒弃杂念,只思书法、绘画练习,起到了修身养性、凝心静气、保健身体的效果。我以前身体不是很好,患有糖尿病、高血压,心脏也不好,而现在精神焕发,血糖、血压通过吃药基本正常,其他头痛、发热、感冒症状基本没有,这是我在老年大学学习过程中最大的收获!

由于在老年大学学习获得了益处,每天学得不亦乐乎。我和我的爱人同是老年大学学生,我是每周一和周四上课,爱人是每周二、三、五上课,上完课回家各做各的作业,每天忙中有乐,老有所学,学亦所乐,每周的学习生活安排得有条不紊。

(作者系安徽老年大学学员)

充实地过好每一天

尹志强

我是2011年退休的。刚退休时,觉得很愉快,没有工作压力,免去了年度考核,人际关系变得简单,觉得终于解脱了。但是这样的幸福感只持续了几个月,随之而来的是浓浓的空虚感。想想自己才60岁,今后还有较长的一段人生时光,总不能整天无所事事吧。幸运的是,我想到了老年大学。常说"活到老,学到老",那就再上学去。

(一)追光逐影开眼界

退休前后正值国家旅游业蓬勃发展,每年我也要出门旅行几次,到处拍拍,感觉很不错。多次和朋友交流后,我很快发现了问题:别人拍的照片光影很丰富,构图更合理,主题有特色。询问得知,原来朋友是老年大学摄影班学员。学过的就是不一样。2011年底,我报名参加了安徽老年大学摄影班。

我先后师从陈力生、栗洪宁、张恣宽老师,3位老师专业精深,但教学特色不同。在摄影班我结识了很多新朋友,大家志趣相投,一起出门采风,互相帮助。经过几年系统的学习,我的摄影水平有了明显的提高。后来,我加入安徽省高校摄影协会,作品也多次在合肥工业大学师生书画摄影展上展出。摄影班的学习提高了我的审美品位,开阔了视野,不仅使我眼中的世界更加多彩,也让我的摄影观念上有了很大改变。

摄影不是要我们去拍名山大川,也不是去网红打卡点拍摄,只要善于发现,身旁的美景比比皆是。合肥工业大学的校园里有个"斛兵塘",是合肥市重要的历史文化遗迹,传说是曹操练兵的地方。由于过去一直工作、生活在这里,所以并没有发现它的不同。学习摄影后,我每天在这里散步不再是机械地步行,而是在我的眼里,这里一年四季风景不同,清晨傍晚的光影也不同,换个角度感觉又不同。

3位老师在教学中经常展示的作品中的主角都是普通劳动者:有辛勤耕作的农民,有城市大建设的工人,有挥汗如雨的交警……老师的言传身教使我明白,劳动是最美丽的。此后我在采风时,更多地聚焦于普通劳动者。从他们身上,我感受到了勤劳的美德,看到了人们对美好生活的向往,这种积极的状态也提升了我的幸福感。

班里会经常组织各种专题拍摄,提高大家对社会的关注度。行走在滨湖新区,徜徉在三河古镇,我们看到了合肥市的快速发展。2015年合肥南站通车前我们曾多次去建设现场拍摄,那火热的劳动场面激励着我们每个人的心灵。这些年我始终密切关注祖国的发展,因为个人的命运与这片土地息息相关!

(二)读史学词提品味

工作几十年,一直从事的是机械行业工作,历史文学知识很薄弱,但一直没有下决心弥补。2015年我参加了安徽老年大学文史班,开始了我迟到的"补课"学习。

我要深深感谢年过八旬的裔耀华老师,他的文史课讲得引人入胜,使我对中国传统文化产生了浓厚的兴趣,提升了我的生活品味,内心有了更多的人文情怀。

通过学习,我了解了北宋词人苏轼的生平经历,当我再次行走在杭州西湖的"苏堤"上,我为杭州曾有这样一位勤政为民的"老市长"而庆幸,那桥、那水也就更加好看了。南宋豪放派词人辛弃疾的"何处望神州?满目风光北固楼"使我久久不能平静。当我站在北固楼上眺望江北大好河山时,我理解了他当时的悲愤心情——虽有一腔收复江北失地的壮志,却被朝廷闲置20年。我为稼轩深深不平。《滕王阁序》《岳阳楼记》等千古名篇,原先只知道其中的寥寥几句,更别说背诵了。当我认真阅读这些大作时,那华丽的篇章、激扬的文字深深震撼了我,竟然产生了背诵全文的冲动,结果我做到了。这几年,岳阳楼、滕王阁、黄鹤楼、东坡赤壁都留下了我的脚印,当我站在这些地方时,心中充满了敬仰和自豪。

入文史班前,我没有写过诗词。在裔老师的文史课上,宋词内容很丰富,老师讲解得更是精彩。婉约词清风香茗,豪放词气象恢弘,读起来是一种享受。经过一段时间的学习,我产生了填词的念头。我买了不少工具书,每天阅读一两个小时,开始了我的"长征"。填词过程是枯燥的,经常为了一两个字,整日冥思苦想,反复推敲。好在我坚持了下来,并且尝试着写一些作品。2017年以来,我已经在《合肥工大报》发表了10多首词作;在安徽老年大学有关的征文活动中,我也有作品入选。

(三)操琴弄弦练心脑

十几岁时曾吱吱呀呀拉过二胡,苦于没有老师教,很快就放弃了。2018年我报名参加了安徽老年大学二胡班,圆年轻时的梦。"三年琵琶五年箫,一把二胡拉断腰。"二胡确实不好学;演奏时左手按弦,右手运弓,要"一心二用",人老了,手指不灵活,头脑也反应不过来,感到困难重重。胡荣杰老师耐心地教我们手指操,一再鼓励我们要有信心。他开导我们说"十指连心",每天练琴也就是练心练脑。他的鼓励使我坚定了学习的信心。

二胡虽然只有两根弦,却有D、G等7种不同的调,我一直很困惑。我买来了《基本乐理》《怎样识简谱》等书籍自学,仔细钻研了十二平均律,知道了半音震动频率是1.059的等比数列,也知道了中国的"五音"与流行的"七音"的关系。疫情期间,拉二胡更成为我生活中不可缺少的内容,每天都要拉上一两个小时。尽管天气炎热、蚊虫叮咬,我还是乐此不疲。现在我已经可以演奏《小燕子》《南泥湾》《翻身农奴把歌唱》等歌曲,每天的心情是愉快的。

10年的老年大学学习,让我的才华有了增长,品味有了提高,时光没有虚度,收获满满。我已年过七旬,今后应倍加珍惜当下,充实地过好每一天。

（作者系安徽老年大学学员）

老年大学圆了我的书法梦

师燕治

自年少时，每当看见有人写一手端庄的毛笔字，或是手书一幅书法作品，我都羡慕不已。时常梦想着有朝一日，也能像他们那样，成为一个小有名气的书法家。

2018年3月，年近古稀的我，有幸进入安徽老年大学滨湖校区书法研究班，师从陈东帆先生学习书法。

陈东帆先生于1970年出生在安徽旌德一个农民家庭，自小刻苦自学，临摹古代先贤书法碑帖，篆、隶、行、草、楷皆得心应手。及至多年前，陈东帆先生用小楷手书了114万字中国古典文化名著《红楼梦》，受邀做客中央电视台《对话》栏目，与著名主持人朱迅女士一同探讨书法艺术教育和传承。而后，其书法精粹《红楼梦》系列作品，在美国纽约时代广场播出，传承中国传统文化一举名扬海内外。

书法研究班开班之初，20几位学员，书法水平参差不齐，大多学员没有系统地练习过毛笔字。更有部分学员与我一样，竟从未使用过毛笔，只是报名时，见其他书法班名额已满，无奈之下，只好选择"研究班"。

陈东帆先生了解了班上学员现状后,及时调整教学方案。我们从正确握笔开始,画圆、画方、画横、画竖,练习画不同粗细的线条。两周后,我们又进入点、横、竖、撇、捺、折、转、提的笔法训练。

由此,我的书法追梦之旅开启了。

陈东帆先生介绍,书法是一种文化,靠的是中国文化深厚的底蕴去吸引人们的视线,打动他们的心灵;书法又是一种艺术,需要"技"和"道"相统一,才能成就高峰的艺术。没有艰苦的学习和勤奋的练习,再好的思想境界和审美情趣也难以体现。他认为,学习书法由楷入门,隶楷兼修较好。每一个学习书法的人,都应当选择一种字帖作为自己的"母"帖。

因此,我选择了兼修隶书《曹全碑》。《曹全碑》是中国汉代石碑中保存比较完整、字体比较清晰的少数隶书作品之一。其结字匀整,用笔方圆兼备,而以圆笔为主,风度翩翩,美妙多姿,是汉隶中秀美风格的代表。楷书"母"帖我选择了颜真卿的楷书。颜真卿是我国唐代中期政治家、书法家。他字如其人,忠君爱国,刚正不阿。他的楷书笔道遒劲,宽绰浑厚,气宇轩昂,具有雄伟壮美的烈士形象。

陈东帆先生告诉我:书法史上颜体楷书与唐晚期书法家柳公权楷书合称"颜筋柳骨"。而颜公的行书《祭侄文稿》更是充满感情的宣泄,结构沉着,点画飞扬,被后世称为"天下第二行书"。

俗话说,"师傅领进门,修行靠个人"。既然目标已经寻定,今后就是各自的修炼了。上课时,我认真做好笔记,仔细领会碑帖笔法结字奥秘。老师示范时,我注意他的手指、手腕的移动,观察他笔尖用力及运作规律。课后练习时,我先花时间读帖、悟帖,了解每一个字的形态变化,然后再动手临摹。开始时,我是逐字临帖,不求多,每天临 10 字左右,直到将每一个字的笔法、技巧吃透。在以后背临时,基本上能做到八九不离十。

自从参加了学校书法班的学习,我的空余时间大多用在了书法学习上,平均每天都有2～3个小时遨游在书法的海洋中。我牢记陈东帆先生的话:学习书法,不可急功近利,一定要耐得住寂寞,多临、多写、多学、多看、多悟、多创。老师布置的课后作业,我每次都会超额完成。每逢老师课堂点评,我的作品总是厚厚一叠,以至于同学们开玩笑说:"师燕治的作业还是放在课后评吧。"一年多时间,我除了完成老师布置的作业外,先后完整地临习了颜真卿《多宝塔碑》《颜勤礼碑》各5遍、《曹全碑》4遍。

2019年秋季开学,因陈东帆先生举家迁居福建厦门,我转入刘卫东、吴文平老师班上继续书法学习。

在刘卫东老师楷书班,我系统地学习了颜真卿的《麻姑仙坛记》、柳公权的《玄秘塔碑》和褚遂良的《大字阴符经》。刘老师每堂课都会亲自临帖示范,然后讲解碑帖内容,以加强学员们对所临碑帖的理解。刘老师逐个讲解字的架构、笔法,提示其中用笔精妙之处;甚至于某个字的篆、隶、楷、行、草演变,刘老师都信笔写出,以加深学员们对其笔画规律的认识。批改作业时,刘老师更是朱笔轻点,寥寥数语,指出问题所在。每当看到学员有临的较好的作业时,刘老师丝毫不吝啬,总是大笔一挥"没得说",以示奖励。

吴文平老师教授隶书《张迁碑》和褚遂良的楷书《雁塔圣教序》《大字阴符经》。吴老师善以古人相教。比如写字时用腕,他会说:"姜白石曰:执笔在手,手不主运,运之在腕,腕不知执。"比如用笔正锋,他会说:"赵凡夫曰:正锋全在握管。握管直,则求其锋侧不可得也;握管斜,则求其锋正不可得也。锋不正,画不成,字有独成者乎?"再比如临摹方法,他会说:"山谷老人曰:古人学书不尽临摹,张于壁间,观之入神,则下笔时自随人意。"吴老师喜见学员们在课堂上练习。同学们每每写字,他都会亲临桌旁观看。临得好的,他给予鼓励;临得有偏差的,他会坐下来讲解示范。新冠疫情期间,为了不使学员们学习中断,吴老师甚至在家里开办了线上教学。

我自2018年学习书法,至今已有4个年头。在临帖学习中,老师们时常鼓励我们大胆创作。

2019年10月,安徽老年大学为纪念新中国成立70周年,举办"我爱你中国"师生书画展。在老师们的亲授下,书法班同学积极参与。我提交的隶书毛泽东主席诗《长征》和楷书周敦颐散文《爱莲说》两幅作品在学校展出。

2020年年初,一场新型冠状病毒性肺炎疫情席卷而来。学校号召书法班学员"宅家挥墨,助力抗疫",我立即响应。手书隶书《医者仁爱》、楷书《众志成城》两幅斗方发给系主任。后作品被汇编入省老年大学App,并在公众号上刊登。

2021年4月,学校发起"居家书画传家风"作品征集活动。我用隶书、行书、楷书分别书写了《诸葛亮诫子书》、林则徐的"苟利国家生死以,岂因祸福避趋之"对联、方志敏烈士《清贫》中的警句,3幅作品在学校网站一同展出。

2021年7月1日,是中国共产党成立100周年。作为一名退休多年的老党员,我从年初就开始积极准备,共临创了71幅书法作品,并在网络上献展,以表达自己对党、对祖国的热爱之情,以及对今后美好生活的赞美与祝福。

4年的学习,使我深深地迷恋上了书法这门中华传统文化。我深刻地体会到学习书法,绝不能一蹴而就,要静下心来,在临帖上下功夫,1年、2年……长期坚持下去。

在此,我要衷心感谢安徽老年大学的各位领导、老师和全体工作人员,正是因为你们坚持"老有所学、老有所教、老有所乐、老有所为"的办学宗旨,坚持实事求是、艰苦奋斗的工作作风,学校的办学规模才能不断扩大,办学条件不断改善,教学水平不断提高,学习环境不断优化,让我们这些老同志心无旁骛地安心学习,欢度晚年生活。谢谢了!

(作者系安徽老年大学滨湖校区学员)

学唱京剧 提升我的快乐指数

杜平长

2018年10月中旬,在庆祝大学同学入学40周年的晚会上,我表演了京剧唱段《梨花颂》。看我唱京剧,全体同学都感到诧异,以前从来不知这个年级里还有个会唱京剧的同学。事实上,40年前,在物理专业学习的大学生涯中,别说唱京剧了,我连小曲都没有哼过一声,我甚至胆怯到不敢大声说话。而现在的我,无论在同学聚会还是亲朋欢聚时,只要有人提议,我便毫无保留地演唱我已学会的京剧唱段,烘托气氛。不在学校学习的空闲时间,我在"全民K歌"App里唱,只唱京剧唱段。我的K歌听众已达4000多人次,收到的鲜花也超过了3000朵。在两年多的时间里,我累计录制了40多个唱段,获得的好评让我内心感到自豪。

学京剧、唱京剧提升了我生活的快乐指数,让我变得更阳光、更热情、更自信。刚退休的时候,没有繁重的家务,没有孙辈需要照看,所有的作息时间都被打乱。为了消磨时间,总是迟起晚睡。大部分时间都是和朋友聚会,喝酒打牌,自找乐趣。退休生活比起在职时,毫无可圈可点之处,简直是暗淡无光。一个偶然的机会,我触碰到了京剧,由此碰出闪闪的火花。这朵火花就像一道光环,笼罩着我,激发了我内心的激情,让我的老年生活光彩四射。

有一天,我恰好看到中央电视台播放的节目《经典咏流传》,李胜素表演的京歌《咏梅》让我记忆犹新,优美的旋律始终萦绕在耳边。正巧当晚朋友聚会,走进餐厅时,我不经意间小声哼了两句,在座的一位朋友听后,建议我上老年大学青衣班。起初,我有点畏难情绪,觉得京剧太难学,不一定能学好。后来他坚持介绍我先去见老师,尝试一下。在一个周五的下午,我见到了老师。见面后老师让我在课堂里旁听,我在教室的最后一个座位坐下。我记得,当时课程已经教到《贵妃醉酒》"海岛冰轮初转腾"的第三句。老师让同学分小组上台试唱,我也被叫到台上。正在这时,老年大学的通讯员来拍照片,下课时我在教学楼大厅的大屏幕上看到了我的照片,这有点让我喜出望外。后来,我报名上了安徽老年大学青衣班。

安徽老年大学坐落在滨湖新区塘西河畔,学校的建筑厚重沉稳,教学楼错落有致,楼与楼之间有避雨连廊连接,楼内宽敞的走道让人觉得舒适怡悦。教室宽敞明亮,配有现代化的多媒体教学设备。几十年来,我从事教育工作,见过无数间教室,但是从未见过这么好的教室。走进这样的校园,坐在这样的教室里,无处不让人感到享受和快乐。每次上课踏进校园,我都心生感慨。省委、省政府十分重视老龄事业,为老年人营造这么好的学习条件和娱乐环境,让老年人切身感受到老有所养、老有所乐。

青衣是京剧角色中的旦角,又称正旦,因为戏多,唱功繁重,多演女性主角,所以得正旦之名。青衣在戏中表现的一般都是端庄、严肃、正派的人物,大多数是贤妻良母或者旧社会的贞节烈女之类,年龄一般都是由青年到中年。青衣表演的特点是以唱功为主,动作幅度比较小,行动比较稳重。念白都是念韵白。现实生活中,老年大学的女性学员,从青年到中年所从事的工作、在家庭中扮演的角色或亲身经历过的人和事,都或多或少地与青衣的生活相关,因此对青衣的角色不难理解。但是,要唱好青衣,真非一朝一夕、一招一式之所能。老师教导我,京剧演唱要先练气息。京剧演唱的声音和平时说话时的声音大不相同,说话时不用多少气就可以轻松地表达语义,而京剧演唱的声音要完全依靠气息传送,气息是传声的动力和纽带。气声交融,气催声响,声由气传,气停声止,无气无声。与此同时,要科学用气,注意把握清浊粗细强弱,发出动人悦耳的声音。气粗则音浮,气弱则音薄,气浊则音滞,气散则音竭。演唱技法中对字的要求也特别讲究,可谓咬文嚼字,每一个字都要按程式处理,字头、字腹、字尾要唱出橄榄型的效果。老师教导我系统掌握十三辙十八韵,学会辙口,3000多个常用汉字的演唱规律就可以归类处理,演唱时收音归韵就有了依据。特别是梅派唱腔,每个字都有收音归韵的规范,要学会一个唱段,需琢磨很长时间。老师在教授演唱方法和技巧的同时,还教授京剧综合知识。

　　第二学期开学时,老师教授的第一个唱段是《生死恨》里的《耳边厢》。才上第一节课,同座位的大姐同学对我抱怨说:"咱们都这么大年纪了,老师怎么选学这么个戏,天天生啊死啊的,多么不吉利。"显然,她很不满意这个唱段的内容并产生了抱怨情绪。带着大姐的问题,我认真地向老师请教,为什么选择这个唱段。老师耐心地解释说,《生死恨》是著名梅派代表剧目,整部戏选题是爱国主义题材,剧中女主角韩玉娘历尽艰苦、受尽磨难,帮助夫君逃回故国;后来两人历经千难万险,得以重逢相会,但韩玉娘已身患重病,两夫妻抱头痛哭,遂成永诀。梅兰芳先生于1936年创作演出《生死恨》,旨在唤醒妇女同胞追求解放,弘扬民族精神。在抗日战争的热潮中,这部戏能够激发全国人民的抗日激情。老师选择教材的意义可见一斑。同时,戏中的主要唱段《耳边厢》长达18分钟,其中有二黄散板、回笼、慢板和原板,在一个段子里集中了多个腔体,作为教学教材很有代表性。此外,对初学者来说,二黄适合练声开嗓,学好这段唱腔对今后的学习大有裨益。大姐同学了解后也表示理解。

2019年秋季开学后,为纪念中华人民共和国成立70周年,老年大学号召各班学员表演节目,参加欢庆活动。接到通知后,老师和部分同学有点犹豫,青衣班才开班两学期,是否能够参加表演?如果参加表演应选择什么节目呢?我们还担心演唱的水平不高,影响活动效果和老师的教学声誉。得知这一消息后,我毫不犹豫地去向老师请战,信心满满地要求组织班级演出队,参加庆祝活动,向祖国母亲70华诞献礼。我的理由很简单,排练节目的过程就是很好的学习实践过程,老年大学的教学重在寓教于乐,借助这一契机,学员们能够更多更好地学习。如果说专业京剧青衣和资深票友的演唱是梨园花开,那么老年大学青衣班的演唱就是塘西河畔的茵茵绿草。没有绿草衬托的满园春色,就没有梨花盛开的洁白芬芳。老师同意了,并利用非课堂时间为表演小组辅导了《红梅赞》和《梦北京》唱段。老师一字一句地纠正,同学专心致志地学唱,大家放弃周末休息加紧排练,未参加表演的同学分工负责服装和化妆,大家齐心协力,共同备演,最终感动了观众和评委,《红梅赞》和《梦北京》赢得了全场喝彩,并获得了优秀表演奖。

虽然只学了两年青衣,但我深刻地认识到,学习艺术来不得半点马虎和懈怠。学习理工科讲究逻辑思维,与之相比,学习艺术讲究灵感激发、需要勤奋。

(作者系安徽老年大学学员)

在美丽的校园里享受美好生活

张维萍

对于每一位从工作岗位上退下来的人来说,都会面临"退休以后干什么"的问题。记得我刚退下来时很不适应,多年来一直与同事一起忙忙碌碌地工作,一下子离开熟悉的岗位,没有了上下班的规律,真有一种失落感。孤零零地坐在家中不知道干什么好。一段时间休息下来,身体出现各种问题:颈椎病、肩周炎、骨质增生更严重了;走在路上后面有人喊,头都转不过去;晚上睡觉躺下去就起不来,要靠丈夫帮忙才能翻身;腰也有毛病,人还虚胖,整天精神萎靡不振。

后来看到离家不远的地方有个健身队,在家人的鼓励下报了名。原来这群姐妹与我年龄相仿,大多数也是刚退休不久,每天晚上都在这儿跳舞,大家热情地欢迎我。晚上在健身队跳舞渐渐成了我一天中最愉快的时刻。一段时间过去了,感觉身上的病痛减轻了,人也精神了。

虽然健身队每天晚上都有活动,但无老师指导就称不上系统学习。2015年9月,经朋友推荐我有幸报上了老年大学健身舞班。记得第一天跨入陌生的学校,心情无比激动,当进入宽敞明亮的教室时,看到一群姐妹个个神采飞扬,精神饱满,着装整齐划一,她们在王老师的带领下翩翩起舞,舞姿优美,动作协调,教室里充满了活力,令我羡慕。

　　我和班里的学员渐渐熟了起来,学员中有来自全市各岗位的离退休人员,也有从家庭厨房走出来的主妇,年龄最大70多岁,最小也有50多岁。大家互敬互爱,互帮互学,亲如一家。每周二下午我们在欢声笑语中相聚,在轻歌曼舞中学习。几年来我学会了健身操、扇子舞、彩带舞等,感觉自己越来越年轻,体质也好了,一节课跳下来气都不喘了,还交上了许多好朋友。如偶尔有事缺课,姐妹们就会打电话来嘘长问短。课余时间,班长还带领我们练习巩固课堂内容,有时我们还结伴出游,可开心了。原来离开工作中老朋友的失落感,如今在新朋友中的欢声笑语中荡然无存。现在的我变得有气质了,人也精神了,以前的同事看到后都说我越来越年轻了;现在连穿衣服也讲究了,丈夫都说我变漂亮了!上老年大学真是太美好了。

　　我很喜欢健身舞班王光荣老师,她热情大方,举止文雅,待人和气,舞姿优美。在教学中一丝不苟,方法灵活多样,根据老年人的特点,因材施教,每个动作详细分解,耐心指导,举手投足、耸肩扭腰等步步到位,对一些乐感差、领悟慢的学员,反复指导。每当教新舞动作时,她总是前后左右、来来回回一遍又一遍认真示范,举一反三讲解,一招一式从不马虎,直到教会为止。学员有了进步,她就及时给予鼓励,让学员信心倍增。课上她往往累得满头大汗,同学们看了都心疼地说"王老师太辛苦了",可她总是说不累,还嘱咐年长体弱的学员"累了就坐下来休息一下"。王老师不仅课上得好,还利用业余时间自编了很多既实用又优美的健身舞蹈,如舒展操、拉伸操、拍打舞、扇子舞等,大家学习的热情高涨。班级里有很多来自社区广场舞的骨干,她们学习后带回去推广给更多健身舞爱好者。

　　中国已进入老龄化社会,退休人员逐年增多。衷心感谢政府对老年教育的重视,感谢政府投入资金为老年人搭建重新学习的平台,为实现终身学习创造良好的文明环境,使老年人的生活丰富多彩,填补老年人退休后的寂寞。

老年大学是我退休后的精神乐园,我将珍惜这份来之不易的学习机会,遵守校规及课堂纪律,尊重老师的辛勤付出,和同学相互关心、爱护、尊重,在这美丽的校园里尽情享受美好生活。

(作者系安徽老年大学学员)

学史明志守初心　立德树人担使命

武光友

在安徽老年大学领导的关心及教学管理处给予的细致服务和管理下,通过参加李建华老师指导教学的《中国简史》《中国共产党简史》和正在教学的《世界简史》的历史班系统的学习,我们专攻历史,以史为鉴,知行合一,收获很大,对此我们深表感谢!

学史明理,学史增信,学史崇德,学史力行。学习中华传统文化是学习历史的一个重要方面,为什么说中华优秀传统文化不能丢,丢了就割断了精神命脉?我想以此来谈学习历史的重要性与必要性。

(一)传统文化历史悠久

2020年4月,记得有一个国外媒体播出纪录片《杜甫:中国最伟大的诗人》,用了近一个小时讲述了"诗圣"杜甫跌宕起伏的59年人生,并将他与但丁、莎士比亚比肩。该片播出后引起广泛关注。1000多年过去了,杜甫和他的诗歌在世界舞台上仍然有粉丝无数。在经济全球化、社会信息化、文化多元化的人类社会命运共同体深入发展的今天,中华民族优秀传统文化为什么具有如此跨越时空的非凡魅力?又为什么仍然需要继续传承和大力弘扬?我认为,泱泱中华,历史悠久,传统文化,博大精深。我们不仅有李白、杜甫、白居易这样的伟大诗人,还涌现出了老子、孔子、庄子、孟子、墨子、荀子、孙子、韩非子等闻名于世的伟大哲学家、思想家、军事家,产生了甲骨文、金文以及儒、道、墨、名、法、阴阳、农、杂、兵等各家学说,创作了史记、诗经、易经、楚辞、汉赋、唐诗、宋词、元曲、四大名著等伟大文化经典,传承了《格萨尔王》《玛纳斯》《江格尔》等震撼人心的伟大史诗,留下了浩如烟海的历史文化遗产,这是我们弥足珍贵的精神财富。在几千年历史文化演变中,中华民族虽遇到过无数艰难险阻,但是都挺过来了。这其中一个很重要的原因,就是世世代代的中华儿女培育和发展了独具特色、博大精深的中华历史文化,为中华民族克服困难、生生不息提供了强大的精神支撑,因此学习历史很重要。

(二)精神文化是根是魂

"以铜为鉴,可以正衣冠;以人为鉴,可以明得失;以史为鉴,可以知兴替。"这句话来自唐太宗李世民和魏徵之间的故事。魏徵经常向唐太宗表达自己的意见,他敢于向皇帝犯颜直谏,前后共劝谏唐太宗200多次,为唐初社会经济繁荣做出了重要贡献。魏徵死后,唐太宗李世民为痛失直臣不能"揽镜自照"而伤心不已。历史在我们人类的发展过程中,起着记忆一个民族兴衰更替的作用,记录下我们人类发展文明的璀璨时光。中国历史文化渗透到中国人的骨髓里,是文化的"DNA",是精神文化的"钙片"。中华民族在形成和发展过程中所产生的各种思想文化,记载了中华民族在长期奋斗中展现的精神食粮、进行的理性思维、创造的文化成果,都反映了中华民族的精神追求,其中最核心的内容已成为中华民族最基本的历史文化基因。这些最基本的文化基因,是中华民族和中国人民在修齐治平、尊时守位、知常达变、开物成务、建功立业过程中逐渐形成的有别于其他国家的独特标志。

坚守中华文化立场,传承中华文化基因,中华优秀传统文化是我们中华民族的根,中华民族的魂。虽然我们无法更改历史,但是通过学习历史、读史书可以知兴衰更替。我们读史以明智,知古以鉴今,才能在世界文化激荡中厚植根基站稳脚跟。

(三)中国历史文化有着独特优势

一是中华民族历史文化绵延数千年,是涵养社会主义核心价值观的重要源泉,有其独特的价值体系。习近平总书记指出:"我们生而为中国人,最根本的是我们有中国人的独特精神世界,有百姓日用而不觉的价值观。"中华优秀历史文化中的"天行健,君子以自强不息""天下兴亡,匹夫有责"等思想理论、价值观念,无论在过去还是现在,都有其鲜明的民族特色和永不褪色的时代价值。

二是历史文化也是我们最深厚的文化软实力。中华民族在世界有地位、有影响,不是靠穷兵黩武,不是靠对外扩张,而是靠中华文化的强大感召力、影响力和吸引力。如盛世大唐国富民强,中华民族历史文化魅力远播,那时候通使交好的国家就有70多个;在都城长安,来自各国的使臣、商人、文人墨客、留学生等云集成群。中华历史文化对解决当代人类面临的难题有着重要启示。

三是优秀历史文化要传承发展、发扬光大。2017年1月,中共中央办公厅、国务院办公厅印发了《关于实施中华优秀传统文化传承发展工程的意见》(以下简称《意见》),第一次以中共中央文件形式专题阐述中华优秀传统历史文化传承发展工作。《意见》明确提出,"到2025年,中华优秀文化传承发展体系基本形成","文化自觉和文化自信显著增强","中华历史文化的国际影响力明显提升"。

四是不忘本才能开辟未来,善于继承才能更好创新。对绵延5000多年的中华历史文化,我们应该多一分尊重,多一分敬畏,多一分珍惜,多一分思考。继承和弘扬中华民族优秀历史文化是我们每位中国人的责任,既不能简单复古,也不能盲目排外,而是要本着科学的态度,辨证取舍、推陈出新,使之与当代现实文化相融相通。要做好创造性转化,按照时代特点和要求,推动创新性发展。

五是文运同国运相牵,文脉同国脉相连。习近平总书记指出:"历史和现实都表明,一个抛弃了或者背叛了自己历史文化的民族,不仅不可能发展起来,而且很可能上演一幕幕历史悲剧。"中华民族优秀历史文化文明史延续着我们国家和民族的精神血脉,这个魂不能丢,这个根不可忘,这个命脉绝不能割断。要让历史文化中的智慧辅助新时代的生活。

学习历史中的中华优秀传统文化提升了我们的精神境界。

历史班师生学史力行,老有所学、老有所乐。在学校搭建的文化舞台上,也活跃着我们历史班师生积极参与的身影。

我于2019年参加了"我看新中国成立70周年新成就"主题演讲比赛,荣获优秀奖;2019年秋季学期结束时,在学校组织的教学展示活动中,由李建华老师自编自导的历史短剧《讲好中国故事》,师生共同参演,在教学展示活动中受到观众好评,并获最佳创意奖;2020年疫情期间,作为学员中的通讯员,即使宅在家中,也积极响应学校的征文号召,向校刊投稿,《重温长征精神,走好新时代长征路》、诗歌《歌颂伟大的党》得到了学友们的支持和好评;历史班师生正能量满满,积极踊跃参加在老干部局组织的一系列助农活动;在建党百年之际,李建华老师专门给我们上了一堂精彩的中国共产党简史课;班长孙长胜率先报名并动员学友们积极参加2021年6月30日在学校举行的全省老干部系统主题党日活动。

学校还组织了更多的内容丰富多彩、形式多样的活动,每每总能激起我们的情感共鸣。我们坚信学习历史很重要,也很有必要。以史为鉴受益匪浅,学史明志守初心,立德树人担使命。为实现中华民族伟大复兴的中国梦,我们要活到老,学到老,一息尚存,奋斗不止!

(作者系安徽老年大学学员)

开启人生第四篇章

郑 岚

2014年3月,刚刚退休下来的我走进了安徽老年大学,幸运的我如愿以偿报上了年轻时梦想的舞蹈班,从此开启了我人生的第四篇章——夕阳篇。

我认为,人生没有"退休",有的只是角色的转换和场景的改变。我们大家都是从社会大舞台来到老年大学这个小天地,于是,本着"老有所学、老有所乐、老有所为"的意愿,我积极参加了老年大学舞蹈班的学习。舞蹈可以陶冶老年人的情操,提升老年人的文化艺术素养。舞蹈是一门艺术,来源于生活而又归于生活。

舞蹈是一种非语言的交流,通过形体、动作来表达内心世界。它可以使每个人的身心融入到优美的旋律中,随着音乐节奏,自然产生有氧的艺术动作,显现出一种延伸、舒缓、流畅、美丽,让人感觉到精神焕发、乐趣无穷、乐而忘忧,消除了年龄的束缚,升华了对舞蹈艺术学习和追求的向往。

学习舞蹈可以强身健体,给人一种美的享受。老年生活是否幸福,关键要有一个健康的身体,因为健康的身体是生活愉悦、家庭和睦的前提。通过声乐舞蹈的学习,我们明显感觉到身体更加敏捷、动作更加灵活,全身注入了活力,心情格外轻松舒畅,好似重新迈进了青春时代。通过学习舞蹈,我从心灵深处产生了积极、乐观、向上的良好情绪,延缓了脑细胞的退化,有利于健康长寿。跳舞还可以重塑我们的形体。当我们聆听美好的舞曲,陶醉于曼妙的韵律中,或猿臂轻舒、或奋身疾舞时,不知不觉地就可以达到消食减肥、塑造形体的效果。我们喜爱舞蹈,因为舞蹈在陶冶情操、强身健体、重塑形体的同时,还可以使心理更加健康,升华人生境界。舞蹈学习中,我们共同交流,相互切磋,虚心请教,刻苦演练,不断优化舞姿,提高技能,既增强了友情、投入了感情,又强化了班级的团队精神。

退休后的我先后学习了民族舞、古典舞、健身舞、排舞及模特表演,我就像是一块海绵,努力地吸收着每一位老师传授的知识与技能。

让我特别难忘的是,2019年9月刚开学,我们排舞班接到了学校的任务,参加学校组织的新中国成立70周年文艺演出。我们的任务又比较特殊:在演出开场时我们几十位演员要用几十把红伞拼成一面大大的国旗,这面大大的国旗几乎铺满了整个舞台,当大幕开启时,这面国旗就在音乐声中退场。虽然整个过程中只有不到一分钟的时间,且由于红伞的遮挡,完全看不见每个人的脸,即使这样,同学们在排练时不顾自己的腰腿不便,一遍又一遍地练习着,到了正式演出的那一天,尽管是晚上才演出,同学们依旧下午早早地就来到滨湖校区报告厅,认真排练着;虽然台上不露脸,但还是认真地化了妆。这是一种什么样的态度?又是一种什么样的精神?这就是我们这些退了休的"小朋友们"的可爱、可敬之处。

有了这种态度和精神,还有什么舞蹈能难住我们,又有什么样的舞蹈我们跳不好呢?正是因为有这样一群认真、有责任感的姐妹们学习跳舞,所以在2019年12月学校组织的学期汇报演出中,排舞班的节目《爱我中华》,舞出了活力,舞出了健康美丽,舞出了我们排舞班的魅力风采,舞出了夕阳一片红。经过师生们的全力配合,共同努力,我们的节目荣获了学校颁发的最佳编排奖。

退休后的老年生活,幸亏有了老年大学。在这所老年人的校园里,我们不仅学知识,还结识了很多新的朋友,给我的退休生活增添了新的色彩。和蔼亲切的老师,细心周到的主任,真诚热情的同学,明亮宽敞的学习环境,愉快和谐的学习氛围,都给我留下深刻的记忆,也让我深深地感动着。

2021年3月,由于疫情的原因,停课一年的安徽老年大学终于开课了。上课时,大家都戴着口罩,严格遵守国家及学校规定的防疫要求,就是在这样的一个特殊时期,我们排舞班在有限的时间里,在班主任和老师的共同努力下,在班级学员的积极参与下,圆满完成了该学期的学习计划。在学期结束的班级联欢会上,到校的每一个人(包括主任和老师)都参加了节目表演,每个人的脸上都洋溢着开心与喜悦。

2021年6月23日晚,我有幸观看了全省老干部系统庆祝中国共产党成立100周年文艺晚会,整台晚会节目内容丰富、精彩纷呈,每一个细节都展现了老干部们对党的热爱、对美好生活的追求,为党和人民伟大事业增添正能量的精神风貌,演出最后,我也和在场的演员、观众一起满怀深情地高唱《没有共产党就没有新中国》。

"越是读书,就越是深刻地感觉到不满足,越是感到自己知识的贫乏。"通过老年大学的学习和老年大学各种活动的参与,使我有了活到老、学到老、学无止境的体会。

我愿老年朋友们,把退休后的生活融入社会中,与时俱进,合着时代的节拍,在韵律优雅的舞蹈中,享受着甜美,乐悠悠地度过人生最美好的时光。老年大学是花园,老树新花也鲜艳。老年大学使我们的退休生活有了一分归属,多了一分乐趣,添了一分幸福。我们也要用自己的晚年,谱写着求知带来的幸福篇章。

(作者系安徽老年大学学员)

人生永远没有太晚的开始

邢小萍

"小萍,今天下午有课吧?"每到星期二上午,妈妈就会这样问我。下午有课,她就早一点做饭。每当我听到这句话,恍惚又回到了学生时代。那时候多么单纯、快乐、无忧无虑!弹指间,40多年过去了,转眼到了"奔六"的年纪了。孩子已经成家,退休后我又变得单纯、无忧无虑了。

如果问我,活到现在最大的遗憾是什么,我会不假思索地回答:没有上大学。我们那个年代,上大学是很难的,好像只有百分之十几的升学率,首先要参加预考,达标后才能参加高考。上中学时候的我,不懂事,没有理想,不好好学习。高中毕业,看到好多同学拿到大学录取通知书,自己忽然想读书了。去参加辅导班,预考的时候,分数挺高的,但正式高考时差了十几分,被挡在高等学府大门外。后来参加招工考试,我考了第一名,来到淮南。进入单位以后,我还不死心,工作之余又报了当年的全国高考,想最后一搏。结果预考比分数线高出100多分,工作之中请假参加了高考,在最后还有一门课没考的时候,领导说,如果再请假就算旷工!我躺在床上纠结了很久,远在他乡也没有亲人指点迷津,最后,我下定决心,即使旷工我也要考完最后一门课就当给自己一个交代。当高考分数下来的时候,我再一次差十几分,名落孙山。当时招干是从高考中录取的,我离淮南招干分数线只差2分!在从田家庵回洞山的公交车上,我的眼泪像断了线的珠子,我默默地哭着……

日月如梭,如白驹过隙,转眼我到了退休的年纪,没想到国家现在有这么好的安排,办了老年大学,让我们老有所依、老有所学。我太开心了!一离开工作岗位,我就报了老年大学的花鸟班、舞蹈班、太极拳班。心有了归属,心情无比快乐。每天期盼着去上课,像学生一样趴在课桌上,听老师讲课,回家做作业,不仅学到了知识,还结交到了朋友。巧合的是结交到的朋友是我同学的同事。天之大,缘之近。没事的时候我们结伴去游玩,拍抖音、放肆疯,生活无比充实。上老年大学之余,手机上也有很多网课资源,如国画、书法、营养学等,可以免费试听。我每天忙得不亦乐乎,晚上一边泡脚,一边听课,听了几节课,权衡以后,我花2000多元报了网络国画班,每天一有时间,我就趴在桌子上画画。看着自己画的画越来越像模像样,还得到家人、老师的赞赏,成就感油然而生。我还准备学习书法,因为画好了画,还要题好看的字。我和女儿说,我现在怎么这么好学呢!我甚至有想参加高考的冲动!

活到老,学到老。我羡慕杨绛92岁还能写出《我们仨》;摩西奶奶77岁学画画,80岁办个人画展。"人生永远没有太晚的开始。"我们老了吗?那是借口,只要我们想学,在知识的海洋里让我们荡起双桨,乘风破浪,快乐地奔向生命的远方!

(作者系安徽老年大学学员)

在合唱团里学做人

闫长义

时光荏苒,转眼间考进安徽老年大学合唱团几年了。刚入团时的那种诚惶诚恐、忐忑不安的心情已被坦然、洒脱、率性所代替,现在内心很充实,因为我学到了不少知识,也明白了一些道理。最值得高兴的是,在合唱团学习的过程中,除了跟着老师学习合唱艺术,学习演唱技巧,愉悦退休生活,陶冶情操,强身健体外,让我这个古稀老人渐渐明白今后我将怎样做人,怎样做一个热爱团队、热爱祖国、知法守法、遵章守纪的潇潇洒洒、自自在在、健健康康的老人。

记得刚入学的那一天,在合唱团的阶梯教室里,王云老师在授课前对我们这些新入学的学员说:"唱歌,大家都会,你们是通过识谱、试唱等简单的考试进合唱团的。你们今后在合唱团唱合唱,请大家注意这是个'合'字,这个'合'字要求大家在今后的演唱中,要运用美声发声的位置方法,轻声、高位,注重共性消除个性。通俗一点来说,就是在合唱团里,唱歌时没有我,只有我们。如果在合唱演唱中,台下的观众听到台上演唱的团体中某个人的声音那就麻烦了,那这台演出就'砸锅'了。"王老师还告诉大家,在我们今后的演唱中,每一个合唱团员都要用自己的耳朵去聆听整体的声音,通过自己的耳朵去辨别、调整自己的声音,让自己的声音融入到集体声音之中,以保证整个团队演唱的和谐和高度统一。当时,我对这番话还没什么感受,甚至可以说不明白他为什么会这样说。随着学习的深入,当我们在课堂练习中,如听合唱录音、观看合唱视频等,若在演唱一首旋律优美的歌曲时,突然有人冒出"尖、高、大、亮"的声音,就会立刻破坏大家的心情,因为这些不和谐的声音让旋律变得不再优美动听,歌曲的完整性被破坏了。后来同学们纷纷议论那个发出"尖、高、大、亮"声音的家伙,我觉得他不是有意的,他一定是唱歌时入迷了,忘记了这是在合唱,忘记了克制,或者是一时兴起,就忘乎所以,忘形了。可就是他这个入迷,这个忘乎所以,导致合唱演出彻底失败,还给他的团队带来一系列的不良后果。

我渐渐地明白了王老师之前的那番话。

在课堂上听王老师讲课,眼睛盯着他的身影,耳朵听着他在讲台上教歌谱、讲气息、打节奏,我就想,在这里,我们是学习,是接受知识,也得到启发和醒悟。老师在台上传教,一呼一吸,有板有眼,尽心尽力,指挥我们学唱时又是严格要求,一丝不苟。当男高、男低、女高、女低这四个声部中有任何一个人唱得高了、低了或跑调了,他都会立刻指出来,并且反复强调:"我们是合唱团,在这里大家学习的、实践的是合唱,合唱!合唱是集体演唱多声部声乐作品的艺术。合唱不是吼出来的,更不是比谁的嗓门大,比谁的声音洪亮。大家一定要牢记,合唱这门高尚的艺术表现形式,要求每个声部音的高度统一,进而达到个各声部之间旋律的和谐。"正是合唱这个声部和各个声部间旋律的统一与和谐,要求我们合唱团团员在演唱中要以自我服从大家,个人服从整体。演唱水平高的学员,必须有意识地自我"克制",不能"冒尖"。我们这些刚入合唱团的学员,都是企事业单位退休的老同志,在过去的几十年里,走过的路有近有远,趟过的河有深有浅,办过的事有繁有简,可以说是有资历、有经验,不会去触碰组织纪律的"高压线"。如今退休了,成了无拘无束的布衣江湖了,就好比那巢湖上空的老麻雀,天高湖阔任飞翔了。考进老年大学合唱团想娱乐娱乐,却没想到有这些条条框框,还要克制自己,就有些不痛快了。别的不说,那几十年来张嘴就来的大白嗓子式的唱歌方法,潇洒、自在、痛快,这在合唱团唱合唱就不行。有位叫马革顺的指挥大师说过,在合唱的过程中,当你想开怀畅唱之时,也就是你犯错误之时。我们听到的、看到的活生生的实例就不少。那不就是等于捣乱吗?当然,要想一下子与自己几十年养成的老习惯说再见,还真不是一件容易的事。入了合唱团,老习惯要改,老毛病不能再犯,老想着自己痛快是不行的!我认为,既然在合唱团就要遵守合唱团的规矩,合唱团员要牢记合唱的理念。在合唱团,学习的是艺术,演唱的是歌曲,表现的却是我们的人品。简单来说,学习、演唱的过程就是一个说服自我、克服自我、改造自我、提高自我的过程,就是一个加强个人修养的过程,是消除个人英雄主义、树立集体主义思想的过程。

　　我们合唱团有近百名老年学员,分为男高、男低、女高、女低四个声部,各个声部中每个人的音色、音质、音域以及原有的音乐素养、方言发音都不相同。在王云老师耐心教化下,大家端正态度,放下架子,提高认识,认真学习,初步掌握了合唱团员必备的乐理知识以及发音方法。每位学员都能严格要求自己,对老师要求演唱的每一首歌曲,不仅能背熟自己本声部的乐谱,对总谱、主旋律也能熟记在心,最重要的是大家时刻牢记自己是合唱团的一员,集体意识增强了。除了上课时认真听讲外,课后还会多听、多看、多思考、多琢磨,同学之间互相提醒,真正把合唱团的合唱理念"融化在血液里,落实在演唱上"。大家在演出时基本上做到了以下几点:心里想着自己的团队,眼睛始终盯着指挥,嘴里唱好自己的声部,耳朵聆听本声部和其他声部的声音,以便随时调整自己在演唱时的音量、音色和情感表达。整个团队努力做到发声方法的统一:音色的统一、音量的统一和音乐表现的统一,那就是同呼吸,共命运,就像是无数条涓涓溪流,在王老师的指挥下,百折千回,跌宕起伏,最终汇聚成一条和谐、统一、完美的音乐洪流。

　　在合唱团的学习与实践使我渐渐地明白了,在老年大学合唱团,你是一滴水,不汇入激流,永远到不了大海,你唱歌的水平再高,离开了合唱团这个团体,必将一事无成。在举国庆祝中国共产党成立100周年期间,我们合唱团参加了几次省直机关举办的专题演出活动,全团的同志心往一块儿想,劲往一块儿使,不畏酷暑,通力合作,对演唱的《没有共产党就没有新中国》《追寻》《永远跟党走》等每一首歌曲都反复排练,精益求精,力求带给观众以心灵的震撼、精神的升华、艺术的享受的效果,演出后观众满意,校领导满意,老师满意。同学们在自豪的同时由衷地感谢王云老师的辛勤教授。的确,合唱团是个大学堂,合唱团的领导和老师们用"合唱"艺术,提高了每位学员的团队合作意识和集体主义、爱国主义思想,抒发了大家的爱国情怀,取得了很好的办学效果。对我来说,进了老年大学合唱团,学习合唱艺术,演唱合唱歌曲,不仅仅使我这个古稀老人的思想认识发生了变化,也使我明白了人生就是一个不断学习的过程,"活到老、学到老、改造到老"不是一个口号,它是一种践行,是生活在新时期社会主义国度里的每一个老年人应该采取的生活态度。

"八一"建军节前夕,原单位里几个当过兵的同事来家里小聚,敬礼、拥抱、一番感慨之后,哥几个都说我变了,没以前那么盛气凌人,有点和蔼可亲了。老伴在一旁插话说:"可不是嘛!现在他在公交车和地铁上见没人让座不再仰天长叹了,到菜市场买菜见到物价涨幅也不满腹牢骚了,进超市等公共场所遇见要求戴口罩、量体温、扫健康码也不怨天尤人了,豁达开朗多了。"小孙子在一旁说:"我觉得爷爷的脸也不长了。"我心里明白得很,这都是在老年大学合唱团学习的结果。老有所学,学有所悟,悟有所成,你们说,能不活得自自在在、健健康康、潇潇洒洒吗?

(作者系安徽老年大学学员)

老年人是文化自信的实践者

张建华

中国共产党经过百年艰苦卓绝的奋斗,使中国特色社会主义进入了新时代。习近平同志指出:"当今世界,要说哪个政党、哪个国家、哪个民族能够自信的话,那中国共产党、中华人民共和国、中华民族是最有理由自信的。"这个自信就是社会主义道路自信、理论自信、制度自信、文化自信。而我们中国的2.5亿老人们,就是这"四个自信"的亲历者和实践者,尤其是他们中的相当一部分人,在离退休后,用实际行动,将其中的"文化自信"注入了新的内容和精神。

(一)为增长新知识圆了大学梦

离退休老同志大都生在旧社会。他们在党的领导下打土豪,打侵略者;新中国成立后又跨过鸭绿江,抗美援朝。他们出生入死,艰苦奋斗,把大半辈子都无私地奉献给了祖国的解放事业和社会主义建设伟业。他们中的大部分人都没有进入学校系统地学习过,文化程度普遍较低。现如今离开了工作岗位,感到无所事事,生物钟乱了,精神空虚了,心情抑郁了,不少人得了所谓的离退休综合征。但是党没有忘记他们,社会主义制度的优越性充分地展示了出来:全国各地的老年大学像雨后春笋般地在祖国大地上兴起。老年大学的兴起,让老人们有机会进入老年大学系统学习,不但增长了新知识,还圆了梦寐以求的大学梦。

(二)为永葆青春有了精神寄托

据不完全统计,我省开办的各类老年大学(学校)5772所,进入老年大学学习的老同志达110.1万人。老年大学根据老同志的特点和学习要求设置课程,如诗、书、画、摄影、电脑、智能手机、外语、唱歌、舞蹈、各种乐器、文物鉴定、编织艺术、家电维修、花卉、气功、健康保健等100多门课程,真可谓是门类齐全,老年人可各取所需,极大地满足了他们的精神需求。老同志进入老年大学后,结交了新朋友,增长了新知识,精神有了寄托,精神面貌焕然一新,很多疾病也不治而愈了,永葆了革命青春。

(三)为发挥余热展现各种才能

由于老年大学的兴起,社会上各类老年群众性文化组织应运而生,如老年书法协会、书画联谊会、摄影协会、书画研究会等不胜枚举。这些老年性文化组织经常举办展览、比赛、研讨、学术研究等活动,成了老年人展示学习成果、施展各种才能、发挥余热的重要场所。以"安徽省直属机关老年书画联谊会"为例,该联谊会是以省直单位、大专院校、驻肥中直和军队单位为主体的老年性群众组织,下辖19个分会、800多名会员。会员中有政府官员、军队首长、大学教授、工厂工人及普通市民,他们不分职位、身份,互相学习,切磋技艺,交流心得,融为一体,取得了丰硕成果。他们经过刻苦努力,获得了各种职称和荣誉,如有高级书画师,有省市书法家、美术家协会会员,还有少数成了中国书法家、美术家协会会员。他们的作品,有获国际奖的,有获国家级奖的,获省市级奖的就更多了。该联谊会还结合各项大的活动,举办各种大型书画展,如国庆书画展、党的生日书画展、迎香港回归书画展等近20次,出版书画集近20集,收集各种书画作品上万幅。还有50多位会员自费出版了自己的书画作品,深受大家欢迎。大家自豪地说,自己创作的作品给社会和家庭留下了宝贵的财富。

离退休老同志不忘初心,牢记使命,在文化活动中,始终坚持歌颂党、歌颂伟大祖国,歌颂改革开放的正确方向,用自己的实际行动捍卫了"四个自信",捍卫了社会主义文化阵地,为中华民族的伟大复兴贡献了自己的一份力量。

(作者系安徽老年大学学员)

上老年大学"有事做"

刘海娜

惜别三尺讲台,步入退休生涯,如何迎接人生的第二个春天?对此,我也有过失落和迷茫。后来,我参加了安徽大学老年大学唱歌班学习,参加了"晚晴合唱团",收获了满满的存在感和幸福感。

刘向云曾说过:"少而好学,如日出之阳;壮而好学,如日中之光;老而好学,如秉烛之明。"老年教育是终身教育的重要环节,教育是中华民族振兴和社会进步的基石。老年大学则是老人更新知识的课堂,交友怡情的平台,展示才干的舞台,发挥余热、奉献社会的天地。

我自幼酷爱唱歌跳舞，从读书到工作，一直是文艺骨干。但在过去的岁月里，专注于学习、工作，无暇顾及文艺方面的专业培训。安徽大学老年大学在离退休工作处的领导下，在上级主管部门的指导下，组织了形式多样的文体教学活动，提供了相应的场地、设施、优秀师资及热情周到的服务。例如，开设了唱歌、京剧、舞蹈、瑜伽、腰鼓、钢琴、葫芦丝、绘画、摄影、书法、诗词欣赏等10多门课程，满足了学员们的不同学习需求。其中唱歌班有3个，共100多位学员。我在唱歌一班，即"晚晴合唱团"学习。

　　安徽大学老年大学唱歌班，每周安排专业老师给学员们上一次课。在唱歌班，我有幸遇到了安徽省歌舞团的刘宝云、曹宁两位老师。老师既有深厚的声乐专业素养，又有丰富的舞台演唱经验，尤为可贵的是，她们都有一颗爱老敬业的心。她们的课轻松活泼、幽默风趣。她们待人彬彬有礼、和蔼可亲，但在声乐教学上却要求严格，有一定的专业水准，从练声、发声方法到演唱的每一个字、每一句的情感表达，甚至一个休止符、一个符点的意义都不放过。在老师的耐心指导下，学员们的欣赏水平和演唱技巧大有长进。老师尽心教，学员认真学，大家珍惜每一节课，每次上课都早早地来到教室。学期末汇报课上，每位学员要自选歌曲，独自演唱，老师笑容满面地为大家伴奏。学员相互观摩，老师点评指导，教学相长，融洽愉快，学习气氛浓厚。学期末汇报课成了学员们的节日，大家都穿上漂亮的衣服，尽情展示自己的学习成果。记得我在汇报课上曾演唱过《粉墨情缘》《我和我的祖国》等歌曲，视频发到朋友圈里，赞美声一片，心里美美的！

　　优美的旋律，让人沉浸其中，忘却了一切烦恼和忧愁，强化了心肺功能，唱歌成为养生首选。自从上了老年大学唱歌班，我迷上了唱歌。晨练时边走路边背歌词，边做家务边哼歌，欣赏中外经典歌曲成了必修课，挤时间上"中老年声乐网校"，疫情期间宅家上网课学电子琴……生活多姿多彩，内心宁静而丰富，充满了甜蜜和欢乐！

在唱歌班，我感受到了学习求知的乐趣。参加合唱团活动，更是收获了合作、奉献的幸福。安徽大学老年大学"晚晴合唱团"于2015年10月（其前身是初创于1997年的安大老年大学合唱团）正式成立，有严密的组织，严明的纪律，坚持科学歌唱、快乐歌唱，坚持友谊第一、互相关心爱护，坚持每学期举行全团演唱会，人人参加。有春之声、秋之韵、庆祝国庆和元旦以及服从老年大学安排的演出。20多年来，在安徽大学党委、在校离退休工作处老年大学的亲切关怀指导下，在一批批离退休老同志的精心培育下，如今"晚晴合唱团"已成为安徽大学校园内，乃至省内小有名气的合唱团体。合唱团目前正常参加活动40人左右，80岁以上老同志12人（含90岁2人），平均年龄75岁（2020年1月统计）。这支银发合唱团活跃在校内外的舞台上，成绩斐然。2019年6月，参加安徽广播电视台综艺频道《老爸老妈老有才》比赛，获合唱类一等奖。2020年1月3日，参加安徽广播电视台春晚录制，演唱戏歌联唱《沁园春·雪》；参加"安徽大学2020年'荣休仪式'"演出，以及庆祝建党100周年演唱会等。

当看到"晚晴合唱团"满头银发的老同志登上安徽广播电视台春晚激情高歌的影像时，很多观众被感动了。当精神矍铄的退休老教授、老同志的合唱录像在安徽大学校园内的大屏幕上滚动播放时，吸引莘莘学子驻足观看，在岗教职工表示备受鞭策和激励！安徽大学老年大学"晚晴合唱团"恪守信念，不忘初心，老当益壮，孜孜以求，始终保持"走在路上"的状态。我们虽退休多年，年岁已高，但乐观积极，思想敏锐，精神矍铄，与时俱进，淡泊宁静，鹤发童颜，令人肃然起敬。要说起我们的长寿秘诀，其实也很简单，就是退休后，找到了适合自己的生活方式，上老年大学"有事做"。我们保持着与日新月异的大千世界的联系,与他人交流,视野开阔,心胸开朗,发挥余热,无私奉献,体现价值,其乐无穷!

我在合唱团不仅学习唱歌的方法技巧,而且学做事做人。过去十分敬重的老领导、老教授、老前辈,以及众多才华横溢的老师们,如今大家成了"歌友"。惜缘的同时,我还"恭恭敬敬"地当好小学生,当好服务员。歌友们见贤思齐,相互学习,相互激励,学习钻研气氛浓厚。每个人既是演唱者,又是志愿者。大家都积极主动做自己力所能及的事,为办好合唱团尽心尽力。从艺术指导、合唱指挥、钢琴、二胡伴奏,到背景字幕、画面、伴奏带、话筒音响,再到活动策划、主持、串联词、服装、化妆、录像等,全由合唱团老师自己承担。这正如合唱,只有单一声部高度统一,多声部之间旋律和谐,才能集体演唱出美妙动人的乐曲。正是由于大家的团结合作,齐心协力,才收获了一次次成功的喜悦!

2019年9月,80多岁的老班长付美英老师的老伴生病住院了,她提出了工作上的困难。团长陈慧霞校长提出让我当班长,并要求"合唱团越办越好"。看到前辈们信任的目光,我既感到压力很大,又认识到责无旁贷,于是便克服了老伴肿瘤手术刚满5年要照顾、女儿在上海工作而9岁的外孙女在我们身边读书等困难,以小学生的姿态,以志愿者的身份,承担起唱歌班班长的职责。两年来,我以合唱团的前辈为榜样,始终保持昂扬的工作热情,事无巨细,尽职尽责,谦虚谨慎,细致扎实,竭尽所能为合唱团服务,为安徽大学校园文化建设尽绵薄之力。

2021年8月,习近平总书记在河北承德考察时指出"要把老有所为同老有所养结合起来"。老年人可担任志愿者,今天为别人服务,明天享受免费服务。总书记曾说过,老年是人的生命的重要阶段,是仍然可以有作为、有进步、有快乐的重要人生阶段。他鼓励老年人继续发光发热,充分发挥年纪较轻的老年人作用。

总书记的话,说到了我们的心坎上,给予了我们强大的精神动力。

是啊,老年大学合唱团是一个温馨的大家庭,也是抱团养老的一种很好载体。合唱团有些成员是"空巢"老人,或丧偶,或子女在外地、在国外,常年独自生活,孤单寂寞。于是我策划了"为合唱团80岁以上老同志集体祝寿暨演出活动",组织合唱团集体踏青郊游,学舞蹈,既锻炼了身体,又丰富了演唱会形式……每学期活动有计划,有总结。尊重爱护每一位歌友,最大限度地发挥其专长和作用。关心每一位成员,真诚相待,宽厚包容。让大家更有归宿感,有"家"的感觉,能更多地享受集体的温暖和欢乐。

85岁的袁有芬老师,20世纪50年代毕业于北京大学中文系,曾是北京大学文工团成员,有着深厚的音乐修养和高尚的品格,长期担任合唱团艺术指导,并亲自为大家钢琴伴奏,手指都变了形,累弯了腰,无怨无悔,深受大家的敬重和爱戴。她改编的戏歌联唱《沁园春·雪》,将婉转高亢的京剧唱腔,用在气魄宏大的毛泽东诗词的咏唱中,增强了艺术性和感染力。10多年来,久唱不衰,深受观众的喜爱。2021年5月,袁老师的腿摔伤了,行动不便。老师们纷纷登门看望,我和其他老师一起,每天为她送饭、送菜、送药、送水果,照顾她的日常生活。一个多月后,袁老师好点了就来给我们上课,每次上课,都由其他老师接送。袁老师带病指导我们合唱,圆满完成了建党100周年演出活动。敬老、爱老、学老、助老是合唱团的优良传统。

老有所学,老有所为,老有所乐。祝愿"晚晴合唱团",在学习求知、发挥余热、助人为乐的道路上越走越远!感谢伟大的祖国,伟大的党!感谢省老年大学,感谢安大离退休工作处老年大学的工作人员,感谢老年大学的各位老师,感谢安大研究生志愿者,感谢"晚晴合唱团"的全体歌友们!

白头逢盛世,人间重晚晴。傍晚时分,在余晖的映照下,云朵镶上了金边,晚霞似锦,绵延千里!我的耳畔又响起了"最美不过夕阳红"的歌声……

(作者系安徽大学老年大学学员)

我喜欢在老年大学的每一天

周　红

时光荏苒,我在经历了人生风雨已两鬓银丝的花甲之年,再度跨入大学——合肥老年大学,童年那色彩斑斓之梦在这里重新起航。合肥老年大学有常青、杏花及百花3个校区,有8个系、79个专业,设备先进、师资雄厚、环境优美,是一所全国先进示范老年大学。老年朋友们在这里学习新知识,掌握新技能,结识新朋友,实现儿时梦想,丰满着自己的人生。作为摄影高级班学员的我,经过几年的在校学习,收获满满,感慨颇多。

我和很多老年朋友一样,在成长的年岁里连遇自然灾害、上山下乡运动;工作期间则成天忙碌,难得在个人爱好上停留片刻。退休后走进合肥老年大学摄影班,圆了年轻时的梦。从学习"单反""感光度"等一窍不通的名词起,跟随老师一步一步地走进了摄影天地,学习了不同摄影题材的相机设置、构图技巧、光影捕捉、瞬间抓拍、情感表达、佳作欣赏、作品创作等专业知识。我班的刘庆宁老师具有很强的专业知识及授课能力,他把每节课都当作精品课程认真准备,遵循老年教育的特点与规律,以学员听得懂、学得会、有兴趣、拓视野的方式将知识融会贯通。在老师耐心的教学帮助下,我的摄影水平逐步提高。

学校为了丰富学员的文化生活,使学校成为老年学员的精神家园,在确保教师队伍优秀、把控教学质量的同时,以鼓励学员为主,尽力为学员提供展示自我的平台。如我们摄影系与市图书馆合作开展了三届草根摄影展,还以学校展厅、橱窗、网络公众号等形式展示学员作品。虽然我的摄影水平很业余,但每一次的图片展一次又一次地提升了我的自信心,激励了我继续努力的决心。同时也愉悦了我的心情,似乎又回到在童年课堂上受到老师表扬的那种美好感觉。

在摄影班的学习过程中,相对于掌握摄影知识与技巧来说,我感觉自己更大的收获是徜徉在美学世界,领略了艺术的魅力。与以往不同的是,在平常的生活中常以所学的知识关注着周围的一切,感受着身边的一点一滴所散发的独特魅力。每当身处街头、公园、山川、大海中,我便会不由自主地以色彩、光影、点线面构成等专业的艺术眼光探寻着生活中的美,在提升审美能力的同时陶冶了情操。

老年大学办学方针、教学目标不同于其他类型的学校。她是党和政府关注老年群体身心健康、提高老年人生活质量的文化养老场所。我们学员就读的目的是,在这和谐的人文环境中,愉快地拓展知识,培养兴趣爱好,了解世界,开阔眼界,消除孤独,融入社会,从而获得乐观的精神、美好的心情。所以"乐"是检验我们学习状况的重要指标之一。在摄影班里我结识了一批从各个岗位退下来的朋友,我们年龄相仿,有着共同的兴趣爱好,可谓志同道合。我们一起学习,一起采风。我们这个集体有欢声,有笑语,有良师,有益友,有互助,有温暖,有友谊。学习时水平高的同学毫无保留地传授着知识与方法,采风时年龄小点的同学主动帮助年龄大些的同学。大家互相分享各自的经验,相互帮助,攻克一个又一个难关,彼此亦师亦友。同学们觉得天天忙碌,天天快乐,天天有收获。我们早已忘记了年龄,自然而然老年人的孤独与烦恼也就不复存在了。我们开心了,伴随而来的是我们的家庭也更加和睦了。

　　老年大学学员退休前工作在各条战线、各个岗位上,退休后除快乐学习之外,我们继续提高自己的思想素质、追求人格的升华、实现自身价值同样非常重要。学校极为重视这一点,经常组织我们走进社会,发挥我们的所学之长,开展各种活动,激发我们这些老同志参与社会和服务社会的热情。2021年是中国共产党的百年华诞,学校举办了"100年&100人·我为党旗添光彩"大型拍摄活动,挑选了100名合肥市各条战线、各个领域、各个年龄段的优秀共产党员,组织摄影系学员走近他们,采访拍摄他们立足岗位、勤奋敬业、锐意进取、开拓创新、无私奉献、坚定信念、发挥党员表率作用的先进事迹,并在报纸、网站、展厅展示宣传。榜样的力量是无穷的,一个典型就是一面旗帜,尤其是我们身边这些真切实在的鲜活榜样,更具有感染力和示范力,鼓励着人们坚定初心跟党走,在党的新征程中取得新的辉煌。我通过参与这项意义重大的社会活动,在为这些先进党员事迹造影的同时,因他们的事迹而感动,深受鼓舞和教育。

　　此外,我还参加了学校组建的志愿者团队,随团深入农村开展购物扶贫、走进社区工地写春联送温暖、协助学校复学抗疫等有意义的社会活动。当我用镜头记录下一幅幅丰富感人的画面时,自我认知也得到肯定:虽已银发夕阳,但还能够尽己之力为社会做一点事是值得的。

　　刘庆宁老师是一位素质高且具有强烈社会责任感的老师,善于将我们所学的摄影专业知识与社会服务相结合,经常组织我们深入基层社区拍摄积极的社会热点和模范人物,并联系报纸、网站等媒体予以展示宣传,获得了很好的社会影响。我们拍摄的专题有"共和国的同龄人""五一劳模的故事""麦收""儿童福利院的园丁们""社区书香"等以及每年高考、中考的现场拍摄,我们用镜头服务社会,有利于弘扬社会正气、促进社会和谐,达到了催人奋进向上的效果,同时体现了我们这些老年学员老有所为的价值所在。

谁说夕阳不娇美,谁说晚霞不灿烂,我们虽已到了"不争春""丛中笑"的年龄,但在这优美的校园里愉快学习生活着,尽力为社会做点贡献延伸自己生命的价值与内涵,是一件多么令人快乐的事情啊!

我爱好摄影,我热爱生活,我喜欢在老年大学的每一天。

(作者系合肥老年大学学员)

在老年大学的幸福日子

梁青春

光阴荏苒,日月如梭,转眼间进合肥老年大学百花校区已整整5个年头了。

(一)传奇的入学经历

记得那是5年前一个初夏的上午,退休1年多的我闲来无事,拿了一个速写本来到离家不远的包河公园北岸,坐在柳树下写生。近景是水面,中景是浮庄,远景为清风阁和河对岸绿荫中的亚明艺术馆。这样一幅不大的画面,由于是用钢笔细钩,足足用了50分钟。画完正要起身,被早早站在我身后的一位干部模样的老者叫住了。"能给我看看吗?"他指着我的画本问道,语气亲切而肯定,不容不给。我将本子递过去,老者一页一页地翻,看得很仔细。速写本上有古逍遥津,有徽园,有包河,还有长临河古镇,有20多幅画稿。老者看完后问道:"这都是你画的吗?"我说:"是。"老者又问道:"你是美术老师吗?"我回答:"不是。"老者接着问:"你画这些干什么?"我答道:"为将来有机会学山水国画作资料用。"我话音刚落,老者突然提高嗓门,兴奋地说:"那好!下周一到我们合肥老年大学来。"我审视着老者,小心翼翼地问道:"您是老年大学的老师吗?""您是校领导吗?"老者没有回答,只是重复了一遍:"下周一上午,你到操兵巷百花校区来找我。"语气还是那么肯定,不容不去。随即,我们互留了电话。这时我才注意到,还有一位身材富态、穿着得体的女士坐在轮椅上,一直听着我们的对话,后来得知,是老者的妻子。

在初夏的阳光下,一位老者双手推着轮椅,和坐在轮椅上的妻子缓缓地、渐渐地消失在包河北岸林荫小道的尽头……不知为什么,我被这场景深深地触动着,思索着……

3天后的周一,我如约来到了离我家直线距离不足1000米的百花校区。老者已早早地在校门口等着我,当时上课铃已响,外面没有人,老者直接领我上了二楼,推开了教务处办公室,说明了来意,分管招生的老师看样子有些为难,便说道:"还有一个月就快放假了,还是秋季来吧。"我被拒绝了。老者这时急了,我也急了。我对招生老师说,我自幼爱好书法,爱好绘画,几十年来在单位一直从事管理工作,很想进来学习。老者也在一旁争取着。后来收费老师看我很执着又有些激动,可能是为了照顾老年人的情绪,于是就打开抽屉,为我开了收据,办了听课证。我就这样神奇地进了老年大学,成了一名正式的老年大学学员,开始了我的老年大学生活。

(二)老有所学的好地方

合肥老年大学当时只有杏花和百花两个校区,有 8 个系、65 个专业、260 个班级、13900 名学员。2021 年新校区常青校区正式对外试招生。3 个校区总共可容纳 3 万名学员。

老年大学教学设施齐全,组织机构严密,管理制度人性化,适合老年学员。学校设有临时党委,每个系有临时党总支,每个班有临时党支部。有文史、音乐、戏剧、书画、摄影、舞蹈、体育、家政 8 个专业,每个人总能找到适合自己的专业和老师。

5 年前的我,作为插班生入校学习,心中是忐忑的。在二楼交完费下一楼,老者引导我在教室后排找了个空位坐下来。老师正在上课,老者自顾着用摄像机录视频。我环顾了一下师生,老师在讲台上画水墨山水小品,边画边说着一口浓厚的方言,好歹我能听懂。我定了定神,将早晨准备好的毛毡、笔、墨、纸和小碟子铺在桌上,然后认真地看着投影跟着老师画,并用心地记下老师的每句话,每个重点词语……

班上有 30 多人,从 50 岁到 70 岁,退休前在不同的岗位,从事不同的职业。大多数同学只是在听、在看,也有少数同学用笔在记,只有我一个是用毛笔边画边记。直到下课时,才和老者真正地聊了一会儿。他姓张,是省直单位的一位退休干部,精通英语,擅长动漫,自学油画,爱好摄影,曾在安徽师范大学做过客座教授,是个爱好广泛、热心向上的老同志。在这个班,他是群主,协助班长工作,每堂课负责教学摄像、后期制作,然后发到群里,偶尔也传到网上,纯粹义务劳动,是个热心肠的人。后来我一直尊称他"磊哥"。

老年大学每个班级一周只有半天课,为了尽快进入角色,第二学期我报了3门关于山水画的课程。我将书架重新整理,急用先学,将几十年前买的《芥子国画传》找出来,一页一页临摹,把绘画理论用小楷记录下来。就这样,每周带两幅习作到班上让老师点评。每位老师教学方式不同,绘画风格不同,我如饥似渴地学习着每位老师的教学内容,临摹适合自己的古代名画和现代大家之作。为了学习山水构图,第四学期我又增报了数码单反摄影课。山水出于胸,脚步丈世界。在学习中,我畅游于山水画廊之间,学习着、寻觅着、快乐着……

(三)老有所乐的大家庭

学校不光是学习技能的课堂,更是老有所乐的大家庭。老同志在这里学习,找到了自信,找到了志趣相投的老师和同学。在课堂上是老师,是同学,下了课就是朋友,是良师益友。周末、假期时,三五同学交流习作,交流心得,兴致来了约上一桌,痛饮三杯。下面一首赋是4年前,山水班一位70岁的同学酒后用楷书即兴写在四尺对开的金箔宣纸上送给我的。4年了,我一直珍藏着,这是同学间的友谊,也反映了老年同学生活的一个侧面。赋文如下:

> 丁酉正月廿八,云海兄念同窗之谊,慨然做东,设宴于孙府大院,邀部分同学小聚。至时盛情感召,接踵而至。寒假初见,又值新正,久别相逢,互问声律。少顷,酒菜齐整,东道主首先诚意祝词:欣逢盛世,花甲之岁,能与诸位共习山水,三生有缘,难能可贵,略备小酌,不醉不归。接着班长、群主代表大家道谢。

席间宾主频频举杯,互致敬贺,边饮边聊,相谈甚欢,赞先生画作之精妙,珍惜和谐班风之好。交流习画经验,意在共同提高,开怀畅饮,把酒醉滔。觥筹交错,心潮浪高。人人争先,各个踊跃。谈笑间,四瓶尽销。最后迎送兄以艺术家的风范,铿锵有力的语调,即兴朗诵了毛主席《长征》诗一首。气势雄浑,激荡情怀,更是把宴会气氛推向高潮。

　　酒足饭饱,余兴难消,云海兄再次请班长、群主广邀同学们到其黄山别院小憩。班长答曰:2021年暑假,提前邀约,自愿报名,视情运作,费用自理,AA制原则,写生消暑,一举两得,众人齐声赞成,依依惜别,切盼开学聚首。遂散。

　　余酒醉而归,酣睡至晚,夜不能寐,遂信笔记之,以酬盛况,也并附藏头一首诗存:云蒸霞蔚艳阳天,海晏河清乐升平。作为大展创伟业,东风送暖百花鲜。盛世太平老来乐,情诚意切记心间。难能可贵同窗友,忘却归途还流连。志高撰并书。

老年大学藏龙卧虎,人才济济,值得称颂。

我所学的山水、摄影这两个专业有一个共同点,就是要走向大自然,向山川要真知。

5年来,我们把课堂上所学的知识,带到大自然中去升华、去历练。我们利用学校放假之际,师生结伴,三五好友去过黄山,去过太行山,去过江南古镇、歙县土楼、十里画廊,领略祖国大山大水;也去过革命老区金寨大别山腹地红二十八军旧址鹞落坪,温故历史,接受红色革命再教育。老年大学是老年人的大家庭,是老年人的乐园。

(四) 老有所为的大平台

5年里,我曾跟4位老师学过山水画,跟1位老师学过摄影。付出多多,收获满满。

曾4次参加学校向社会举办的大型书画展,6次在校区内参加班级书画摄影展;还两度被评为学校优秀志愿者;多次与老师、校领导同台献艺,为人写春联、送吉祥,与人同欢,书太平歌颂盛世。

由于在老年大学得到了系统学习,我的国画作品《黄山清居》荣获2019年"全国老年人书法绘画摄影大赛"优秀奖。因为此奖,我又分别被安徽书画研究会、合肥美术家协会收纳为正式会员。

感谢合肥老年大学给了我们老年人这个学习平台、交友平台、快乐平台。我要在这里继续学习,同时也想为学校和同学们做点力所能及的工作……

(作者系合肥老年大学百花校区学员)

拥抱美好的明天

王维淦

新中国成立那年,命运之神把我送到这个世界,我庆幸,我与祖国同龄。我是一名中学教师,1970年走上讲坛,在教育这个平凡的工作岗位上辛勤耕耘了41年,从一名农家子弟成长为一名中学高级教师、肥东一中副校长。我的每一点进步与成长,都沐浴着党的阳光、共和国的雨露。在中国共产党百年华诞之际,铭感党恩,我们和党同呼吸,共命运,永远心连心。

记得3年前,当我离开民办高中工作岗位的时候,感觉特别满足,教了一辈子书,终于可以放下教鞭,安享清闲,颐养天年了。停下忙碌的脚步,告别往日喧闹的校园,倍感轻松。可是过了一段时间,我就在家里感到百无聊赖,时间久了,便觉得愈发落寞……

就在我彷徨、心神不定时,肥东老年大学伸出她青春的双臂热情地接纳了我,用温情抚慰了我孤寂的心灵。

肥东老年大学根据我们老年人的特点,开展了丰富多彩、形式多样的教学活动,设立音乐、戏剧、器乐、电子影像、书画、健身、舞蹈、时装、中医养生等9大类34个专业。我选报了葫芦丝、器乐综合、健身气功3个班。有诗云:"夕阳无限好,只是近黄昏。"进了老年大学,我要说:"但愿夕阳无限好,何须惆怅近黄昏。"我更要吟诵:"老夫喜作黄昏颂,满目清山夕照明。"

虽然我们已经进入老年,但我们的心还年轻,没有什么可以阻挡我们求知的欲望。在葫芦丝班,一个低音"3",想吹好得练上几十遍,我们不厌其烦,跟着老师学,跟着吹得好的同学学,日复一日,年复一年。50多位"丝友"齐奏《映山红》乐曲,乐曲悠扬婉转,令人心驰神往。吹好葫芦丝需要气足,这有利于调理肺部。在器乐综合班,笛子、二胡、扬琴、琵琶、电子琴、手风琴、电吹管、萨克斯、大提琴、打击乐等各种乐器融合在一起,老师为我们详尽介绍了各种乐器的基本构造、原理及特点,示范各种乐器C、D、E、F、G、A、B和^{b}B调等演奏的基本方法,还有计划地带领我们由浅入深地排练《喜洋洋》《花儿与少年》《渔家姑娘在海边》《挡不住的思念》以及高胡协奏《梁祝》等多声部演奏,我们徜徉于优美的旋律中,如痴如醉。在健身气功班,我们通过练习上肢、下肢,掌握了八段锦功法、大舞功法,这增强了我们的体质,促进了健康。我还参加了老年智能手机集中培训班,现在我能熟练地用手机领取养老金,用微信、支付宝购物、购买机票和火车票,用手机扫安康码等;我加入了亲友群、老年大学班级群等,和大家互通信息,交流沟通,其乐融融。

在肥东老年大学,"老有所学"落在实处。在这里,舞蹈成了大家的最爱,民族舞、交谊舞、广场舞、古典舞、秧歌舞、健身舞及腰鼓舞精彩纷呈,通过学习舞蹈,培养了学员欣赏和表现形体美、姿态美。在这里,琴棋书画则让我们找回了往日的文静和自信,"梅、兰、菊、竹"诗中有画,画中有诗,让我们深切感受到自然美、社会美、艺术美,陶冶了情操,可以修身养性。在这里,太极拳、太极剑、太极刀、太极扇、健身气功等,让我们健体、健肢、健脑、健心、健美。

清晨,迎着冉冉升起的朝阳,我们老年朋友精神抖擞地来到肥东老年大学的课堂,学习我们年轻时想学却没有学到的东西。当踏进老年大学校园时,我们仿佛又回到了梦幻般的豆蔻年华,徜徉在浩瀚的知识海洋。老年大学唤醒了我的"第二青春",带着期盼,也怀着一种向往,大家相聚在一起。我们忘记了年龄,远离了烦恼,既学到了知识,又找到了同龄伙伴,精神上有了寄托,身体也越来越硬朗。我们在一起上课、一起排练、一起演出,增进了彼此的沟通交流,丰富了我们的晚年生活。我们一起切磋,互帮互学,共同提高,保持健康心态,不让思想和思考停止,很好地预防了脑力退化,减少了孤独,身心得到双修,可以延年益寿。在这里,用我们自己的兴趣和爱好填补夕阳红的生活,我们特别喜欢这种大家一起学习的环境。在这里,真正体现了"书中拾趣心花放,屏里寻珍雅兴添,舞池攀越交新友,韵海结缘会圣贤"的高雅境界。

老有所学既是社会的需要,也是自身的需要。老年大学为我们提供了"老有所学"的平台,也为我们"老有所为、学为结合"提供了广阔的空间。肥东老年大学组织校艺术团开展丰富多彩的校园文化活动,参加县重大节日、纪念日专场文艺演出。我参加了县老年志愿者活动,走进县养老院,慰问孤寡老人,送去慰问品。我参加了肥东一中和县教育系统关工委组织的深入学校对学生进行防溺水、防火灾、防触电、防交通事故的安全教育活动。我参加了"文化惠民下基层"、送戏剧进校园活动,为群众送去精神食粮,为普及地方戏剧奉献绵薄之力。每年高考分数公布后,我根据考生的兴趣、分数排名,以及将来的就业前景,指导考生填报大学志愿,深受考生和家长赞许。我多次被评为肥东县、合肥市关心下一代工作先进个人。

当今世界正处在百年之大变局,要使自己的思想适应新的情况,紧跟新时代发展的步伐,就要树立终身学习的理念,坚持老有所学,坚持活到老,学到老。

"苍龙日暮还行雨,老树春深更著花。"在老年大学,我学习了葫芦丝、手风琴演奏、健身气功和老年智能手机应用,今后我还要学习更多的科目。回首往昔,欣然发现光景绵长,让我们再次绽放青春,一起燃放活力,尽情地用歌舞演绎美,用运动展示美,用书画描绘美,用科技创造美,老有所学,老有所乐,老有所为,学为结合,放飞梦想,喜奏夕阳,拥抱幸福美好的明天。

(作者系肥东老年大学学员)

人生莫待夕阳老　　笔下流年无限好

夏世永

16年前的金秋时节,我依依不舍地离开了奋斗40余年的工作岗位,提起书包走进既陌生又熟悉的学习课堂。可谓是:淡忘烦恼,与笔同乐;潜心学习,精心钻研;豪情不减学草隶,逸兴正浓画山溪;对仗平仄求韵律,孤平拗救释难疑;逍遥自在去烦恼,丢掉名利求素静。虽然是霜花两鬓染暮年,但我还在落笔翠墨著华章。我多次参加了县文联、工会、组织部老干局、老年大学、政协书画院、诗书画联谊会、美术协会等单位和部门举办的书画展,以及省、市老年机构组织的书画作品展。我的诗词也多次在《楚风》《夕阳吟坛》等县级刊物上发表。我的花鸟画《紫气东来　呈祥大吉》于2018年在《安徽老年报》上刊登。我真正享受到了党的"老有所学"给我带来的幸福和快乐,充实了我的老年生活,让我体会到了"学有所获"的生活乐趣。

16年岁月弹指间。在这吃穿无忧的日子里,时间瞬间即逝。要问我在这16年里到底学到了什么,我还真有点说不清、道不明。但通过学习,我懂得了一个道理:"书画同源、诗画同'根'。"人们常说诗中有画、画中有诗,诗、书、画之间有着许多内在联系和相似的内涵。所以,3年前我同时报了诗词、绘画、书法3门课程。通过学习,我知道了如何去品赏诗、书、画作品。作为一个诗、书、画的爱好者,你首先要学好如何欣赏别人的作品。只有会欣赏别人的作品,你才能写出自己满意的作品。

以欣赏中国画为例,欣赏中国画要有一个从大到小、从小到大的循序渐进过程。简单地说,就是"六看":一看构图。看构图的方法、形态、空间与布局。一幅好的画,如何画出"空白"很重要,要做到"计白当黑",就是把白的地方当作像黑的一样经营。这是构图的思想方法。书法作品忌"墨猪",绘画也一样。如果全是黑的,那一定不是最佳作品。有些经典作品,看似空白很多、黑色很少,其意境却让人浮想联翩。二看形神。"形"是指所画作品内容与现实对象是否有差异,即看画得像与不像。当然这种对"形"的要求已经被"神"代替。"神"是指所画作品是否传神。画如人一样,要有"精气神"。一幅画一定要能表现出一种神韵和气势。古人说"形神兼备",其实也是中国画的最高意境。三看意境。"意境"是中国画的核心。一幅作品反映了哪些艺术思想,就在于它的意境(意境一般是很难说清楚的,这是因为画的内容、笔墨、欣赏者的艺术修养等都有所不同,给人们带来的联想也就有所不同)。一般情况下,意境要积极向上,能激发欣赏者的内心感受和思想觉悟。我们的绘画作品,要有实用之处,让人能随时观看,并且百看不厌。四看笔墨。有人说"中国画是写出来的",有这种说法源于画的笔墨。对于画家来说,笔墨是一种功夫和能力的体现。中国画对笔墨有很多严格的要求,笔墨能力强了,能产生的线条就具有一定的"书写"功底。如何看待中国画中的笔画能力,线条质量是主要方面。线条要行如流水,苍劲有力,圆润厚沉;线条不论长短、粗细都要有同样的效果。中国画对墨色同样也有很高的要求。"墨分五色",画面要有层次感,干湿浓淡在画面上都要有所表现,这样的作品在艺术性上才具备意境。五看色彩。"色彩"与水墨一样具有晕染作用,也是为了达到画中意境的需要。色彩的铺设也要分浓淡,即浓的地方表现近处,淡的地方表示远处。色彩是在水墨的基础上"挂"上去的。因此色彩在涂抹时一定不能浓,要一层一层加上去。色彩与水墨一定要相得益彰,和谐共生。它不是刻意的,也不是生硬、机械的。六看题识和印章。题识和印章属于画中的一部分,在画中很重要,能起到点题补救等作用。跋语不能随意乱题,一定要根据画面而题跋,通过跋语去抒发画家胸中的意气。题识还可以解决画中平衡问题,包括空间大小、字迹、墨色浓淡、字数多少、字体形式、横竖格局,要使画面气势贯通,灵活不散。印章不能乱盖,也不能过多。印章大小要与题识字的大小相称,阴阳章盖的次序也要按要求去做。另外,中国山水画还有更高的要求,它要求画家在作画时还要注意主次、取势、开合、虚实、静动等问题。

　　七十六载谈笑间,曾踏寒霜也愉快。随着岁月的流逝,我也快进入耄耋老人的行列,但我还将继续坚持在老年大学的学习。在学习中寻找快乐和精神寄托,用学习来充实我的老年生活。人生莫待夕阳老,笔下流年无限好。学习是人生的一大快乐、我将在学习路上走下去,直到永远!

(作者系长丰县老年大学学员)

闲来研墨笑盈腮

金嘉德

屈指算来,我从退休到进庐江老年大学近4个年头了。一开始到老年大学,我抱着无所谓的心态,没把它当一回事,认为年龄大了,学不到什么玩意儿,只不过是打发时间、排遣寂寞而已。然而,一路走来,仔细想想还真收获不小。

在书法学习过程中,我的做法是:一读、二临、三练、四要。读就是读帖,根据自己的喜爱(主要指字体),选择古今名人之帖,经常选读。读帖是学习书法的重要环节之一,读帖的过程就是加深对范本、范字的认识和记忆的过程。有人说,帖贵熟读,忌生临。读懂帖其重要性比临帖更重要,这方面,许多书法家给我们做出了榜样:有的先读后临;有的边读边临,临后返回再读。我在书法学习中采取的就是先读后临,把要写的字全部认真读一遍,把它的结构、笔画、形体全都记在心中,然后临帖学习。之后再看看哪方面的功夫下得还不够深,再读再临,直至感到满意为止。作为日课——读帖,天天读,有空便读,使读帖成为一种生活习惯。因此,我在学习书法过程中,读帖的时间和数量比临帖要多得多。

读帖如同读书,一要精,二要博。精,可以发现细节,提高艺术的精彩程度,可以锻炼眼力,看明白才会思索。所谓思索,就是你喜欢的字体在头脑中有了轮廓,书写起来手头才有功夫,自鉴愈深,则自创愈高。读帖应该从用笔、结体、章法和神韵四个方面着手。在读帖时,对每一笔画的用笔方法,包括外形轮廓、粗细长短、向背仰俯、各笔画之间的空间,以及起笔、行笔、收笔转折处的用笔等,都要仔细观察、揣摩,在头脑中留下大概的印象,包括形体结构特征是内紧外松还是外紧内松。分析章法时要研究整体布局中的字形大小、长短、粗细、疏密、枯润等对立统一关系,结体又决定章法。用笔、结体、章法三者的关系非常密切。

读帖最重要的是对神韵的研究。书法中的每个字都有筋骨血肉,多表现为血肉丰腴、脉络灵动、筋骨挺拔,这就是书法中的"神采为上"。神韵依附于点画线条、形体结构,又隐藏于作品深处,是感觉上的情致和风韵。所以读帖时需要用心观摩、用意揣度,可在想象中模仿书法家作书时的神态、心态,这时,书本上平板的字就会在临帖者的脑海中鲜活起来,书写时自然产生节奏和韵律。颜真卿的《祭经文稿》用笔奔放,形式零乱狼藉,相比于《兰亭序》的精致,更能激活欣赏者的想象力。

读帖还要博,即拓宽阅读面。尤其是要选择一些与自己字体相关的帖子,多读、多临,别人对帖子的评论也都要细读。我常写的字体主要学习自赵朴初和启功的作品,对他们的作品我都不惜任何代价购买到手,通过学习以形成自己的字。正如有位高人所说,字写自己才是字,画是别人方为家。

除了读帖外,学书还要坚持做到"四要":

1. 学书要选好目标

学习书法要向古人学习,古人留下的众多碑帖,都是我们学习书法的好教材。我根据自己的爱好,选学近代的赵朴初和启功两人的作品,因为我原先的基础就是依照他们的字帖学成的,现在再学起来比较熟悉。同时要收集与碑帖有关的资料,对碑帖产生的年代、作者简介、碑帖的内容等都要有全面了解,做到识字读句,熟悉碑帖。

2. 学书要掌握碑帖的特点和字体

笔画是构成字体的基本素材。书家在长期的书法实践中,融入自身的审美意趣,将汉字的基本笔画加以修饰,产生独具个性的笔画造型。每一种书体其字体、笔画都不尽相同。首先要善于观察笔画的形态,总结笔画特征;然后要观察字体结构,看基本笔画是如何结合起来组成字体的;再通过不断临摹,逐步掌握碑帖的笔法特点和结体特点。临帖和读帖一样,也是学书的重要方法之一,是学书最关键的环节和过程。临帖就是对照碑帖的字体,首先依照其用笔方法,观其形,察其神,然后在纸上反复书写,既要形似,更要神似。在学书启功字帖时,我每天的目标是读帖100个字、临帖100个字,在此基础上再进行背临和集字创作练习。

3. 学书要精

我在实践中体会到,临帖不宜太滥,不能一走进书法天地就被各种书体吸引,今天临摹这个,明天又临摹那个,恨不得把真、草、隶、篆、行一下子全掌握,结果学得多,忘得多,最后一无所获。我根据自己的喜好和性格,先学颜真卿的楷书,有了一定的基础后,再主攻启功的行书,我现在每天练习使用的都是启功的字帖,对启功的书法有了一定的悟性。古人说:"术有专攻。"学习书法要集中精力攻其一门,克其一体,才能学有所成。

4. 学书要避免急躁

我在和书友们的接触中发现,很多书友在学习书法时,拿出了"只争朝夕"的精神,恨不得几天就能学会,几个月就能写一手好字,当学习一年半载字还写不好时,便会急躁。急是学书法的一大忌讳,因为书法本身就是以"中和"之美作为自己的最高理想,强调"气宇融合,精神洒脱"。学书是一种潜移默化的过程,是一点一滴技巧的积累,是各种各样知识的凝聚,是量变到质变的多次飞跃,来不得半点急躁。

4年时光,弹指一挥间。一万年太久,只争朝夕。值此建党百年之际,我决心以学党史、悟思想、办实事、开新局为契机,在老年大学这所人生的另一所学校,耕耘不辍,真正做到老有所学、学有所获,让夕晖也能光彩夺目。

(作者系庐江老年大学学员)

童心在校园

苏继向

人生百载,追求的是幸福,幸福的标准因人而异,大抵是希望能按照自己的心愿去学习、去生活,无虑无忧,轻松自如。这其实也是童心的一种本能欲望,所谓"老小、老小"就是指这两个年龄段都有着天真的梦想。尤其是步入老年阶段,实现了这个梦想就能活出真正的自我。

我在外闯荡了20余年,四海为家,既维生计,尚有盈余。其时本人已年值花甲,听说县城有老年大学,便义无反顾地回来了。老来入学,重修自我,这是我几十年漂泊生涯做梦也难求的事。

如果说小时候上学读书是为日后谋生筑基,那么老来上学就是自我充电,发挥余热,充实人生,更可能的是找回些许童心,为夕阳架虹,为人生结彩。

10多年前我步入老年大学上第一节诗词课时,恍若面对前世的课桌,隔世的板书,远古的诗经在老师抑扬顿挫的吟诵下悠悠飘来:"关关雎鸠,在河之洲,窈窕淑女,君子好逑……"世事的功利和人情的冷漠,喧嚣的红尘和繁杂的交往,在脑海中都被这纯洁无瑕的朴素清风荡涤干净。我低头细想,心灵感发,这是天籁音符敲出了人性的本元,这是诗的童贞。老来能享受中华传统文化精粹的诗风熏陶,真乃人生一大快事。此后,我便全身心投入,放纵情怀畅游在诗的海洋。只几节课我便掌握了近体诗的格律规范,月余后邯郸学步开始摹写,数月后写了一首《邓公颂》竟然还获得当年省级佳作奖。究其原因,当然是老师的循循善诱和授课有方,除此之外我想还有两点:一是学习要认真,二是写作要真情。

　　庐江老年大学环境宽松,教学开明,没有功利之争。在这里,百艺展现,百花齐放,每个人都能各学所爱,各展技能。这里有滋生童心的深厚土壤:书法初学有歪斜涣散的童笔,歌唱初学有五音不正的童音,舞蹈初学有伸张失度的童扭,诗词初学有喻切不当的童思,美术初学还有画猫类犬的童描,等等,不一而足。在这妙趣横生、其乐无穷的境界里被潜移默化,老年学员们一步步走向艺术的成熟臻美。我在诗词班学习,也是从童思童趣开始。我写的第一首所谓的诗就是记小时候的事:"玩泥不栽秧,就望来货郎。拿来鸡内金,偷着去换糖。"我一直将这首小诗的纸稿放在包里,不敢拿给别人看,终有一日厚着脸皮大着胆子拿出来给老师看。老师说很不错,不过这不是诗,是顺口溜,但又有点诗的味道。他要求我们大胆地多写多练,注意平仄和押韵,尤其说要多读唐诗宋词等。就这样勤写多练,互相交流,真的有所长进。诗词班每一学期都编排一期班刊《秋韵》,大家各自的喜好都可在这里展示出来,诗、书、画、摄影各显其长。尤其是绘画和摄影,每幅图片都配有诗词,美不胜收。现已编印 15 期。多年来学员们钟爱班刊就像孩童喜爱玩具一样,爱不释手。我是诗词班班长,对于班刊《秋韵》,我其实倾注了不少心血,但乐在其中。

这里的一切都很纯真、朴素。不论男女,无邪的笑声、热情的掌声总是时不时地漫出各个教室。老来尚有一颗童心,在家庭是祥和的征兆,所谓儿孙绕膝、莱衣伴舞,这也是享受天伦之乐的古习教化所产生的效果。太平盛世,击壤而歌,尤其是现时兴盛的"大妈舞",这都是童心的社会表现。所以说人保持着一颗童心对家庭、对社会都是至上的稳定器。现如今我们生活在亘古少有的盛世,物质丰富,衣食无忧。我们这辈人见证了国家从贫穷到富强,社会从落后愚昧到文明进步。我们这辈人由小孩变成了老小孩,可谓返璞归真。如今的老年大学似乎是"老年幼儿园",也是社会的世外桃源,在这里人人都与人为善,与世无争。这里是夕阳焕彩的地方!

我们在老年大学里学习和交流,彼此之间推心置腹,"童言无忌",不信谣,不信邪。我们要珍惜这大好时光和美好环境,以一颗热爱党、热爱祖国、热爱人民的纯真童心,展示自我,实现老有所为,为年轻人示范,为新时代添彩。

(作者系庐江老年大学学员)

重走"读书郎"之路

唐启善

早在 2000 多年前,我国著名的思想家、教育家孔子对人的终身学习就作了精辟的阐述,曰:"好仁不好学,其蔽也愚;好知不好学,其蔽也荡;好信不好学,其蔽也贼;好直不好学,其蔽也绞;好勇不好学,其蔽也乱;好刚不好学,其蔽也狂。"告诫世人要活到老,学到老,知识就是力量,知识就是财富。

党的十九届五中全会提出,要完善终身学习体系,建设学习型社会。随着我国人口老龄化的加速到来,老龄人口的数量越来越庞大,老年人丰衣足食后,精神需求日益高涨,老年文化教育势在必行。如何满足老年人的精神文化需求?老年大学就是最好的选择。

我于2014年退休后,就来巢湖带孙子,整天围着家庭和孙子转,每天的任务就是接送孩子上下学,其余时间就是看电视、玩手机,偶尔散散步。心里空荡荡的,好像鸟雀被关在笼子里一样,总觉得有点度日如年。揽镜自照,白发和皱纹日渐增多,好像一下子就老了许多,如果长期这样下去,将是对身心健康的极大伤害,思来想去,寝食难安。退休后的人靠什么来调节、充实生活,进入有质量的人生第二阶段呢?我的感悟就是精神的力量。人们常说"精气神",我认为这是生命的支柱。有了精气神,才能保持健康,才能获得快乐,才能延年益寿。2015年下半年,我报名进了巢湖市老年大学,重新走上了"读书郎"之路。

光阴荏苒须当惜,风雨人生任变迁。由于历史的原因,我失去了上正规大学的机会,心中的遗憾和愧疚至今难以平复。老年大学总算是圆了我的大学梦。基于自己的爱好,我报名参加了诗词、书法两个班的学习。这两门课程对于我这个文化基础较差的学员来说,要想有所进步谈何容易。

书法是一门艺术。在老师的指导下,我从执笔入手,从一笔一画开始,循序渐进。为快速提高技能水平,光靠课堂上的两节课时间是远远不够的。春夏秋冬,寒来暑往,我除了正常听课外,坚持每天在家练习不少于2个小时,几年来雷打不动。经过几年坚持不懈的练习,反复临摹名家典帖,主攻楷书和行草,自我感觉进步还是很快的,也受到了老师、方家和学员们的赞扬,多幅书法作品参展。

诗词对我来说难度更大。我对此毫无基础,分不清四声,更不懂平仄,纯属门外汉。但我没有退却,没有气馁,本着不耻下问的态度,虚心向老师、诗家、学友请教,并购买阅读了大量的诗词书籍和千古名篇,创作水平有了一定的提高。

"宝剑锋从磨砺出,梅花香自苦寒来。"经过在巢湖市老年大学6年的刻苦学习,在庆祝建党百年华诞之际,在老师和诗词、书法界前辈、方家的指导帮助下,终于圆了我多年出版诗书文集的梦想,喜悦之情,难以言表。正如张潮先生名言所言:"少年读书,如隙中窥月;中年读书,如庭中望月;老年读书,如台上玩月。"先哲名言,道透了人生不同年龄段读书的真谛,真乃是阅历之疏密决定了所得之浅深。

"莫道桑榆晚,为霞尚满天。"回首在老年大学接受再教育、再学习的6年,收获颇丰。我的心身得到了修炼,极大地提振了精气神,既增长了知识经验,结识了高朋雅士,又充实了生活,享受到了前所未有的快乐。衷心祝愿广大老年朋友,沐浴在党和政府的温暖阳光中,在老年大学的舞台上演绎更加绚烂的美好人生!在此,衷心祝愿老年大学越办越好!

(作者系巢湖市老年大学学员)

我的同学我的班

王建华

"楼下是美味佳肴,楼上是知识海洋。"这是我们学员对庐阳区老年大学的一个真实评价。

坐落在合肥市庐阳区北二环与颍上路交口"上上座大酒店"楼上的庐阳区老年大学,有着宽阔的教室、优质的师资、良好的后勤服务。琴棋书画多种科目给我们老年朋友提供了一个展现自我、放飞心情、学习知识、修身养性、老年交友、愉悦身心、提高情操的广阔平台。

我所在的二胡班、声乐班,更是有如大家庭一样的温馨,从来没有同学表现出"谁以前是什么领导职务",或是攀比"谁是从事业单位退休,谁又是企业员工退休"的等级之分。在人生又一个转折点上,大家其实都处在同样的"起跑线"上,互相比拼的是谁更健康,谁更快乐,谁更幸福。有了这个宗旨,大家在一起学习起来,心态就更轻松,压力也小了许多。平日里,无论哪位同学有困难,大家都能在第一时间嘘寒问暖,互助一臂之力。

在这样轻松的环境里学习,加上授课老师的认真教学,短短几个学期下来,同学们的二胡演奏技艺和声乐技巧都有了显著提高。在具备了一定的演奏、歌唱水平后,大家的自信心也上来了。我们相约走出教室、走出校门,走向社区、走上舞台,积极参加各种社会活动,元宵节、中秋节、老年节……不少节庆活动中都闪现着同学们的身影。同学们以歌会友,以乐会友,以极大的热情赞美社会正气,讴歌城市变化,展示人文情怀。同学们运用课堂上所学的知识,将自己的真情实感用一个个音符表现出来,把高尚的情感境界、健康的人生追求、美好的艺术情趣传递给人们,并在交流中增进了友谊和认识。

就这样,我们大家在学习中交流,在沟通中总结,在玩乐中相处,结下了兄弟姐妹一样的亲情,彼此间建立了深深的精神寄托。大家每星期都盼着见彼此一面,话家长里短,问寒问暖,好似处在一个和谐的大家庭。就连我们班的授课老师都经常说:"我在你们老哥老姐身上学到了很多东西,受益匪浅。"

别看我们大家年龄大了,可作为新一代的老年大学生,一样与时俱进。年轻人玩得熟练的微信等 App,我们用起来也不甘落后。两个班级都建立了微信群,分别起名"琴声悠悠"和"美之声"。从此,微信成了我们探讨知识的又一大课堂。尤其是新冠肺炎疫情期间,虽然线下停课了,但大家在微信群里聊得热火朝天,纷纷通过微信群及时发送自己在家的练习视频,互相讨论,互相鉴评,取长补短。专业学习的道路上我们从没有停止脚步!为庆祝中国共产党建党 100 周年,大家又在积极地准备红歌演奏会,向党的生日献礼。

随着年纪的增长,我们已经走到了生命中最精彩的年华,为了重温青年时期没圆过的大学梦,大家不约而同来到了老年大学学习。几年来,在同学们的支持、理解、包容下,在学校领导的信任、关怀下,我有幸一直担任二胡、声乐两个班的班长。我有责任、有义务带领大家一起学习玩乐,更乐意在老师、学员、学校之间架起一道连心桥,为大家做好服务工作。

赠人玫瑰,手留余香。如今,我们二胡班、声乐班和谐上进,团结向上,班风、班纪更是得到学校的公认。我深深感知到,良好的外在环境靠政府创造,内心世界的强大幸福只能靠我们自己。

每每怦然心动之余,一句"很老"的歌词就从心底冒了出来:"最美不过夕阳红……"庐阳区老年大学,好一个多姿多彩的老年乐园!在这里,我们老年人以及更多的社会人士,从中感受到的不是霭霭暮气,而是一种蓬勃向上的活力与朝气。在这里,我们老有所学,老有所为,老有所乐,老有所得,我们老年人正在用良好的心态、积极向上的践行,传递着中华民族的正能量!

(作者系合肥市庐阳区老年大学学员)

幸福晚年　夕阳生辉

胡玉香

濉溪县老年大学创始于1994年3月,至今已走过27年的辉煌历程,是我们濉溪老年人思想、政治教育的阵地,是拓展知识的殿堂、延年益寿的乐园。全校现有师生1500余人,开设的科目有20多个,深受我们老年朋友的青睐,得到了有关部门的肯定和称赞。

活到老,学到老。退休后,有了闲暇时间,我于2008年踏入了这所美丽的校园,先后在综合班、文艺班、舞蹈班学习,受益匪浅。在综合班,我学习历史和保健等知识,学记了一些重要的历史年代和主要人物事件。保健科目的学习,使我知道了合理膳食、适度运动、心态平衡等新的保健理念,促进了身心健康。在文艺班,我跟随老师学乐理知识,练曲谱、记歌词,尽情演唱社会和谐音符。在舞蹈班,我学会了舞蹈的基本步伐,随着悠扬、美妙的舞曲,我们跳得如痴如醉,原来腰、腿、肩周炎等毛病也消失了,人也变得年轻了。现在,我在舞蹈班担任班长。在老年大学学习,我感到特别的充实和幸福。

入学这十几年来,作为一个外地来淮北濉溪的学员,在老年大学这个大课堂里,我感到处处新奇、处处新鲜、处处温馨。学校领导尽心尽力为学员服务,跟班听课,和学员谈心,听取学员的意见和建议,时时温暖着我们的心。学校的气氛充分体现了"老有所学、老有所教、老有所乐、老有所为"的办学宗旨,在这里的学习生活使我尽情地享受到安度晚年的美好幸福。

疫情过后,我们2021年上半学期的学习生活是在新校区度过的。新的教学大楼宏伟气派、雅致舒服。在新的教学大楼里,我们的生活、学习更加幸福、更加充实,这都是党和国家给我们搭建的美好学习平台,让我们老年人学习知识、愉悦身心、健康长寿,在党的怀抱里,我们是幸福老人。

老年大学是我们增长知识的课堂、陶冶情操的乐园,我珍惜在老年大学的每一天,我热爱濉溪县老年大学,在这里感谢老年大学对老年朋友的厚爱,让我们有这么好的学习平台,能在艺术的海洋里陶冶我们的情操,增添了夕阳的乐趣,丰富了晚年生活,潇潇洒洒地圆着我的大学梦。真是幸福晚年,夕阳生辉。濉溪县老年大学,我爱你!

2021年是中国共产党建党百年华诞。我可敬的中国共产党,是您让我们走向辉煌,幸福地生活。和谐社会,让我们走进了新时代,赶上了好时光。感谢我们伟大的中国共产党!感谢我们伟大的祖国,党啊,亲爱的妈妈,我爱您!

(作者系濉溪县老年大学学员)

我们努力地奔向那诗和远方

陈凌英

我们有一个群,群里面的朋友大多是老年大学的学员。我们在一起吟诗作对,探讨书法创作,关注每日微信运动排名情况。我们的群名叫"诗在远方"。

时常打开微信、浏览朋友圈会有一番风景:群友们百家争鸣,百花齐放。随着时光推移,每天都有诗风别样,供大家分享。晨起看到朵朵花开,会有"红花白花黄花,花开四季芬芳"的词语,瞬间群友就会接上"最爱春季花季,令人心旷神怡";傍晚行走在路上,看见了老年大学旗袍班的美女们排练节目,于是便有"夕阳西下广场路,油纸花伞舞蹁跹"的词语;再不就有某天哪位群友夜半时分琢磨一段好词,迫不及待地于凌晨发送到群里面,一人连句,多人续写,令人目不暇接,感慨万千。

虽然我们已经步入老年,但我们依旧诗意盎然。腹有诗书气自华。或许有人认为,到我们这般年龄,每日花大把时间读诗词、写诗词、编辑诗词发给群友,忙得不亦乐乎,是否有点矫情了;或许这吟诗赋词、感时花溅泪的心境,应该是年轻的朋友们所为:在花前月下,才会吟诗作对,琴棋书画吧……

很多人认为,老年人的生活应该是或打麻将,或站立街头东家长西家短地聊些八卦,或贤惠地在家整理家务打扫卫生,或静待家里看看电视剧……

但是我们的价值不止这些,自己有点小自我也未必不可。作为父母、作为长辈、作为至爱亲朋,只要你饱读诗书,视野宽广,有一技之长,既可能对身边的人有所帮助,也可以作为教育他人的资本。

有一群友退休前在领导岗位工作,理论水平高,对问题的评论很有哲理性,常侃侃而谈,使人心服口服。他在群里发的消息,既有对过去的总结,也有对今后的憧憬。他也曾自嘲老夫聊作少年狂,写诗词怀旧忆故,褒奖现实时光,正能量满满,励志名言满屏……最近他生病住院了,床前摆放的竟是《唐诗三百首》等诗词书籍,并写下了病中感慨的诗句:"日日病榻日日烦,逍遥快乐都吓跑。不要悲观和抱怨,病魔远离身自健。"这一举动感动了群里面的众多群友,也使同病房的病友们增强了抗击病魔的决心,精神上受到了鼓舞……

孙子偶然间看到我许多年前在报纸上发表的文章,又看到我最近在群里面写的打油诗,于是乎,我在他的心里立即形象大变,逢人就说他奶奶会写文章会写诗词……

我们虽是老年人,但是我们活到老,学到老。诗和远方不再是年轻人的理想目标,我们永远也在努力奔向那里……

(作者系亳州市老年大学学员)

老年大学是老年人的欢乐窝

张士亮

时间过得真快,不知不觉中妻子已去世快两年了。退休前,妻子的身体很好,虽然我们终日为养家糊口而奔忙,日子过得很清贫,但心里很满足、很充实。

妻子是一个地地道道的农民,在土地承包到户单干的时代,她为了生计,日夜操劳,不辞辛苦,任劳任怨,老了却得了帕金森综合征。由于长期卧床,不能运动,导致病情日益加重。

妻子去世后,我经常坐在椅子上,看着天花板发呆,寂寞、孤独、无聊、空虚、悲伤,自己的生活节奏完全打乱了。同一个小区居住的朋友见我总是沉默寡言、闷闷不乐、失魂落魄的样子,担心闹出病来,就耐心地劝我:"生老病死乃自然规律,嫂子走了,你自己还要生活。"他建议我上老年大学,改变一下自己的生活状态,早些从丧妻的阴影中走出来。在朋友的劝导下,我在2019年3月报名上了亳州市老年大学文学班。亳州市委、市政府为新建的老年大学提供了全新的教室、先进的教学设备,各科都聘请了优秀的教师。

开学了,整个老年大学沸腾起来,一道彩虹在老年大学上空升起,老年大学在亳州老年人心中成了神圣之地、向往之地。舞蹈班那些穿着盛装、画着淡妆的学员们载歌载舞,欢聚一堂。文学班老师利用现代化的教具讲解、描绘古今中外的文学经,学员们通过学习进一步认识到文学对人类社会发展的重要性、对改变人生观念的重要性。绘画班的学员们聚精会神地描绘祖国的山山水水,在他们的画笔下,祖国的美丽壮观被呈现出来:远处高山苍松翠柏,近处小桥流水人家,画在纸上,人在画中,犹如仙境。老年人在这样的意境里生活,可以延年益寿,快乐无比。

  亳州市老年大学设有 35 种课程、120 多个班。声乐班、民族舞班、交谊舞班、电子钢琴班、太极拳班……学员可以根据自己的爱好报一个或几个课程进行学习。通过一段时间的学习,我爱上了老年大学。老年大学使我老有所学、老有所乐、老有追求、老有寄托,我又还原为原来的我。随着时间的推移,自己对老年大学了解越来越多,感触越来越深。在获得知识的同时,又获得了老年人不易得到的快乐。"活到老,学到老"的人生观在我脑海里根深蒂固;"人人为我,我为人人"的思想在我心里生根发芽。通过老年大学的学习,使我知道知识能改变一切,它既能改变人的物质生活,又能改变人的精神世界。老年大学把我从寂寞、孤独、无聊、空虚、悲伤痛苦的世界里解救出来,重新振作,积极面对人生。

  老年大学是老年人的学府,是老年人的欢乐窝。我爱您,老年大学!

(作者系亳州市老年大学学员)

文化养老是康养的最佳选择

乙思溥

老年大学的开办,体现了党和国家对老年人的高度重视、亲切关怀和无上爱护。人总是要老的,人老了就要退出岗位回到原来的生活社区。如果退休了无所适从、孤独寂寞,精神上就会感到很大的失落,进而造成精神和身体上的损害。

老年大学的开办,是实现终身教育的一个重要渠道,为退休老人提供了一个文化养老的活动场所,使老年人有一个活动的平台。在这里,可以广交朋友,继续学习新的知识,联络感情,交流经验,提高新的认知能力,学习新的思维方式,适应新时代、新发展的需要,发挥余热,使晚年生活更有情趣,活得更有意义。

亳州市老年大学设置了适合不同老年人需求的很多专业,吹、拉、弹、唱、舞、书法、绘画、文学、艺术、戏曲、剪纸、摄影等,既能提高老年人的学习兴趣,又能融合老年人的精神和情趣,锻炼老年人的思维能力,还能强身健体,提高老年人的身体素质。

老年大学开学了,我也凑个热闹,根据个人的条件和兴趣报学了文学、京剧两门课程,我可能是目前最年老的学员了,老而能学,真是一件大幸事!

我觉得文学是做人的基础课,也是做好各项工作的基础,以前没有系统学过,基础很差,有必要在老年大学进一步深造。

学京剧我的条件很差,年老,总忘事,记不住词,嗓音差,但我热爱,贵在参与吧!京剧是国粹,是一门高尚的艺术,唱腔优美,或高昂激越,或委婉动听悠长,有余音绕梁之韵。学习京剧可以陶冶情操,培育人品,使人思维灵敏,能解除烦恼,强身健体,激励奋进。

这么好的时代,这么好的社会,老年人虽做不了什么大事和贡献,但能给党、国家、社会减少一点点负担,也算是一种贡献吧!

时代给我们安排了学习机遇,老师是各行业超群的人才,学校尽量满足学员的兴趣爱好,我们没有理由不抓紧时间好好学习呀,我们一定要不辜负希望,努力奋进!

(作者系亳州市老年大学学员)

老年大学是我们晚年生活的最佳选择

陈 峰

我是砀山县农业农村局的一名退休干部,由于父母年老体弱,故退休后我主要是在家照顾父母,"百善孝为先"的传统美德激励着我把家庭生活安排得更有条理,把两位老人的身体尽量照顾好,让他们安度晚年。但我还是觉得有些空虚,与社会接触少,对党和国家的方针政策了解少,文化生活参与少。为解决这"三少"问题,2015年我报名参加了砀山县老年大学。砀山县老年大学是老年大学省级示范校,学校课程主要有两类:一是必修课,包括思想政治教育、时政、法制、消费等课程;二是特长选修课,如音乐、太极、豫剧、书法、保健等,共设21门课程。学校现有31个班、任课教师20人、在校学生500多人。从报名参加老年大学至今,我在老年大学已经度过了整整6个年头。在这6年里,我如饥似渴地认真学习每门功课,从来不舍得耽误一节课。我不仅增长了知识,还收获了健康,继续为砀山的经济社会发展发挥余热,受到学校领导和全体师生的好评。

老年大学的建立,有以下几点好处:

1. 老年大学引领老年人思想上进,为社会稳定做出了积极的贡献

老年大学不失时机地抓好思想政治教育这一环节,使老年学员的政治思想素质大为提高。在校的学员尽管经历不一,文化程度高低有别,但有一点是相同的,那就是自觉性强,集体观念强,学习起来特别虚心、认真。还有一些农村党员学员住的较远,离县城有几十里路,尽管年迈体弱,依然风雨无阻,坚持按时到校学习。这种贵在参与的精神令人敬佩。我认为,办好老年大学是稳定老年群体的有效措施,老年群体稳定了,社会也就稳定了。稳定的社会才能为经济社会的发展提供保障。

2. 老年大学充实了老年人的晚年生活

上老年大学,天天有事干,有所求,听听练练,唱唱跳跳,写写画画,消去了无聊和孤独,带来了自信和充实,自己高兴,家人喜欢,家庭和睦。

3. 老年大学推动了砀山县精神文明建设的进程

老年大学经常举办红歌比赛、文体项目比赛、班级学期结业汇报、送文艺下乡等活动。通过各种活动,不仅及时宣传了党和国家的方针政策,还搭建了城镇和农村交流的平台,增进了城镇与农村老年朋友的联系和友谊,活跃了城乡居民的文化生活,有

效推动了全县精神文明建设的进程。通过上老年大学,很多老同志心情好了,气顺了,身体也好了,不吃药或少吃药了……很多老年学员高兴地说,老年大学就是好,在这里既能学到新知识,丰富新生活,又能使身体得到锻炼,提高了健康水平,老年大学是我们晚年生活的最佳选择。

4. 老年大学推动了基层党组织建设

砀山县老年大学于2018年建立了临时党总支,校长担任临时党总支书记,各位党员副校长担任临时党总支委员,临时党总支下设5个党支部,各班都有临时党小组,全校形成了完整的临时党组织系统。校临时党总支对党员教育管理抓得有声有色,在2021年党史学习教育活动中,全校党员同志认真学习习近平总书记在党史学习教育动员大会上的重要讲话,校党总支组织学校党组织负责人和学委会成员到山东省单县红色湖西教育基地参观学习,缅怀先烈遗志,接受红色基因传承教育,同时聘请县委党校教务处西光连主任来校宣讲中国共产党党史,全校共产党员和全体学员深受教育,深刻感受到中国共产党伟大的发展历程,并从中吸取智慧,砥砺品格,坚定理想信念。在党史学习教育活动中,校党总支要求全体党员落实习近平总书记提出的学党史、悟思想、办实事、开新局的总体要求,尽力为社会、为老年学员办实事。据不完全统计,学校全体党员办实事120多件。有的拾金不昧,有的在上学来回途中帮助身体有病、行动不便的老年学员上下车,有的对学员进行上门辅导,有的牺牲个人学习时间坚守抗击、防控新冠肺炎疫情第一线,显示了党史学习教育的成果,提高了基层党组织的战斗力、凝聚力。

5. 老年大学为老干部发挥余热提供了广阔的舞台

2019年4月,老年大学校委会为做好学员的教育管理工作,充分发挥学员的自我教育、自我管理、自我约束,达到共同提高的目的,研究决定建立学员管理委员会(以下简称"学委会")。学委会的主要职责是协助学校抓好学员的教育和管理。在筹建学委会过程中,我有幸被选为学委会主席,我既高兴又忧虑,高兴的是学校领导和学员对我的信任,忧虑的是怕干不好学委会的工作,影响学校整体工作开展。校领导看出我的担忧后,鼓励我大胆干,别担心,只要大胆干,定会出成果。在学校领导的关怀与支持下,学委会配正、副主席各1名,下设学习、宣传、生活、安全4个部,每个部由3~4名委员组成。学委会制订了工作计划,并逐项落实。3年来,学委会的全体同志认真工作,取得显著成绩:一是加强学员学习纪律教育,努力提高学习效果;二是做好宣传工作,每月定期出一期宣传简报,表扬学校涌现出的好人好事,以及通报各班学习纪律和卫生检查情况,对学校的精神文明建设有极大的推动;三是定期或不定期对各班室内外卫生进行检查,确保有一个良好的学习环境;四是加强学员的人身安全教育。2020年以来,在新冠肺炎疫情的防控工作中,学委会成员佩戴执勤袖章,战斗在疫情防控第一线,对学员量体温、检验健康码,严格执行戴口罩、带学员证的规定,保证了学校安全措施的落实,确保老年大学的教育工作有条不紊地开展。学校领导和学员们点赞说:学委会的工作开展有序,成果显著,成为校委会的得力助手,是为学员办实事、办好事信得过的一支能战斗的团队。

总之,在老年大学6年的学习生活,丰富了我们老年朋友的精神境界,开阔了眼界,增长了知识,焕发了青春活力,为党的老年教育事业做出了新贡献,取得显著成果,受到学校领导和师生的好评。6年来,我多次被学校评为优秀班长和优秀学生干部。在此,我衷心感谢县委、县政府以及老年大学的领导和工作人员为我们老年朋友提供的学习机会和平台,在这里实现了老有所学、老有所乐、老有所为的生活目标。我一定借党史学习教育的良机,把党的历史学习好、传承好,把党史学习教育的成果应用在老年大学的学习实践上,珍惜在老年大学学习的每一天,继续上好老年大学,为提升老年教育水平和管理水平发挥余热,以优异的成绩向中国共产党建党100周年献礼。

(作者系砀山县老年大学学员)

老年人心中的殿堂

李素芹

我是一位小学退休教师。记得那是几年前,由于家庭发生了变故,为了打发时间,我参加了老年大学摄影班的学习。一次偶然的机会,摄影班的一位学友引荐我进入了诗词班。当时的我只是想试着去听听老师的解读。寿新元老师的第一节课就深深吸引了我,他的教学态度是那么严谨、一丝不苟,他将知识点娓娓道来,让我从中感受到古典诗词的美妙意境,从此便一发不可收拾。

老师每节课的课堂教学结构都十分完美,一节课一个新的知识点。新的知识点往往只是一个抽象的概念,学员不易接受,老师总是引经据典,不厌其烦地由浅入深地让我们去感知、去体会,直到融会贯通。就这样,老师引领我们欣赏古典诗词华美的词句,倾听古典诗词唯美、经典、震撼的往事,好像带领我们穿越了历史,穿越了时空,给了我们无穷的遐想空间。每节课都是高雅的享受。"邂逅一首好词,如同在春之暮野",你看"行到水穷处,坐看云起时",这是怎样的一种惬意啊!

课下,其他学员大多数根据老师当日的教学能很好地完成作业,可我原是个诗盲、词盲,感到很茫然,不知所措,无从下笔,也想放弃过,但老师的敬业精神、学员的榜样作用激励着我拿起笔来,苦思冥想,足足一周时间填上一阕词《如梦令·梦君》:"昨夜与君相拥,枕畔铃响惊梦。启目四周寻,风竹西窗摇影。痴梦,痴梦,月暗风寒霜重。"不曾想到竟得到了老师的认可。最大的快乐,莫过于战胜了自己,我那颗行将死去的心,由衷地感到了一丝丝慰藉,我要坚持下去。接着我又练习填写了几阕词。此后,我便多翻阅古典诗词,丰富自己的知识;在生活中多留意,多观察,积累素材;勤动脑,勤动笔,逐步提高自己的写作能力。我的生活得到了充实。

我不仅喜欢上了诗词,还爱上了摄影。同样的原因,为了排遣心中的悲怆,抱着户外走走、散散心的态度,我进入了摄影班。去摄影班的第二节课就随班外出采风,怯生生的我拿着卡片相机不知如何使用,碍于面子,羞于启齿,只是默默地跟着走。这时细心的姚立光老师主动地上前帮助我,使我从那种窘况中走了出来,一下子和学员们的距离拉近了,也举起了相机拍了几张照片,开始了我人生的第一次拍摄尝试。

摄影班的姚老师就是这样地平易近人,尽职尽责。他教我们认识相机、了解机身功能,详细地逐个讲解对焦、光圈、快门、ISO感光度、测光与曝光等基本摄影知识,还一一讲授构图、光彩、色彩等美学知识。

两位老师的教学均体现了陶行知的教学理念:教、学、做合一。学习诗词需要多写多练,学摄影亦是如此。老师带领学员户外采风,把所学的技能在实践中反复练习提高。拍好一朵花或一处景物,既可提高审美能力,寻找拍摄意境,又能拓宽眼界,增长见识，领略并享受大自然的美。

　　初学摄影那年秋天，我去了皖南采风。拂晓，我们踏着晨露登上山岗，发现那里早已架起了"长枪大炮"。雾很浓，朦胧中依稀可见具有徽派建筑特色的村落——芦村。村舍造型雅致，黛瓦白墙、鳞次栉比、错落有致，那种恬淡与安然，令人别有一番喜悦与满足。她像世外桃源，毫无世间尘俗的烦扰，令人心驰神往；她又像情窦初开的少女，含着掩面、似露非露，楚楚动人，让人总想撩开她的面纱一睹芳容。直到红日渐渐升起，雾霭还未散去，我们带着一份美好、一点遗憾，依依不舍地离去。姚老师虽然比一些学员的年龄要小点，可每次外出采风俨然是一位家长，悉心地呵护每一位学员。从景点的联系，吃住的安排，行车的安全，到学员的拍摄，无不周到。几年来带领我们游遍了大江南北，饱览了祖国的秀丽河山、名胜古迹，品尝了山珍美味，目睹了祖国日新月异的变化，了解了中华几千年的文明。

　　我们登上大自然之骄子——黄山。高处纵览，青松在悬崖上争奇，怪石在奇峰上斗艳，烟云在峰壑中弥漫，霞彩在壁石上流光。我们还攀登了各具特色的天柱山、云台山、大别山、骊山、泰山、五台山等。我们去了摄影人魂牵梦绕的人间仙境石潭；我们去了红崖绝壁大峡谷万仙山；我们去了石涌清泉、溪流纵横、瀑潭相间、流水潺潺的牯牛降；我们去了六朝古都金陵；我们还去了十一朝古都西安、革命圣地延安；我们参观了毛泽东故居，瞻仰了毛主席铜像；我们参观了嘉兴南湖的红船，了解了革命火种是如何悄悄点燃的；我们去了西柏坡、天安门，知道镰刀、铁锤彻底砸碎了旧世界，人民当家做了主人。看着胜利的旗帜在神州大地迎风飘扬，作为一个中国人我们是多么自豪！

　　几年来，我拍摄了数千幅图片，记录下一些珍贵的画面，为自己留下了美好的回忆，更为诗词的创作提供了素材。随着那莹莹的新绿、冶艳的桃花、金黄的油菜花、拂面的春风、鸣啭的黄鹂、流动的泉水、秀美的山川，笔下也流出数百首小诗来。在黄河的壶口，因特殊的地理地貌，急流堆起了数丈高的巨浪，瞬间又跌落谷底咆哮着奔向前方，飞花溅满全身，我享受着大自然的赐予，此时的欣喜与乐趣妙在其中。"湍流激起千层浪，万马奔腾雨雾扬。丽日飞花生紫气，丹青难绘此时芳。"一首小诗呈现在脑海。每当闲暇翻阅自己的拙作，也挺有感触，尽管幼稚，但也是自己的心血，是感情的升华。

给我留下最深印象的是在延安和西安分别享受的两场艺术盛宴。在华清宫观看了大型实景历史舞剧《长恨歌》，歌舞升平，流光溢彩，重现了千年的盛世辉煌。在延安观看了大型实景剧《延安保卫战》，正是毛泽东的战略思想彻底粉碎了以胡宗南为首的国民党反动派的阴谋，取得了延安保卫战的伟大胜利。军民同庆，锣鼓敲起来，秧歌扭起来，歌声唱起来，把剧情推向了高潮。观众也欣喜若狂，跃入舞池随着欢快的音乐舞动起来，令人振奋，使人陶醉，灵魂又一次接受了洗礼。

几年来，我的摄影水平有了一定程度的提高，作品在市、县的摄影比赛中皆有获奖：2020年在市水利局和市摄协举办的"新汴河——最美幸福河"摄影大赛中，我的作品《渔舟唱晚》获奖；2021年在县委宣传部和县总工会举办的"百年历程，铸就辉煌"的摄影比赛中，我的两幅作品《水浣秋光分外娇》和《钟馗之乡》皆入选展览。

此外，我的诗词创作能力也有一定的提升，写有绝句、律诗400余首，填词近60阕，楹联、诗钟百余幅，在县、市出版的《磬乡风韵》《古汴流韵》《诗苑词林》中都收录了我的作品。《中华诗词》《华夏诗联书画》这一类国家级诗刊中也刊登过我的诗作。

在庆祝建党百年华诞之际，衷心祝愿我们伟大的祖国早日实

现中华民族的伟大复兴,为我们党的生日献上一首排律:

建党一百周年抒怀

马列先锋结众贤,丹心志士誓言宣。
红船驾驭航灯点,民庶跟随险浪穿。
推倒三山环宇震,完成四化举国欢。
卫星登月太空探,舰艇劈波疆域安。
建党百年讴盛世,和风万里满人间。
沧桑巨变怀旗手,引领中华永向前。

东隅已逝,桑榆非晚。在老年大学的几年里,我收获了知识,收获了友谊,收获了健康,收获了快乐,丰富了我人生内涵,升华了我人生的价值。老年大学——老年人心中向往的殿堂。

(作者系砀山县老年大学学员)

把平平淡淡的日子过得诗情画意

庞 琰

老年大学是一所特殊的学校,是党和政府为老年朋友们搭建的终身教育平台,这里不仅是我们学习知识的课堂,更是陶冶情操的乐园。在这里,既学习了知识,切磋了技艺,同时也交流了思想,增进了友谊,结识了很多新的朋友,给我们的老年生活增添了很多色彩,实现了"老有所学、老有所乐、老有所为"的生活目标。在老年大学,我主要选修了书法、诗词、戏曲几门课程,受益匪浅。

（一）笑把芳心寄砚田

书法艺术在中国传统文化艺术中最具代表性。我喜欢书法，在上老年大学之前，每次欣赏别人的作品，自己心里就痒痒的，但苦于无人指导，不知从哪学起，连毛笔都拿不好，更不知道从哪下手。进入老年大学之后，我就迫不及待地报了书法班。在书法课上，书法老师一遍又一遍地讲解、示范，从理论到实际操作，耐心细致、不厌其烦地指导。我每一节课都专心听讲，认真做好笔记，课后刻苦练习，绝不马虎。从小篆到楷书，再到行书、草书等，无论哪种字体，我都认真练习。经过老师的精心指导和我自己的刻苦学习，我的书法水平有了一定的提高。2018年，我的作品被泗县博物馆永久陈列收藏；2019年5月，我的作品参加了中国老年书画研究会在陕西咸阳举办的"风景这边独好——纪念中国老年书画研究会建会35周年精品展览"。我荣幸地成为中国老年书画研究会会员，同时成为安徽省老年书画研究会会员，并被评为安徽省老年书画联谊会高级书画师。

（二）诗在文章更不疏

中国诗词向来是以其阳春白雪似的唯美典雅，吸引了无数虔诚的追随者。尤其是那些集作者思想、感情、智慧、创造力于一身的千古名句，虽经历千载沧桑仍熠熠生辉，那震烁古今的千古绝唱，曾令无数炎黄儿女为之折服。诗词是最精妙的语言艺术，它用最少的词语、最简练的文字结构、最优美的音韵表达思想感情。我上老年大学后，对诗词写作产生了浓厚的兴趣，报名参加诗词班学习后，在诗词老师的指导下，用心体会诗词大意，积累诗词语言，认真学习诗词创作，领悟诗词意境，尽量用含蓄的文字，力争做到"言有尽而意无穷"，用精练的语言，表达丰富的思想，努力提高文学素养。

诗词大多篇幅短小,其语言精辟,跳越灵动,意趣无穷,所以老师就独具匠心地启发我们展开丰富的联想和想象,进入诗句所描写的情景,感悟和体验诗人的心境。老师还教我们用心、用脑去观察,去思索,这样才会留下更细腻、更深刻的印象,写出的诗才符合现实,更贴近生活。老师不光在理论上教我们怎么写诗词,还对我们写出的诗词逐字逐句地批改,指出错误所在,让我们感受诗中有声有色、有情有礼的丰富内涵。老师的不辞劳苦和循循善诱,让我有了一定的收获,我的诗词在周边县市的诗集以及相关的杂志上刊登,也曾在《拂晓报》上发表,并且荣获第九届"中华颂"全国文学艺术大赛二等奖。现在我已是安徽省诗词学会会员、安徽省秉烛诗词学会会员。

(三)皮黄檀板舒雅韵

我国的国粹之一京剧的美感和韵味深深地吸引着我,那俊美的扮相、绕梁三日的唱腔总能让心灵颤动并且感动无休无止。开始我是以敬仰的心情去聆听、欣赏。听戏,可以从戏词里体会人情世故,学会做人的道理。虽然我喜欢京剧,但是不会唱。上了老年大学后,我报名戏曲班,正式启动学习戏曲之旅。老师教我们发声要找准位置,要有三区共鸣,反复地教我们练唱,在鼓励我们取得进步的同时,又指出我们存在的问题,教给我们改进的方法。在学习中我初步掌握了发声和吐字方法以及演唱技巧,同时进行无数遍的跟听练习,在学唱段中不断体会,逐步积累。在老师严格的教授下,我的演唱水平得到了初步的肯定,在华东五省一市京剧票友电视大赛中获得银奖,在泗县电视台举办的电视大赛中获二等奖,并且经常到周边市、县参加不同形式的票友演唱会。

从一无所知到获得社会各界人士的初步认可,老年大学填补了我人生的空白。我所取得的成绩,都应该归功于泗县老年大学这个平台,归功于老年大学领导的科学组织和精心安排,归功于老师们的严谨、一丝不苟、认真负责和对知识无私的传授。感谢老年大学让我们把平平淡淡的日子过得诗情画意,用抒情的笔描绘人生行旅中美丽的风景。

　　上老年大学后,我越发感到我的知识贫乏,真正地体会到了学无止境。"莫道桑榆晚,为霞尚满天。"所以我要用心地活到老,学到老。我珍惜在老年大学学习的每一天、每一节课。我热爱老年大学,我要继续上好老年大学,以此感谢泗县老年大学的领导和老师对我的关心和培养,争取不断进步。

　　银丝翁妪唱夕阳,笔健墨浓著锦章。
　　古韵新声歌盛世,雄风恰似少年狂。

(作者系泗县老年大学学员)

坚持学习的人永远年轻

倪德明

　　我是2010年退休,2016年开始到萧县老年大学学习的,先后参加了太极、书法、音乐、交谊舞、诗词等专业的学习。

　　学习让我收获了新知,陶冶了情操,强健了体魄,更结识了许多志同道合的老年朋友。学习使我在老有所学、老有所乐中进一步正确认识自己、认识他人,做明白长者,各方面都有显著提高。

随着物质生活水平的提高,老年人的精神需求日趋多样,对以载歌载舞、琴棋书画、体育健身等文体娱乐为主导的文化养老需求越来越大。萧县老年大学给我们提供了这个平台,使我们这些来自不同领域、不同岗位的老年同学和睦相处,在潜移默化中,弱化了自身的短处,提升了自己的品位,拉近了心灵的距离,成了可以互相交心的知己。

老年大学的学员大都是正逢"人生第二春"的老年人,为实现求新知、增品位、提升人生价值和发挥余热的愿望,上老年大学的热情高涨。越来越多的老年人为了满足自己"有作为、有进步、有快乐"的需求,把求知、求为放在首位,并且把"乐"视为专业水平的高度去追求。

学校在教学管理中,充分发挥学员学习的主观能动性,体现学员在学习中的主体地位,并能有效促进学员之间相互学习、相互提高。在互动式学习中,通过班长组织、班级积极分子共同参与的课前1小时时间的交流、每周2~3次学员兴趣小组的晨练,给学员提供了彼此交流的时间和空间。互动式学习体现在:一是学员之间互教互助,相互肯定优点、指出不足,互帮互学,反复练习,直至解决问题;二是互评互演,边练边评,教学相长,共同提高,形成了既相互学习又不断竞争的良好氛围。教师的适时点评使学习效果十分明显,互动式学习使学员间的交流得以加强。通过沟通和信息反馈,充分发挥了群体的智慧,使学员在合作交流过程中,实现了自我发展、自我完善、自我矫正。

有句名言说得好:"任何人,不管是20岁,还是80岁,只要停止学习,就会衰老。坚持学习的人永远年轻。"通过学习,老年人能更好地接近社会,开阔眼界,增长知识,更新观念,陶冶情操,净化心灵,丰富生活,收获健康,享受快乐,促进和谐。萧县老年大学是老年人求索的校园、温馨的家园、幸福的乐园。

人生是有限的,但知识是无限的。我越学越感到自己懂得不多,会得太少。当今社会日新月异,新生事物层出不穷,不学习就会落伍。必须坚持活到老,学到老。

(作者系萧县老年大学学员)

习字让我的生活丰富多彩

庄大传

退休前,我经常在脑海中设想退休后的生活愿景,退休后随即付诸实施,把练习书法作为学习目标之一。我并无书法基础,但对书法艺术心仪已久,于是迫不及待购置了笔墨纸砚,开始了我的习字生活。

根据以往经验,我以书本为老师,以视频为示范,以持之以恒为原则开始学习,以为这样学习一定会有较快的进步。可一年下来,虽然手肿过、肩疼过、腰酸过,写字进步却并不大,于是决定拜师学艺。得知蚌埠市老年大学秋季开学举办楷书班的消息,我喜出望外。报名那天骄阳似火,为了能报上名我提前两小时就去排队了。到了老年大学一看,报名点挤着一堆人,报名的队伍已经盘旋逶迤了数十米,天热加上我内心焦急,汗刷刷地往下淌,不一会衣服就湿透了。还好负责报名的老师组织有方,给我们发了号,我是50多号,好悬,差一点就报不上名了。

开学那天我心中有些激动也有些忐忑,学生时代离我久矣,还会是几十年前的感觉吗?此刻平时游走在小区、菜场、街头巷尾的爷爷奶奶们全都焕然一新,个个精神抖擞,男同学穿戴整齐和熟人粗声大嗓地打着招呼,女同学花枝招展见到相识的姊妹立刻跑到一起叽叽喳喳,瞬间大家就回到了学生时代。

刚踏进教学楼就听见钢琴清脆、二胡悠扬,闻到悠长的墨香……沿着走廊走下去,嗬,还真有不少班呢,绘画、舞蹈、合唱、摄影、计算机……一时半会都记不过来,学校为了满足老年人的需求真下了不少功夫。

我们的赵老师60多岁,腰板笔直,目光炯炯,声音洪亮,还未开口先有笑容涌在脸上,让同学们感到十分亲切。赵老师自幼习字,少年拜名家为师,青年便名满珠城,中年更是拿遍省市级的奖项。

与学校从基础理论开始的系统教学不同,赵老师的教学单刀直入、简单明了,无论你有无书法基础定能一听就懂。至于如何用笔,几条口诀就能让你记住要点。然后赵老师展纸挥毫给大家做示范,边写边把刚才说的要求和口诀重复一遍,同学们就照葫芦画瓢练了起来。赵老师在桌间慢慢踱步,边走边看,逐个指导,时不时坐下来再给同学们示范一遍。赵老师对所有同学都给予热情鼓励,就算是零基础写出的字他也能给你挑出优点来,"纸面干净"就是对我们初学时常有的表扬。

回家练习是必不可少的。赵老师告诉我们,要先读帖再下笔。读帖要先看姿态,次看结体,细看笔画。开始时我哪管得了这么多,拿起笔就写,写完就拿去给老师看,经老师指点才发现差得很远,于是再返回来重新读帖、临帖。反复的教训让我慢慢养成了练字先读帖的习惯,久之便品出了滋味儿。"永"字像舞蹈中的藏族少女,勾脚俯身,一手前伸一手后扬,长袖飘飘;"重"字短撇潇洒厚重,是字的灵魂,长横刚劲流畅有担当,起笔和驻笔稍稍翘起让整个长横看上去就有了举重若轻的样子。结体的一般规律是中宫紧凑,笔画较多的字要注意穿插避让,最有趣的是某个字看似失去重心,一个笔画稍作倾斜却又化险为夷,整个字险中有稳,让人耳目一新。读笔画时要抓住起笔、行笔、驻笔的特点。起笔,或方或圆,或尖峰入纸,或逆锋盘旋,或切笔挺进。行笔定是要流畅的,但又有刚直、起伏、粗细、仰俯的变化。驻笔也不可马虎,要和起笔以及整个字体搭配,还要注意与下一笔画的勾连。读帖似饮一杯清茶,越品越有味,玩味之间杂事愁绪徐徐飘尽,字的姿态也就印在心里了。磨刀不误砍柴工,记住了字的形态,写出来的字就有几分像了;笔画有了变化,字就生动起来了;注意了笔画间的联系,字就有了气息。临帖是辛苦的,即使读帖让字在心中有了形象,手上没功夫也是表现不出来的。于是千万遍的练习横、竖、撇、捺、点,一个笔画练了三五个月往往也看不出进步,身心俱疲,但还得像"傻瓜"一样地练着,忽然有一天发现方笔有棱角了,竖不太歪扭了,横的边缘少了一些锯齿,于是再次坚信成功来自于再坚持一下的努力之中,就又投入无休止的枯燥练习之中。随着手上功力的增加,韵味就随着笔尖的行走荡漾开来。练习是苦的,有时苦不堪言,正是这样的苦让我们尝到别样的甜。

我习惯作业写好后把它挂在墙上"品一品"。这一品,桌上的"白天鹅"就变成了墙上的"丑小鸭",结体失调,轻重失当,歪歪扭扭,大小不一,各种毛病比比皆是,刺得心痛。痛越深,下次写时就越能记住教训,字也就越写越好看了些,我认为这种方法比千百遍的练习来的快得多。

再次上课时我和同学们就把作业挂在墙上让老师批改,与同学们交流。我们总能得到赵老师的肯定,欣赏其他同学的作业能让我看到自己的不足,有时也会带来自信。同学之间的交流会减少许多独自探索的时间,大家取长补短,进步更快。

每天我都会兴致勃勃地习字,因为它挤走了无聊和空虚,充实了我的生活。习字丰富了我的知识,提高了我的鉴赏能力。在习字的过程中还能体会到生活的哲理。习字中微小的进步像涓涓细流滋润着我的生活,使我的生活变得有声有色、丰富多彩。习字让我和老师以及同学们有了联系:我从老师那学到的不仅是书法技艺,还有他那诲人不倦的耐心和仁厚的胸怀;我从同学那感受到的不仅是帮助和鼓励,还有他们积极乐观的人生态度。

(作者系蚌埠市老年大学学员)

收获崭新的人生和幸福的晚年

宋同兰

花有重开日,潮来复去时。人生知进取,天地以相期。我是蚌埠市老年大学的学员。"活到老,学到老"是我们的共同心声。我们学习着,我们欢乐着。

人们常说,老有所养,老有所学,老有所为。虽然只是一字之差,但所体现的境界不同。"老有所为"强调的是发挥余热,"老有所养"则是把老人禁锢在一个被动地位上,只有"老有所学"才是老年人与时俱进的主动选择,只有不断地"老有所学",才能更好地"老有所为",更有质量地"老有所养",并达到"老有所乐"。

"最美不过夕阳红。"为了使自己的老年生活充满色彩、充满阳光,我在蚌埠老年大学进修了两个班,一个是诗词班,一个是声乐班。能有机会接受专业老师的培训和指导是我梦寐以求的愿望,为此我十分珍惜这个学习机会。

在诗词班,我担任班长工作多年,开始是杨传华老师授课,后来是李明科老师为我们教学。在两位老师的辛勤指导下,我认真听,努力学,勤写多练,在诗歌创作方面有了显著的提高。每学期的校报、诗刊上总有我写的诗歌发表。平时在班级里,也带领同学相互讨论,切磋诗歌的写法,欣赏优秀的诗歌作品。在学习和探讨中受益匪浅。不断写作,不断提高,这才是真正的老有所学、老有所乐。

一分耕耘,一分收获。功夫不负有心人,由于自己不断努力,笔耕不辍,累累硕果也向我走来。我写的《七月的火红》荣获"中华海疆风云杯"全国老年大学书画摄影诗文大赛金奖,并被授予"中华老年爱国文艺家"光荣称号;2012年在市老年大学举办的"喜迎党的十八大"知识竞赛活动中荣获一等奖;2014年作品《放飞我心中的梦》在蚌埠市老年大学荣获一等奖;作品《中国梦·老人梦》在蚌埠市老年大学荣获纪念奖;2016年荣获蚌埠市老干部局举办的"我看蚌埠这几年"主题征文活动优秀奖;2017年被评为蚌埠市老年大学优秀班长;2019年作品《献给新中国成立七十周年的颂歌》获蚌埠市老年大学二等奖、安徽省离退休教育工作者协会"我和新中国"征文入选奖,作品《水调歌头·强国梦》荣获三等奖。2021年在蚌埠市老干部局、市诗词协会举办的"庆祝中国共产党成立100周年的诗歌朗诵会"上,我激情满怀地朗诵着自己创作的诗歌《献给建党100周年》,得到了好评。在蚌埠市老年大学诗词班,我和大家共同探讨学习诗词的美妙和魅力,如鱼得水,诗作不断。

在声乐班中,在王新国老师、王建平老师的指导下,我们学习了乐理知识、唱歌的技巧、合唱的方法。在这个大家庭里,我们唱出了自己的心声,唱出了我们的欢乐,我们唱得年轻了,唱得快乐了,唱得健康了。我们还经常演出,表演精彩的大合唱节目,真的是老有所学、老有所乐。

如今,时代发生了变化,老年人的精神世界也得到了极大的丰富和提高。大家涌向老年大学,希望能在此挖掘自身潜力,实现心底的愿望。通过学习,老年人明白了"是老了不中用了"还是"老骥伏枥志在千里",是"日薄西山"还是"夕阳无限好,余晖暖人心"。通过学习,使广大老年人重新认识了自己,收获了一个崭新的人生和幸福的晚年。

"莫道桑榆晚,为霞尚满天。"只有老有所学,才能老有所得、老有所乐。我们提倡全社会应该形成一个宽容的社会氛围,创造条件,为老年人更好地安度晚年奠定良好的社会基础,让老年朋友们消除无聊和孤独,换来自信和充实,过好幸福的晚年生活。老有所学,学无止境。老年朋友们,努力吧!

(作者系蚌埠市老年大学学员)

生命的第二春在此扬帆起航

赵 瀚

这是蚌埠市老年大学的教学楼,
 一群年过半百的老者,在此聆听老师的讲授。

无论先来还是后到,无论老少还是男女,
如今,我们是一个集体,这份机缘,我们倍加珍惜。

选聘纳贤,借力挖潜,以人为本,因陋就简。
电脑、摄影、声乐、器乐,
诗词、书画、时装、保健,
舞蹈、武术、English Dialogues 和朗诵表演……
2000 平方米的场地,50 个专业,125 个班,
30 岁的年龄跨度,参差不齐的文化学历,
8000 人次的教学量,趋之若鹜的生源,
无可比拟的办学效益,令全日制学校也汗颜。
这其中,凝结着教职员工的古道热肠和开拓新创,
彰显了情为民所系、权为民所用、利为民所谋的履职与担当,
践行着不忘初心、牢记使命的信念和理想。

授课施教,不厌其烦,诲人不倦,
编撰教材,精心挑选,风格异样。
老师们竭尽全力,恪尽职守的专业素养,
点点滴滴烙印在我们心上。

忆往昔,祖国的繁荣有我们的奠基,
看今朝,祖国的富强有我们的分享。
我们这一辈,与共和国同年岁,
学习受益一人,维稳四面八方。
经济和社会效应已波及县区、街道、万户邻乡。
在这里,我们仿佛穿越时空,返回过往,
生命的第二春在此扬帆起航。

在这里,我们感受着生活品质提升的愉悦,
亲历着完善自我、放飞心灵的舒畅。
在这里,我们品尝着生活的甜蜜,
对党和祖国的感恩之情扶摇直上。
能在老有所学、老有所乐、老有所为的生活中徜徉,
更加坚定了我们听党话、跟党走的立场。

淮河的流水呵,流进了扬子江口,
学习的热情呵,涌动在莘莘学子的心头。
亲爱的老师呵,请接着讲,接着讲,接着讲吧……
您的课我们从没有听厌,听够。
时光噢,你慢点流,慢点流,慢点流……
往日的建设者呵,曾意气风发,挥斥方遒,
他们期盼,期盼呵:今日风采依旧,明日也风流。

蚌埠市老年大学,
你是我们陶冶情操的田园,
精神寄托的港湾,
心灵升华的殿堂,
与时俱进的加油站。

蚌埠市老年大学,我们需要你,我们喜爱你!
我们与你唇齿相依,同舟共济,
并将与你共苦同甘,携手登攀。
祝你的办学之路越走越宽!

(作者系蚌埠市老年大学学员)

百花齐放春满园

倪冬宁

我在蚌埠市老年大学摄影班学习,从高级班、研修班再到现在的摄影创作班,一直担任班长。我们这个班是蚌埠市老年大学摄影水平最高的班,退休前大家都有不同的工作岗位,有的曾经还担任过领导职务。虽然大家的摄影水平高,但个性强、想法多、点子多,做法也各有不同。要使得全班同学凝聚成团结、进取、和谐、温暖的集体,作为班长的压力是显而易见的。

大家从自我做起,遵守学校的规章制度。坚持点名制,我能从中了解每位学员的学习状态,及时传达并积极参与、完成学校交办的各项工作。同时,我结合学员的摄影作品办了多期摄影作品板报,开展了多次令人称赞的班级活动,收到了极好的效果。在校内外各级影展、影赛活动中,鼓励大家积极投稿,让大家都争取机会展示自己的作品,收获各种荣誉和奖励,激励同学们学习更上一层楼。

我利用教室后面的墙面,定期举办班级学员摄影作品展墙报,吸引了其他班级的学员前来观展欣赏,赞叹不已之际也开始模仿。我还将班里学员的摄影作品加以整理、筛选、修饰、排版,编辑成班级的《学员摄影作品集》画册,不仅较为全面地展示了我们班学员的学习成果,同时也开创了蚌埠市老年大学学员自筹资金、自己将摄影作品编印成册的先河。

在这几年的学习过程中,我还把所学的摄影知识、心得体会在班上与学员们交流,毫无保留地传授摄影后期制作经验。

一个班的班长不仅要起到火车头的作用,还要负责全班的具体工作,在具体工作中履行自己的职责。要想打造一个上下同心的班级,就要求班长既是管理者又是多面手,除了要摄影技术过硬,更重要的是做事用心,心态端正,心胸豁达。平时,在学习中遇到有问题和困惑的学员,我都会耐心解答,若我当场无法解答,会向老师请教,再回复。对因家中有事或有病而缺课的学员,会及时去问候并转述上课的内容,让大家感觉像是生活在一个大家庭中。

为把班里的活动搞得更丰富,我在班里发给每一位学员一条红纱巾。红色代表正气、正能量,红色显示青春的活力。在采风和班级活动里都能看见学员们舞动的红纱巾,一条红纱巾联结着全班学员们的心,聚集着全班学员们的温暖,使我们返老还童,焕发出青春的活力。小小红纱巾,是每位学员都发自内心的赞叹,意义非凡。我们班至今无一差错及事故发生,形成了和谐、进步、理解、合作的氛围,使全体学员感受到了大家庭的温暖。

几年来,我在蚌埠市老年大学里学习、锻炼、成长,摄影水平和管理能力都有极大的提升。我的摄影作品在不同影展、影赛中多次获奖。现在,我是中国女摄影家协会会员、蚌埠市女摄影家协会执行主席兼秘书长、蚌埠市老年大学摄影创作班班长。我们班在摄影课老师辛勤的指导下,一路走来,摄影创作积极性高涨,摄影技术飞速提高。全班已有中国摄影家协会会员4人、中国女摄影家会员13人、安徽省摄影家协会会员22人。近3年来,有3人的作品入选国际摄影展并获奖,有12人的作品入选国家级摄影展并获奖,有23人的作品入选省级摄影展并获奖,许多学员多次参加市级的影展、影赛并获奖。

我们班所取得的成绩是蚌埠市老年大学多年来培育的结果。蚌埠市老年大学是我们"老有所学、老有所教、老有所乐、老有所为"的最好的地方,是培育我们老年学员人才的沃土,我们在这里重新发芽,生根开花,百花齐放,春色满园。

(作者系蚌埠市老年大学学员)

追梦在路上

吴爱华

2021年,适逢党的百年华诞,全国人民用各种方式歌颂我们党的辉煌,尽情地抒发对党的热爱,《唱支山歌给党听》的歌声更是响彻大江南北。歌声让我打开回忆的思绪,追寻党的历史和个人的青春记忆,重温那段激情燃烧的青春岁月,沉醉在如梦的甜蜜中。

"60后"的我,在红旗下长大,恰逢国家教育制度改革,作为高考制度改革的受益者,有幸在同学们羡慕的眼光中成为首批毕业生,走上了财政工作岗位。从此,在算盘珠清脆的撞击声中,我见证了国家经济体制改革的步步深入,看到了各项惠民政策如阳光普照中国大地;在计算机键盘的敲打声中,一本本账簿记录下国家经济建设的发展进程。透过手中编汇的一份份报表,看到了国家实施的乡村振兴战略、精准扶贫政策给人民生活带来的巨大改变——忘不了自来水管道进村时,群众喝到安全饮用水时脸上露出的甜蜜笑容；忘不了扶贫路上的艰辛，贫困户脱贫致富后的喜极而泣以及笑眯眯的脸庞；忘不了"村村通"公路上奔跑的电动车、汽车，载着希望一路欢歌。

正当我沉浸在祖国强盛、财政事业蓬勃发展的喜悦中，编织着工作生活梦想的时候，却到了退休的年龄。于是，我进入了生命的另一个阶段，走进了老年大学，希望通过学习继续追逐年轻时的梦想，在实现中华民族伟大复兴的征途上不停步、不掉队，跟党同心，与祖国同行，让生命之花开得艳丽长久。

刚报名老年大学的时候，我就被多种多样的课程所深深吸引：书法，是对儿时爱好的延续；摄影，是对美好生活的捕捉；英语，是对时代脉搏的把握……曾有朋友问我，学这么多的课程，会不会太辛苦了？说退休还是要以休息为主。然而新的生活，多么令人欣喜，又怎么会感到疲惫呢！重新走入课堂，学习以前未曾涉猎过的新知识，这种阔别已久的奇妙体验，令我沉浸其中。在宣纸之上挥洒翰墨，练习已有些许生疏的运笔；攻克陌生的单词和语法，逐渐获得另一种思维方式。每一周的学习，都能让我真切地感受到自己点点滴滴的进步，这是有别于工作的另一种美好！这样的学习机会，这样提高水平、砥砺自我的机会，是我们在新时代才能拥有的。

《论语》有言："学而时习之，不亦说乎。"若学而后有习，将理论与实践相结合当是更加令人振奋的。几年老年大学的学习，让我学到了知识，也与老师、同学结下了深厚友谊。课余时间我们一同旅游，徜徉于花海，沐浴于春风，身心都舒展开来。我们如小学生春游般的快乐，将瞬间的欢愉定格成一帧帧画面。更有一些朋友运用学到的摄影知识，拍摄出的照片色彩与构图都十分考究。看着那一张张精美照片中如花的笑靥，我一直在思索，应以怎样的方式，把大家的珍贵记忆保存得更有仪式感？最终决定：

我为大家制作"美篇"。首先是将旅游地历史人文信息收集起来,我在进行资料检索的过程当中,发现改革开放40年以来,各地区的发展早已日新月异。当资料中那一个个具体的数据与我们实地感受到的繁华相互印证时,我为美丽中国由衷地赞叹。之后,是写感悟。心潮澎湃的我,思考着、回忆着,对于春天的礼赞,对于壮美山河的礼赞,对祖国发展的礼赞,自然地从笔端流淌而出,形成活泼的文字。最后,配上大家精心拍摄的美图,一篇篇"美篇"就这样编辑完成了。图文并茂以及插入了音乐的美篇,迅速地被大家所接受与欣赏。年轻时,我们的仪式感来自泛黄的照片、卷边的日记本;现在的我们,可以用电子化的、更环保的、便于传播的方式来记录生活。大家感慨着祖国的变化,感慨着生活的改善,也为身处这太平盛世而感到幸福。

春有百花秋有月,夏有凉风冬有雪。人的一生,恰似季之四时。四季的变迁,让我们可以从不同角度观看大千世界,从而拥有不同的收获。如果说青年时的美好回忆是春花般的梦境,它的绚烂与炽热永不磨灭;那接近花甲的当下就如秋天,老年大学让我们一扫肃杀寂寞,感受到秋之硕果沉淀入心。秋收的喜悦来自那春节前为大家书写春联和"同心向党写'党'字,撇捺传情颂党恩"的活动现场,来自那"颂歌献给党"的咏唱会舞台。书画案上同学们笔行墨砚,铁画银钩藏雅韵,情寄纸笔精神扬;咏唱会上我们手挽手引吭高歌《团结就是力量》,绚烂的舞台灯光映照着一张张自信而又饱含深情的脸,同身上五彩的民族服饰一起,构成了一幅最美的夕阳红图景。面对未来,我们仍有未实现的梦,它有如夏夜之繁星、秋夕之岚霭,虽尚不可及,但我却已经找到了靠近它的入口——无论何时,敢于有梦,勇于追梦,勤于圆梦。身处清平之治世,面迎夕阳下更好的自我。

(作者系蚌埠市老年大学学员)

白发甘当老学郎

张德绥

我出生于 1936 年,1959 年毕业于合肥师范学院中文系。参加教学和教学督导工作 50 载,受过学校多次表彰,曾被授予阜阳地区"优秀教育工作者"称号,获得过曾宪梓教育基金三等奖,编写过两本教材,发表过百余篇诗文,在阜阳教育学院(今阜阳职业技术学院)最先评聘为教授。1997 年退休后可以清闲了,而我选择来阜阳市老年大学继续学习。

我前后一共学过 10 多门课程,其中有文化课,如历史、古典文学、中医保健、英语、电脑等;有活动课,如音乐、黄梅戏、交谊舞、太极拳、踢踏舞等。在这些教室里,我洒下了辛勤的汗水,留下了欢乐的笑声,直到现在我还依然坚持天天到校上课学习。通过学习,让我收获了新知,陶冶了情操,强健了体魄,更结识了许多志同道合的老年朋友们。我在家里是老爷爷,而一进老年大学,我就觉得自己还年轻。我虽然退休了,但感觉生活得很充实,心态好,身体也好。如今子女成才,有老妻为伴,读书看报,上网聊天,吟诗填词,跳舞健身,活得淡然自在,烟云供养,怡然自乐,多年来我就几乎没生过什么病。我现在是"杏坛归来喜悠悠,老年学苑任遨游。勤教乐学终生事,潇潇洒洒度春秋"。

有人问我:"你是老教授了,还用上老年大学?"我便引用了一句名人名言回答他们:"任何人,不管是20岁,还是80岁,只要停止学习就会衰老。坚持学习的人永远年轻。"人生是有限的,知识是无限的,我越学越觉得自己懂的不多,会的太少。当今社会日新月异,新事物层出不穷,学无止境,天道酬勤。"老而好学,如秉烛之明。"不学习就会落伍,必须"活到老,学到老",终身学习。"人生有限知无际,问道求师不算奇。挂角囊萤皆颂赞,发黄炳烛亦相宜。"不爱学习的人,总认为学习是件很苦的事。其实,学习虽然辛苦,但乐在其中。只要调整好自己的心态,选爱学的科目,寓学于乐,化苦为乐,量力而行,就不会觉得学习是多苦的差事。这不正如浏览名山大川一样吗?跋山涉水,车船劳顿,虽然辛苦,但一路洒下的却是欢声笑语啊。孔子讲,"学而时习之,不亦说乎""乐以忘忧,不知老之将至"。古今中外的名人志士都爱读书学习,像孔子、陆游、马寅初、巴金、冰心等,他们就是把研究学问当作一件快乐的事情来做的,他们不仅把读书学习作为获得知识的手段,还把读书学习作为养生的方法,从而得到了健康和长寿。在这信息时代、学习型社会里,不学习必然落伍,必然与时代格格不入。想学,永远不晚。终身学习是时代的要求,也是党的号召。退休人是自由身,最富有的是时间,最值得骄傲的是"我的时间我做主"。但老年光阴又是极其宝贵的,当我们成为时间的主人时,一定要选择最有意义的事情干。我们老年人在学习时,在健康状况允许的情况下,若能量力而行,不耻下问,持之以恒,结合个人的生活实际与兴趣,求知、求乐、求健、求为,定能学有成效,焕发青春,收获快乐。

  我自退休后就在阜阳市老年大学学习与活动,光阴荏苒,弹指间我已与阜阳市老年大学相伴24年了。在这里,我惊喜地发现,原来只会忙忙碌碌工作的人,也有"艺术细胞"和某些"天分",这种对人生潜能的发现与学习的成就感,又给我带来了极大的快

乐和继续前进的动力。回忆往事,颇有感触,近日写了一首小诗《进老年大学二十四年感怀》:

  挥别杏坛旋起航,天高海阔任翱翔。
  人生有尽知无际,白发甘当老学郎。

  有幸赶上了改革开放、共筑中国梦的大好时代,我当活出精气神,珍惜当下,过好每一天!

(作者系阜阳市老年大学学员)

老有所学才能老有所乐

李振乾

  退休了,离开近50年熟悉的工作舞台,一夜之间,就跌入单调繁琐的家庭生活小圈子。离开工作岗位该如何生活?

  遛街、逛店、打麻将……虽没闲着,但精神空落。尝试向社会发展,虽有优势,但有局限。一次次无奈,一声声感叹。没有了在岗时的社会活动,无所事事,深感孤独、苦闷、失落。是阜阳市老年大学让我又重新找回了曾经熟悉的学习氛围,升华了我的生活。

1. 结交新朋友,营造了新的学习环境

  退休后,老同志见面机会少了,有时在医院、公交车或商场里相遇,也因各自有事而不能畅谈。在老年大学里,一些志趣、爱好、追求相同的老年人,因选学了同一门课程,在班里就结成了新朋友。这些朋友曾经工作在不同领域、不同岗位,有不同的文化素养、不同的人生阅历,各有骄人的工作业绩、值得钦佩的道德品质,有值得我学习的诸多长处。和他们相处,潜移默化中弱化了自己的短处,提升了自己的品位,拉近了心灵的距离,成了可以互相交心的知己,让我一扫孤独、苦闷、失落情绪,提升了我的精神境界。

2. 新的追求,培育了我新的生活情趣

在老年大学里,我报学了梆剧这门课。平时我就喜欢哼几句,但老跑调,于是我下定决心在课堂上注意听讲,努力学习,弥补不足,现在唱的也比较有板有眼了。我用豫剧《花木兰》曲调自编了《李大哥夸老年大学》唱段,演唱后受到欢迎、点赞。我按照《谁不说俺家乡好》歌曲曲谱编写了《谁不说俺老年大学好》,受到了音乐老师的肯定。在老年大学里,我总想多学些新知识,于是又报学了英语课程。经过几个学期的努力,我学会了简单、实用的英语口语,这为我的日常生活增添了新的情趣。每逢重大节日,如国庆节、春节、端午节、中秋节等,我都在手机上编写英语短信,发给学过英语的同学、同事和朋友,向他们表示节日的祝福,受到他们的肯定和欢迎。在老师和同学的鼓励与支持下,我被推荐担任英语班班长。在实践中我体会到,即使不搞经济外事工作,学会英语也会多一分情趣、一分快乐、一分自信、一分成就感。

3. 老有所为,圆了我的梦想

上老年大学,让我有了用武之地。虽霜染白发,依然可永葆初心,永担使命,照样可开拓新的领域,使生活充实而美好。我们虽然退休了,不在其位了,但也要"老有所为",为发展、为改革、为民生,继续谋事,发挥余热,保持革命晚节,站好"晚节"这班岗。我根据所学,发挥自身的专长,继续为政府提供智力服务,为社会多做善事。《阜阳老年教育》校刊成了我实现梦想的田园。每期

写一两篇稿件,再忙也不间断,我也因此被评为优秀通讯员。我写的《老年大学升华了我的生活》一文刊登在校刊上,还被收入阜阳老年学会历年论文集,同时被中国老年学会评为优秀论文。2009年我凭借撰写的《浅淡老年人的精神关爱》一文,收到中国老年学会的邀请,参加了2010年10月在浙江省长兴县召开的代表大会暨全国老年照护服务高峰论坛;我先后调研撰写的《关于发展民办养老机构的建议》《农村养老重要的是给政策》以及与鞠丽萍学员共同调研撰写的《关于扶持老年公寓健康发展的建议》等文章,为当地政府发展养老服务工作提供了参考,受到了充分肯定。最值得一提的是,我把日常做的一些零零星星的小事串在一起,写了《多做善事,社会尊重你》一文,这篇文章不仅在校刊上刊登了,还受到阜阳市老年学会、中国老年学会的重视。凭借此文,我还收到中国老年学会的邀请,出席2014年11月在上海召开的"全国老年权益、尊严与责任高峰论坛"的通知,该文被评为"优秀论文",并获颁荣誉证书。这是我做梦都不敢想的荣誉。

　　上学了,上学了!步行、打的、坐公交,提前到校,按时上课,兴趣盎然,乐趣无穷,老有所学,才能老有所乐。忘老则老不至,好乐则乐长来。老年大学成了退休老年人政治学习的阵地,更新知识的课堂,健身娱乐的场所,陶冶情操的乐园,延年益寿的宝地。我们在这里,提高了文化素养,掌握了才艺技能,奉献社会,发挥余热,丰富了老年休闲的内涵,提高了生活的品位,这样的晚年生活是我无悔的选择!

(作者系阜阳市老年大学学员)

红火瑜伽俏夕阳

孟凡林

我是界首市老年大学瑜伽班学员,在瑜伽班已经度过8个年头。在这8年的时光里,我在瑜伽班一路春风,迎着朝阳,玩得开心,练得轻松,老有所为,受益匪浅。8年的学习训练让我发现,练习瑜伽不仅能够改变生活观念,还可以改变退休后精神失落和内心空虚的状态。现在的我,身体挺拔,身心强壮,精神抖擞,身体素质提高了,免疫力增强了。比起当年的我,判若两人。所以在我看来,老年教育是不可或缺的,作为中老年人,要热爱老年大学,应当积极参加并珍惜在老年大学每一天的学习和训练。这不仅有利于个人的身心健康,而且有利于社会的和谐发展。

8年来,总结全部的学习经历,有以下几点体会:

1. 老年教育离不开参加社会活动

我走进瑜伽班,不仅可以练习瑜伽,强身健体,还可以为社会做出应有的贡献。不仅老有所乐,还能老有所为。我们瑜伽班学员经过训练,表演水平有了长足的进步,先后参加了安徽省、阜阳市和界首市老年春晚的演出,受到了广大群众与瑜伽爱好者的肯定和一致好评,也激励着我们努力学习,刻苦锻炼,让瑜伽技能更上一层楼。我也积极参与各类社会活动,走进社区表演简单的瑜伽动作,鼓励许多中老年人跟着我们练习,给予他们必要的指导,让大多数人也爱上瑜伽,提升健康水平。另外,我们还组建了银龄志愿者服务队,积极参与社会公益活动,捐资助人,慰问抗战老兵。我自己也在这些活动中受到了教育,提高了觉悟,把学到的瑜伽技能回报社会,尽自己的一份社会责任。为此,我感到无比自豪和光荣。

2. 老年教育离不开互帮互学

瑜伽班之所以能取得骄人的成绩,离不开瑜伽学员的不懈努力、刻苦训练,也离不开学员们的互相关心、互相帮助。对中老年学员来说,毕竟年龄没有优势,胳膊、腿都是硬的,拉筋非常困难,学起来仅仅靠一股热情是远远不够的,有时候稍不注意,还会有拉伤的危险。于是,大家互相帮忙,在肌体允许的范围内,每天坚持慢慢拉伸,你帮助我,我鼓励你,克服中老年的短板,持之以恒。8年来,大家团结一起,无论酷暑还是严寒,一直坚持早到校、晚离校,让基础好的学员帮助自己,然后自己再帮助基础差的学员,一路上互相扶持走过来,没有因为年龄问题而影响学习的热情和成绩。一次次获得比赛奖项,也锻炼了自己的意志,提高了集体主义观念,我觉得这也是接受老年教育的一种收获。

3. 老年教育离不开爱岗敬业的老师

8年来,瑜伽教师对我们的付出是最多的。她辛勤教学,一丝不苟,任劳任怨,无私奉献。每学期都拿出上千元退休工资作为瑜伽活动的开支(学校无相应经费支出)。为了瑜伽团队排练演出,她尽心尽力,精心指导,不辞劳苦,东奔西跑,不仅联系演出场地,有时还要兼顾后勤琐事。老年大学老师的报酬非常有限,瑜伽班如此,别的班级也是如此。据我所知,所有老师都不计报酬,早出晚归,不厌其烦地一遍遍指导学员。如果没有这样一批热心的老师,我们老年大学的学员不会有这些收获和成长的。在这些老师的身上,我学到了技能,更学到了品德,也看到了社会正能量和老年教育的光明前途。

4. 老年教育需要因人施教,各取所需

我们老年大学瑜伽班分为初级班与中级班,老师分别传授不同理论知识和训练体式。对年长或体胖或有伤的瑜伽学员来说,较为高难的动作她们做不到位,也有危险,于是,我们班开始因人施教,教授椅子上的瑜伽练法(有椅子瑜伽十六式、十二式、精减十式等)。为了发展多种瑜伽,根据各个年龄段人的特点,又增加了球瑜伽与带子瑜伽的练习模式,在遵循瑜伽的规律与步骤的前提下,达到了一般瑜伽的练习效果。随着练习瑜伽的技能水平的提升,瑜伽学员又开始练习双人瑜伽、多人瑜伽与舞韵瑜伽,增加了优美大气、多彩多姿的特点。

无论是简单的瑜伽十二式、椅子瑜伽,还是双人瑜伽、舞韵瑜伽,目的只有一个,就是把中老年学员吸引到老年大学来,一起锻炼身体,一起享受教育,一起提升健康水平。所以,老年教育需要不断创新,百花齐放,共同进步。

下面谈谈我的个人收获。

多年的瑜伽练习让我明白,做瑜伽首先要热身,要调理好呼吸,然后做到体式到位,还要有用冥想带动呼吸的身心运动。也深知要成功完成一场演出,需要付出辛勤的排练,这对于六七十岁的瑜伽人来说是一场挑战。在大家的精神感召下,我经常骑车数公里去约定的地方排练或演出。

我之前因为冠心病上了心脏支架,感觉唱歌、跳舞已经力不从心。在老师的指导下,经过几年的瑜伽锻炼,我觉得胸背部轻松了,气也顺了,腿脚也有力了,唱歌的声调也提上去了,跳舞的时间也长了。

在学习中我还发现老年人体能较差,一些难度较大的动作做不到位,如果勉强做就会拉伤,所以我想要设计一种更简便的练习方式,通过学习相关资料,我编排了一套适合中老年体质练习的椅子瑜伽,帮助中老年朋友通过锻炼达到身心健康的目的,得到了学校领导的肯定与好评。

界首市老年大学是我们的家,是我们练习瑜伽的乐园,我在这里很快乐、很健康,我期待老年大学越办越好,力争再上一个台阶,让我们在这里老有所学、老有所乐、老有所为。

(作者系界首市老年大学学员)

老年大学让我焕发青春

陈 林

一群别致的建筑坐落在风景如画的青颍公园东北隅的青颍湖畔,它就是阜阳市颍泉区老年大学所在地。那里绿水环绕,林木葱翠,鸟语花香。

颍泉区老年大学管理到位,设施齐全。学校开设了葫芦丝、戏曲、舞蹈、萨克斯、绘画、书法、太极拳、模特等16个专业,拥有一支具有专业特长的师资队伍,中老年朋友可以根据自己的兴趣爱好,报学各自喜欢的专业。

前几年,我刚从工作岗位上退下来时,还有点不太适应。除了被专家库抽去评标和别的单位聘请工作外,一有时间就去打牌,一坐半天,既伤身体又伤感情。自从上了老年大学,学习了葫芦丝、二胡、书法、诗词等,感到生活很充实,体会到老有所学的乐趣。除了去课堂学习,回来还要复习各门功课。最近很忙,为迎接中国共产党百年华诞,星期五排练二胡,星期六排练葫芦丝《唱支山歌给党听》《没有共产党就没有新中国》,星期日创作诗词。作为有着47年党龄的老党员,能参加庆祝中国共产党百年华诞的演出,我感到无比的骄傲和自豪。

对老年大学的学习,我有以下体会和感悟。

一是丰富了中老年朋友的晚年文化生活,增添了兴趣,补充了精神食粮。

二是老年大学是我们艺术求知的殿堂,是增长知识的课堂,是互相学习、取长补短的场所;是交流思想、增进友谊的纽带,是相互帮助、助人为乐、提高精神素养的平台。

三是增进了师生情、同学情。老师教得认真,学员学得刻苦。如葫芦丝班的刘玉老师,备课认真,课堂上教学方法得当,深入浅出,注重基础教学,注重示范曲教学,使新学员听得懂、学得快。针对初、中级班,她建立了两个学习群,将录制的教学视频和示范曲传到群里,达到了事半功倍的效果。现在有很多学员不但能吹单曲,还能登台独奏《竹林深处》《月光下的凤尾竹》等名曲。2021年5月9日,我应邀参加了颍州区三十铺镇建党百年知识竞赛及纪念中国共产党百年华诞演出,第一次用伴奏带配合吹奏《映山红》,反响很好。能用所学为建党百年活动演出,我感到光荣和自豪。

四是交流思想,增进友谊,培养了谦和、诚信、宽容大度、举止文明、乐于助人的高尚情操。如葫芦丝二班的两个群,既帮助了教学,又交流了学习,达到了相互学习,取长补短的功用。这次我应邀参加全国诗词大赛,老师和同学们都在群里给予我很多的支持和帮助,令我非常感动。同学们这种助人为乐的精神永远值得我学习和铭记。

五是有成就感。白头翁媪上学堂,有限时光无限忙。多学才艺增雅趣,生活充实乐悠扬。别看学员的年龄不小,甚至部分学员已过了古稀之年,但是学习的热情不减当年,不仅兴趣浓,而且热情高。无论是烈日炎炎的盛夏,还是冰天雪地的寒冬,都阻挡不了学员按时上课的脚步。"梅花香自苦寒来。"很多学员学有所爱、学有所长、学有所成、学有所乐,增长了才干,陶冶了情操。很多学员参加了各种展览、展示、比赛、演出、公益等活动,获得了奖牌、奖杯、奖状等,再现了老年大学闪光的足迹和成就。如葫芦丝班的刘玉老师经常组织带领学员参加一些公益性演出,得到了社会各界的广泛肯定和一致好评。

六是学习氛围好。我爱老年大学,因为我十分欣赏她的人文气息和儒雅情怀,她不仅是学习的殿堂,更是深交挚友的地方。在这里不论年龄大小,不分职务高低,大家一视同仁,互相尊重,促使我们老年朋友进入第二个更美好的春天。我情系老年大学,赞美老年大学,更眷恋着她的昂然生气、纯真、自然与和谐。

七是锻炼了体魄,促进了身体健康。很多老同志原来患有慢性病,自从入学后,身体一天天好起来。尤其是2021年为庆祝中国共产党百年华诞,每天早晨都能看到太极拳(剑)选手刚柔相济的招式、模特班女学员挺拔的身姿、葫芦丝演奏班变换队形的身影以及听到他们悠扬动听的丝韵。

八是学员们注重衣着仪表,提振了精神,焕发了青春,圆了大学梦。正是:

人到暮年哪里留,老年大学知识求。

太极书画吹拉唱,多交朋友乐无忧。

(作者系阜阳市颍泉区老年大学学员)

为人生添彩

李树敏

我是"40后",新中国成立时不满3岁。20世纪60年代初参军入伍,当兵15年,后转业工作至60岁退休。喜爱山水画,70岁时上了老年大学。上老年大学要选好自己的专业。爱好和兴趣是学习的动力,刻苦、认真是学习的态度,专一、坚持才能走向成功。

回忆起在部队时,我们学习的是无线电报通信技术,一开始学习时,整天与10个阿拉伯数字和26个英语字母打交道,单调枯燥。入门后,觉得任务光荣,责任重大,学习更加认真刻苦。我周周被评为练字标兵,月月被评为发报能手,入伍不到一年,就光荣地加入了中国共产党。

如今,上老年大学也一样,必须明确学习目的,端正学习态度,树立学习信心。我选择的是传统山水画和写意花鸟画。学校配备有投影仪,学员可以免费每周上两节远程教育课。我坚持多听、多看、多练、多交流,要有信心、耐心、恒心和平常心,不计较名利得失,正确认识自我,认真完成作业,真心接受老师点评。如今,我已在颍泉区老年大学度过了6个春秋。2021年有幸成为安徽省法制工作者书画协会会员,同时是阜阳市美术家协会会员、阜阳市法制工作者书画协会会员、阜阳市直老年书画研究会会员、阜阳市颍州区老年书画研究会会员、阜阳市颍泉区老年书画研究会会员。我创作的作品参加了改革开放40周年和新中国成立70周年老年书画展、阜阳市抗疫情老年书画展、第三十一届安徽省水法宣传月摄影书画展,参加了阜阳市首届退役军人"颍淮军魂"书法绘画大赛并获银奖,参加了阜阳市2020颍州区"丹青绘军魂 翰墨颂祖国"退役军人书法绘画展获二等奖。

2021年是中国共产党建党100周年,为了更好地学习好绘画技能,歌颂中国共产党的领导,用画笔描绘祖国大好河山,我积极响应各书画协会庆祝中国共产党成立100周年书画展征稿活动;我还参加了省双拥办举办的2021安徽省第44届军民书画联谊书画展征稿活动。

以上成绩的取得,感谢党的好政策,感谢老年大学为我们提供了教室和教学所用的笔墨纸砚,为我们准备茶水,帮我们打扫教室,让我们老有所学、老有所乐。感谢曹云山老师的辛勤付出,他快80岁了,却从来没因其他事情而迟到,更没有缺课。他讲课深入浅出,语言简洁准确,他在教学中讲述、示范、练习、指导,帮学员答疑解惑,课堂气氛既严肃又活泼,让学员轻松愉快地学习,课课有收获,天天有进步。感谢丁子清老师,他的书法和文学功底深厚,造诣很高,楷、行、草、篆样样在行。今后我要继续努力追逐梦想,为人生添色彩。

(作者系阜阳市颍泉区老年大学学员)

夕阳辉灿醉春风

苏林生

本人苏林生,2021年69岁,1968年10月参加工作,1973年8月在淮南煤矿加入中国共产党,大专学历,高级政工师,淮南矿业集团职防院退休干部。2012年年底退休后,我报名参加了淮南老年大学诗词班学习。10年来,坚持每周三、五在老年大学诗词班学习传统诗词创作,并积极参与洞山街道黎明社区新时代文明实践站党员志愿者活动。在社区离退休党支部,认真抓好自身和离退休党员党建理论学习,坚决贯彻习近平新时代中国特色社会主义思想,积极开展"不忘初心、牢记使命"教育和党史学习教育,恪守社会主义核心价值观,坚持不懈地在社区诗词学会诗教班进行传统文化教育,服务社会与民众,为建设美好淮南努力贡献自己的力量。2019年3月和2020年3月,我连续被淮南市委组织部、市委老干部局授予市"离退休干部四好党员""离退休干部五好基层党组织"荣誉称号;2020年12月被市教体局授予"淮南市百姓学习之星"荣誉称号。2021年5月底被市文明委授予"淮南好人"荣誉称号;2020年2月以来,本人在社区抗击疫情的先进事迹赢得了社区党组织及群众的一致好评,"学习强国"平台等多家新闻媒体对此进行了宣传报道。2020年下半年,淮南老年大学以本人抗击疫情事迹为原型编排的情景剧《银发守护者》,被安徽省老年大学协会 2021 年春晚选用,并在中央电视台和安徽卫视播出。

(一) 退职不退色,离岗不离党

本人退休后,坚持在淮南老年大学学习政治理论,学习传统诗词文化,不断提高自己的思想觉悟和文学理论水平。按照老年大学领导与教师们"坚持终身学习、充分发挥余热、努力奉献社会"的教导,把学到的知识运用到实践中,积极参与洞山街道黎明社区党的建设、文明创建等工作,宣传贯彻党的十八大、十九大精神,大力开展"不忘初心、牢记使命"主题教育,组织退休老党员坚持"三会一课"制度,学好用好《习近平谈治国理政》,取得了优异成绩。本人连续 10 多次被黎明社区党总支授予"优秀共产党员""优秀党员志愿者""优秀平安志愿者""学习型党员""优秀学习标兵""社区身边好人"等荣誉称号。2017 年 9 月被田家庵区文明委授予首届"文明家庭"荣誉称号;2021 年以来,被田家庵区文明委等部门授予"优秀志愿者""优秀楼栋长""田区好人"等荣誉称号。

(二) 热爱文化建设,诗词教育放异彩

本人在淮南老年大学二校两个诗词班分别担任学习班委和副班长职务。平时尽力协助诗词班教师与班长抓好诗教工作。同时积极参与所在社区等组织的文化建设活动,为本市传统诗词学习教育做出自己的不懈努力。本人近些年担任淮南硖石诗词学会常务副会长、淮河能源集团诗词学会《枫叶诗刊》副主编、黎明社区诗词学会会长。无论是朔风呼啸的严冬,还是烈日炎炎的盛夏,一年四季东奔西走,勤勤恳恳地为淮南市的传统诗词爱好者服务。近 10 年来,我自己先后创作了传统诗词 3000 多首,热情歌颂党的十八大、十九大精神,歌颂改革开放 40 年、新中国成

立70年伟大成就,歌颂人民群众在抗击疫情、抗洪抢险、扶贫攻坚斗争中战天斗地的英雄形象,歌颂祖国奇伟壮丽的大好河山。目前,已有近百首诗词发表在各级各类文学诗词刊物上。黎明社区诗词学会在市关工委、市文联、上级学会组织领导下,大力开展诗词文化"双创建"活动,让传统文化走进社区,走进千家万户。2017年6月,经中华诗词学会、安徽省诗词学会严格考察验收,洞山街道黎明社区被授予国家级"诗教先进单位"光荣称号。2019年8月,本人应邀出席淮南市文联第六届代表大会。

(三)牢记使命挑重担,抗击疫情冲在前

庚子年新春,当新冠肺炎疫情迅速蔓延时,我作为一名有着48年党龄的老党员,深感自己的责任重大。面对疫情,我勇于担当,积极响应党的号召,带领本支部党员冲在社区抗疫第一线,为党旗增光添彩。

1. 加强防控宣传

我既是基层党支部书记,又是黎明社区文明实践站诗词学会会长、"七彩帮客"中的"红色理论帮客",必须充分发挥自身的宣传优势与特长。我多次召开支委会、支委扩大会,研究具体宣传措施。采取上门宣传动员、运用党支部工作微信群等方式,把各级党组织的具体工作部署、党支部"离退党员参与抗疫斗争动员令"、离退休党员志愿者具体工作任务等内容宣传出去,做到户户知晓、人人配合。利用夜晚时间创作了新诗《坚决打赢疫情防控阻击战》、古体诗词《七律·赞黎明社区抗疫之情》《排律·谴责破坏生态环境者》《鹧鸪天·齐心协力抗疫情》《鹧鸪天·党是战胜疫情的旗帜》等30多首抗疫诗词,发表在多家媒体及黎明社区党员微信群,鼓舞群众的战斗意志,增强战胜疫情的信心,受到了大家的一致好评。

2. 落实防控措施

黎明楼小区是老旧小区,有30多栋楼房、932户居民。多年前,在小区西干道两侧形成了约800平方米的临时菜市场,与居民区混为一体,每日五六千人次进出交易,加之小区老年人较多,给疫情防控工作带来很大的困难。2020年2月上旬,我主动与离退休第二党支部书记郭德华配合,共同组织了一支30多人、平均年龄接近70岁的"黎明社区疫情防控突击队",活跃在临时菜市场及黎明楼小区各楼栋之间,守护卡口、严密排查、处理矛盾、张贴标语、送粮送菜、清扫垃圾、喷雾消毒,进行各种志愿服务,协助社区及物业管理人员做好疫情防控工作。年轻时我在煤矿工作时腰被矸石轧伤,胸椎与腰椎有压缩性陈旧骨折,不能过度劳累,但我咬咬牙,忍着痛,坚持连续站岗值守40多天,用坚定的战斗意志诠释了老党员的理想信念,用实际行动展现出老党员的模范作用,用无私奉献精神践行了老党员发挥余热的高尚精神,让党旗在黎明社区高高飘扬。

3. 号召党员积极捐款

经支部动员后,有十几名党员捐款2000多元,后来每人都收到了中组部开出的捐款收据,大家感到非常自豪。2020年一季度,我所在的党支部被市委组织部、市委老干部局授予"离退休干部五好基层党组织"称号,还获得奖金3000元。我与支委们决定,将奖金全部捐献社区党组织,用作抗疫宣传费用。

(四)努力学习党史,增强信仰之基

2020年年底,我患了严重的心肌梗死,在淮南市医院接受冠状动脉支架介入治疗,医生建议在家静养半年。淮南老年大学、洞山街道、黎明社区领导同志多次登门慰问,并要求我上半年在家安心休养。2021年2月下旬,党史学习教育开展后,我总感觉

自己身为一名老党员不能待在家中,要克服困难、战胜病魔,有一分热、发一分光。我3次去社区找党总支书记张贤请缨,坚决要求自己在党史学习教育中,协助领导做好两件事:

一是主动承担"庆祝中国共产党成立100周年诗词书画联展"活动的筹办重任。经过社区诗词学会和书画协会3个多月的积极筹备,于6月中旬将70多幅由社区诗词、书法、绘画爱好者自己创作的、歌颂党的丰功伟绩、辉煌历史的精良作品,在社区隆重展出。

二是结合实际,上好党史教育系列党课。我主动参加社区道德模范和身边好人宣讲党史活动,带头在社区老年活动中心创办"淮南学习之星"讲党史学习角,系统讲述党的历史,发扬革命传统。要求广大党员按照习近平总书记"学党史,悟思想,办实事,开新局"的重要指示精神,努力做好自身工作。目前,党支部已组织编写教材,为党员上了《在党史学习教育中争当模范》《让井冈山精神射出新的时代光芒》《发扬延安精神 保持初心本色》等专题党课。在每次授课结束后,都组织党员医疗服务志愿者,在学习现场为老党员进行医疗咨询,进行测量身高、体重、血压、血糖等服务,并要求他们爱护自己的身体健康,尽心为社区居民办实事、做好事、解难事,真正让党史学习教育热起来、活起来、深起来、实起来!

(作者系淮南老年大学学员)

练字修身　学书陶情

李德君

我叫李德君，1972年入伍，只有初小文化，是在部队扫的盲。儿时由于各种原因，未能有很好的学习机会。学习书法是我一直向往的事情。退休后我有幸成为老年大学的一名学员，60多岁的我正式开启了学习书法之路。

能在老年大学书法班学习，接受名师的教诲，和众多老年朋友成为同学，互帮互学，互相鼓励，我感到无比幸福。我十分珍惜这难得的学习机会。每逢上课，我总是提前到校，从不缺席。老师讲课时我认真听讲，记录详细笔记。无论炎夏还是严冬，我每天都坚持练字，少则一两小时，多则三五小时。"老牛明知夕阳短，不用扬鞭自奋蹄。"我觉得自己年纪大了，机不可失，时不再来，非抓紧不可。学习书法3年来，我觉得自己每天都有进步，都有收获，这使我的生活更加充实，更加丰富，也给我带来了无穷乐趣。我对生活充满了希望和信心，身体也更加健康。

2019年，我担任淮南老年大学书法班支部书记。通过几年的书法学习，我感慨万千。首先要感谢淮南老年大学的领导，为我们提供了良好的学习环境，让我们老有所学、老有所乐。其次我要感谢我们书法班德艺双馨的李俊田老师。他几十年如一日刻苦研习，书法和文学功底深厚，造诣很高。他的作品不仅在市内备受推崇,还被省内外书法爱好者广为收藏。他在书法界、楹联界威望很高,每天都忙得不可开交。但是再忙他都不忘为我们书法班授课并批改作业。面对书法基础参差不齐的学员,他讲课深入浅出,语言既简洁准确又风趣幽默,课堂气氛既严肃又活泼,让学员轻松愉快地学习,课课有收获,天天有进步。我们能做他的学生,近距离聆听他讲课,亲眼目睹他挥毫泼墨书写出一幅幅令人惊叹的书法佳作,真是十分幸运和幸福的事。我很珍惜这宝贵的学习机会,不仅要学习他精湛的书法技艺,更要学习他高尚的道德情操。最后我还要感谢我们书法班的同学们。我从林德福、张君、李忠祥等同学的身上看到了许许多多的优点,不断受到启发和激励。很多同学都有较好的书法基础,过去都能写对联,但他们依然满腔热情地在书法班虚心学习,不断进取,其中有9人被选为淮南市老年书法协会会员。

  我们老年人学习书法,不要把目标定得太高。高龄才学书法,成名成家的概率很小,我们只能把它当成一种兴趣爱好,一种提高自身文化素养的途径,一种强身健体的手段。我学书法不追求什么结果,但注重学习的过程,从中寻找乐趣。我想,只要锲而不舍地坚持学习,每天能进步一点点,收获一点点,日积月累也是了不起的,学了总比不学强。

  通过这几年的书法学习,我的体会是:首先,要选准自己真正喜欢的字帖,守一帖、专心练,这样进步快,容易产生兴趣,能增强自信,有利于持之以恒。其次,要掌握科学的执笔方法,正确用笔。先练基本笔画,再练偏旁部首、间架结构,循序渐进;此外,还必须先练楷书,再练行书及其他书体。第三,临帖最重要的环节是读帖。读帖的诀窍是找规律、记字形,从中揣摩法度,然后再下笔。必须用心写,用情写,用力写,认真练习笔法、章法、墨法,不能急功近利。第四,学书法需要内外兼修。字内功夫多临帖,字外功夫多读书,从各方面汲取营养。书法是慢慢滋养出来的,反映的是书写者的综合素质,艺术水准取决于精神境界。所以,我们学习书法必须多读书,加强自身学养的提高。第五,要积极参加社会举办的各种形式的书法笔会。通过参加各类活动,既可锻炼自己的能力,又能回馈社会。

中国书法艺术历史悠久,源远流长,是最具中华文化特色、深受中国人喜爱的传统艺术,是文艺百花园中的一朵奇葩,在悠久灿烂的中华文明史上具有特殊且重要的地位。它是国粹、国书,是中国风格、中国气派的典型代表。它在社会主义文化建设和实现中华民族伟大复兴中肩负着崇高的使命。虽说我们已退休,但仍要按照一个老党员的标准严格要求自己。在推进社会主义文化强国建设的号角声中,我们书法班的同学们更应该克难奋进,坚持学好书法、用好书法,在构建社会主义和谐社会中发挥我们的积极作用。

(作者系淮南老年大学学员)

一起奔跑在理想的路上

王 宇

岁月不居,时光如流。一晃人生已到"知天命"的年纪,角色由体制内职场达人转换成社会成员了。我曾畅想过退休后的人生旅程,或健身,或出游,或闲适,或学习音乐,或学习书法,或看报,我的生活我做主,随遇为安。可一段时间下来,总感觉生活中缺少了什么,从媒体上得知老年大学即将开班的消息,我欣喜并思忖着:老有所学、老有所为、老有所乐才是这个时代赋予银龄一族的使命,咱也得跟上时代的脚步,与时俱进,不能掉队!在人生的"空窗期"我毅然走进了淮南老年大学。

(一)环境优美,课程丰富

淮南老年大学新校区坐落在风景秀丽的舜耕山下,其前身是淮南市委、市政府所在地,在原址上经过改造、布局、修缮后,焕然一新的老年大学于2021年4月挂牌并开课了。我怀着激动的心情,朝着心中的梦想前进。

老年大学授课内容非常丰富,有众多特色课程,涵盖艺术、网络、瑜伽、健康等几个门类,共计70多个班级,都是专为老年人量身定制的。其课程设置的多元化,让有需求的老年人可以多渠道自主选择,可以根据自己的兴趣和精力报1门课程,也可以选择报多门。我毫不犹豫地选择了语言表演班和旗袍艺术走姿班的学习。

(二)有声语言,润物无声

有声语言的世界是多彩的,可以用声音传递情感,表达人的喜怒哀乐,徜徉于语言表演的氛围中,你能从中汲取力量和智慧。语言表演是2021年老年大学开设的新课程。因为我热爱朗诵,当年在学校和单位也是文艺骨干,曾参加过演讲、朗诵、主持之类的比赛及活动,凭着兴趣爱好报了这门课程,希望能找回那些流逝的青涩时光,更希望自己在现有水平上能再有所超越。

坐在教室里的心情是愉悦的。学说普通话是语言表演班的基础课程,每周一节的课程从做口部操开始。原先我对做口部操是不屑一顾的,存在认识上的偏差,认为做不做口部操与唇舌灵活度、开嗓发音关系不大,还有做口部操时我们的面部表情很不好看,甚至有些"狰狞",所以我挺排斥的。但通过老师的讲解和有效训练,我知晓了口部操的要领,知道了在有声语言的学习训练中口部操是至关重要的。口腔是发声器官,口部操可以协调舌、唇、颧肌的力量和控制力、灵活性,让我们的发音更加清晰、饱满、圆润。

作为普通话语言学习中的老大难问题,平翘舌音和前后鼻音一直是我学习的重点和难点,拼音是语言学习的基础,学习中的难点不是一劳永逸就可以克服的,这是一个持之以恒的过程。因在作品的诵读中不经意间会出现"n、l 不分,z、zh、r 含糊,en、eng 混沌"的现象,我会有针对性地加以练习和纠正。课上我认真听讲,课下我认真对待语音作业,多倾听名家诵读,平时多读、多听、多练,注重培养自己语言的表达能力。通过一个阶段的学习和训练,我已掌握汉语拼音和字、词的准确发音,并逐步过渡到中高级的学习和提升中。只要去努力、去改变,一切交给时间,岁月自有安排。虽然要想纠正十几年甚至几十年养成的习惯性发音的确不是一件容易的事,但只要对自己充满信心,在老师的指导下科学训练,就能体会到"柳暗花明又一村"的喜悦。

(三)艺术走姿,优雅转身

每每在电视、朋友圈里看到旗袍那充满艺术魅力的短视频和图片,我都会为之动容,其中举手投足间散发着的女人的端庄、温婉、曼妙,带给我的是强烈的视觉冲击力和吸引力。追求美是人的本能。女人的美要有气质、有内涵,是内外兼修的一种优雅与从容。语言表演是"文"的学习,那旗袍艺术走姿就是"舞"的学习,这两种学习是"文舞双全""动静结合"。我对自己学习内容的安排信心满满。机缘巧合,我与老年大学旗袍艺术走姿课任课老师、资深艺术表演及舞台走秀专家张延老师相识,让我有幸与旗袍传统文化结下了不解之缘。

张老师的艺术造诣感染着我,她的热情及亲和力让我这个初学者没有距离感,很快就进入了学习状态。刚开始是热身舞的学习,随后是基础训练,然后就是模特站姿学习。旗袍艺术走姿中的"站姿"是有讲究的。开始时我的动作是扭捏的,肢体是僵硬的,眼神是呆滞的,体态、仪态就更谈不上了,张老师总是和颜悦色地给我纠正并示范。模特步也叫"猫步",走的是直线,而我因腿部力量不够,重心不稳,走起来总是东倒西歪,更别说走直线了,真是顾了头顾不了脚,一节课训练下来,我已经是筋疲力尽、汗流浃背。看似轻松流畅的行走,一点儿也不轻松。张老师说这是入门级的学习。经过从站姿到走姿,到控步,到上步转体留头,到后转头等一系列旗袍艺术走姿的特有专业训练后,才可以算得上从旗袍艺术行走起步了。天道酬勤,入门级的学习阶段算是基本过关了,接下来的学习更是一种挑战。在张老师的悉心指导下,目前我已可以行走得有模有样,不谦虚地嘚瑟一下,期待未来的某一天我也可以穿上旗袍登上大雅之堂,将这一传统文化服饰的美展现给大家,将更多赋有中国元素的美育知识传递给有需要的女性朋友。

(四)从"心"出发,闪耀生活

老年大学的学生年龄在 50 岁至 70 岁的居多,70 岁以上的也有不少,校园的课间随处可见他们三五一群地交流、闲谈,他们的脸上总是洋溢着阳光般的笑容,他们退休不褪色,用实际行动书写着"最浪漫的事儿"。

我认识一位表演班的姐姐,平时注重自己的体能训练,连续数年参加全市的马拉松比赛,而且坚持跑完"全马",其勇气和毅力可赞。还有一位资深的姐姐,有一天在公交车上相遇,她毫不隐瞒地说2021年她已到75岁高龄,在老年大学学习多年。学形体、练瑜伽、唱红歌,她选修了诸多课程,从不缺课,从不懈怠,每天就这样坚持着,乐此不疲。这份"千淘万漉虽辛苦,吹尽黄沙始到金"的执着让我心生敬意。六七十岁本是安逸养老的年龄,却有人愿意"折腾"自己,"辛苦"付出,实现活到老学到老、跟上时代步伐、适应时代发展、传递正能量、再服务社会的愿望。

  人生一站有一站的风景,一岁有一岁的从容。在老年大学的学习让我的思想得到了升华,技能得到了提升,老年大学的学习已成为我生活中不可或缺的组成部分。闲暇之余,我听听音乐、看书阅读、旅游健身、喝茶聊天、参加活动等,心情变好了,烦恼忧愁不见了,每天的生活都充满了阳光。让"后青春时代"美好的日子充斥我的银龄生活,优雅地老去吧。

  "雄关漫道真如铁,而今迈步从头越。"最美好的生活方式,不是躺在床上睡到自然醒,也不是坐在家里无所事事,而是和一群志同道合、充满正能量的人,一起奔跑在理想的路上。

  我的脚步永不停歇。

(作者系淮南老年大学学员)

老有所学　自得其乐

孙登先

学　诗

暮年学做读书郎，嚼字咬文攻韵章。

绘李描桃酬壮志，填词作赋颂家乡。

意倾翰墨从师起，情寄书山练笔忙。

诗不值钱常独醉，时光催老待商量。

我叫孙登先，安徽怀远人，1945年出生，1965年入伍，1971年转业到西安装备研究院附属工厂当工人。1972年10月调回淮南煤矿工作，1996年6月退休。只有初中文化的我，原先对古典诗词知之甚少，更不用说写诗了。经过10多年的学习，我现在不仅会写诗词，而且出版了自己的诗词专集，并先后加入了淮南硖石诗词学会、淮南市作家协会、淮南煤矿诗词学会、安徽省诗词学会和中华诗词学会、中国诗词研究会，并被推选担任淮河能源集团诗词学会《枫叶诗刊》编委。上面这首诗就是我在参加几个诗词班学习古典诗词的过程中写下的心得体会。

从2009年算起，我先后进入田家庵区老年大学诗词班、淮南老年大学二校诗词班、淮南煤矿诗词研讨班、凤台县老年大学诗词班学习，到2021年已有12个年头了。刚开始学习古诗词知识的时候，我一窍不通。慢慢地在老师们的指导和诗友们的帮助下,我得到极大的启发,特别是在周文龙会长等老师的精心传授与指导下,我的诗词学习逐步有了进步,我不仅粗通了格律,而且也敢拿起笔来尝试着写诗。老师们不厌其烦地讲解和诗友们坦诚地交流与切磋,不断地提升了我的诗词写作水平,更使我的人生境界得到升华,写作能力得到进一步提高。

  刚开始学习写格律诗时非常艰难。有一次,我拿一首自己写的七律请一位老师帮我看看,他接过去连看都没看就把我的诗撕了,嘴里还说:"淮南都没有一个会写七律的,你还想写七律。"当时我的心也被撕碎了。然而我并没有灰心,我坚信"车到山前必有路",坚信"柳暗花明又一村"。正当我十分迷茫的时候,有一位诗友问我可愿意到凤台县老年大学听周文龙会长讲课,我爽快地答应了。这时正赶上周会长讲怎样写律诗,周会长讲到写律诗有三要素:第一,字、词、声调要讲平仄;第二,按规则要求韵脚要押平水韵;第三,中间两联要讲对仗。我听了周会长的课,真是茅塞顿开。从此,我便按照这个三要素的要求学着写律诗,听周会长讲诗词课也入迷了。有一年凤台县修大桥,车要绕很远的道路,乘车时间长,学会通知淮南的诗友不要到凤台听课了。但我依然去了,因为我听周会长讲课听上瘾了。后来戴老师讲了9种词性,胡老师、李老师经常指点我,我的收获越来越大。现在与其他诗友比,我的律诗虽然写得还不太好,但跟自己比,我每堂课都有新收获,每年都有新进步。最近我又写了一首七言绝句《深深感悟》:

  浮生如梦苦辛多,世路匆匆历挫磨。
  觅得诗文几多趣,剪裁岁月赋新歌。

  现在,我对古典诗词可以说是情有独钟。回顾自己的一生,因为坎坎坷坷的生活经历令我淡泊名利,只想学点写作知识,托韵语以博欢,寄山水以快乐,借风月以抒怀。

    白首闲居找乐方,人生能有几多长。
    不为苦涩现时憾,何究酸甜昔日尝。
    把酒岂能浇块垒,挥毫即可润心房。
    枫林唱晚一支笔,仄仄平平伴夕阳。

  作为一个文化程度不高、年逾古稀的退休工人,10多年来,通过参加老年大学诗词班的学习,通过自己刻苦钻研,从不了解古诗词、不懂格律规则要求,到粗通格律声韵,再到能拿起笔来进行写作,并且可以写出比较不错的作品,这其中的辛苦与快乐是难以言表的。我曾写过一首《学诗乐》,用来表达我内心的学习心得:

    一样题材百样诗,纵横比赋任飞驰。
    诗书寻味心常乐,枯木逢春展笑姿。

  现在,我几乎把对传统诗词文化的热爱与自己的晚年生活、人生乐趣融为一体,诗即我,我即诗,诗与我在灵魂深处结为一对孪生兄弟,相依为命,不离不弃。

    七秩阿翁酷爱诗,今时起步未嫌迟。
    雕章琢句案台共,引典据经书籍持。
    常效苏辛歌皓月,也吟李杜抒情词。
    窗前秉笔忘餐饮,惹得婆姨笑我痴。

  10多年来,我所创作的诗词作品先后发表在《中华诗词优秀作品选》《中国诗词精选》《中国诗词》《当代文人》《楚风汉韵》《诗词月刊》《安徽吟坛》《硖石诗词》《抗疫诗存》《淮上风雅颂》《淮南文艺》《淮上诗友作品选》《凤台文艺》以及《淮南矿工报》等多家报纸刊物上。有时我也在想,自己写了东西,并且在各级报纸杂志上发表,不也是对弘扬传统文化的一种贡献吗?

在各级领导的关怀下,10多年老年大学的学习生活使我深深感受到政治上有了荣誉感、组织上有了归属感、生活上有了幸福感。出书是我一生的梦想,但我深知自己人微言轻,语言功力欠缺。在周文龙会长的鼓励下,我决定把10多年来的习作汇编成册,取名《无名吟稿》,并正式出版了。诗集出版后,得到广大诗友们的称赞,在社会上也产生了一定的影响,这更加激发了我的学习兴趣。现在我在所住社区担任退休老党员支部书记。我老伴是退休教师,对我在老年大学学习写作诗词也很支持。作为一名老党员、老学员,我决心像周恩来总理生前教导的那样,活到老、学到老、干到老,真正做到老有所学、老有所为、老有所乐,为实现中华民族伟大复兴的中国梦贡献一点绵薄之力。

(作者系凤台县老年大学学员)

飒爽武姿映夕晖

刘开霞

年轻的时候,有时清晨外出,看到很多中老年人在街边打太极拳,而且也经常听到人们在谈论练太极拳的好处。从那时开始,我就对太极拳有了好感,很希望能学一学太极拳,但由于工作繁忙,还要操持家务,一直没能如愿。

1997年,不满45岁的我,从单位提前退休。在很长一段时间里,我特别不适应,失落、迷茫、焦虑、烦躁……不知道自己该干吗,觉得自己还年轻,意愿未尽,怎么就一下子步入了老年人的行列。老已降至,还能有所学、有所为吗?我能做些什么?又该如何去做?

人人都说,活到老,学到老。年轻时,学是为了理想,为了安定;中年时,学是为了补充空洞的心灵;老年时,学则是一种意境,慢慢品味,自乐其中。一次,偶然看到一篇报道,说的是一位87岁老人展示自己的书画作品,他在文中说道:"我要这样坚持下去,到我真的不能动笔了为止。"我被他感动了,由衷地敬佩他,并深深地认识到,不能学习新东西,始终是愚昧和衰老的表现。

受到这位老年书画爱好者的启发,我决定学习一门艺术,走出空虚,充实自己的内心世界,重新鼓起理想的风帆,找到生活的乐趣。幸运的是,源于一次偶然的机会,我真的与太极拳结了缘,也真的找回了自己似乎丢失的梦想。一天,我去一个朋友家玩,当时她正在打太极拳。看着她身着雪白的绸缎练功服,飒爽英姿,精神抖擞,伴着舒缓的音乐,舒展优美、身法中正、动作和顺、由松入柔、刚柔相济、一气呵成,犹如湖中泛舟,轻灵沉着兼而有之。顿时,我眼前一亮,立刻决定学习太极拳。

太极拳作为流传悠久的优秀拳种,其内涵博大精深,实非人们想象之简单,必须对它有全面而又透彻的认识和理解,才能真正将它学到手。在这样的情况下,我盼望能遇到一位明师指教,进行系统、准确的学习。

"踏破铁鞋无觅处,得来全不费工夫。"2010年的一个偶然机会,我结识了在田家庵区老年大学教授太极拳的肖国芳老师。肖老师当年也就是一个40多岁的中年女性,匀称的身材,干练的举止,透露着英武而娴静的气质,我暗自庆幸遇到了心目中的老师。就这样,我进入了肖老师任教的田家庵区老年大学太极班。

田家庵区老年大学坐落在风景秀丽的舜耕山下,这里植被丰富,绿荫如盖,一年中除冬季外,总是花木葱茏,鸟语悦耳,着实是习武养性的好去处。再加上这所老年大学的太极拳教学设立初级和提高两个班级,有基础的学员和没有基础的学员都适合入学,因此,我很快就喜欢上了这个地方,开启了学习太极拳的历程。

在日常教学中,肖老师始终坚持从实际出发。她注重老年学员的心理、生理特点,合理安排好每一学期的教学计划,做到循序渐进,一步一个脚印。根据学员基础参差不齐的实际情况,教学中既有统一连贯的教学目标,又有区别对待的方法。她以最大的耐心和热情对套路的动作逐一讲解、示范,使大家在课堂上能够听得懂、能操作,感到学得轻松愉快,使每位学员都有所收获。对复杂和难教的动作,肖老师总是不厌其烦地做重点示范、反复讲解,使学员真正掌握姿势、步型、身法、神形兼备的要领,进而真正感悟到太极拳的博大精深。

俗话说:"师傅领进门,修行靠个人。"平时,我们每周只上一节课,时间很有限,要想更好地消化知识、掌握知识,必须勤学苦练。因此,这10多年来,我在课堂上虚心听讲,课后在家或晨练时认真反复练习,领会老师传授的内容,思考感悟所学的套路,纠正以往不规范的动作,特别注重肖老师强调的要把习武、修身和养心有机结合起来。

学好太极拳不仅要内外兼修、神形兼备,关键在于练好基本功和领会拳中要领。为练好基本功,我就经常站无极桩、混元桩,同时在弓步桩、虚步桩、走好太极步等方面下功夫。太极拳内在的感觉,包括人体生物电的产生,以及内功、内气、内劲在身上、手上的反应,也都是在练基本功中产生的,要把在桩功中领悟到的东西带到拳架中去。

在肖老师的耐心指导下和自己的刻苦锻炼及不断努力摸索中,我学习了很多门派的太极招式,开拓了自己的眼界,功夫也在一定程度上有了质的提升。目前已基本掌握了十六式、二十四式、三十二式、四十式、四十二式、四十八式太极拳,三十二式、四十二式太极剑,一套、二套功夫扇等 10 余套太极武功。

在肖老师的辛勤传授下,我们太极班发展势头强劲,培养了一批又一批武术人才。有了一定的实力,肖老师便鼓励我们要勇于实践,学以致用。他经常组织我们到周边社区表演,参加本地武术界举办的比赛活动,使我们的武艺和武胆不断得到提升。我们班级在老年大学的名气也慢慢传开了,经常在节日期间参加社区的文艺演出活动。每次演出,都受到观众好评。同时,我和同学们也多次在省、市组织的太极武术比赛上获奖,并多次荣获太极拳比赛的集体一等奖。近几年,我个人也获得了些许荣誉:2019 年,我参加首届淮南"八公山论剑"传统武术暨心意六合拳专项比赛,获得四十二式拳剑个人第二名;同年参加淮南市第七届太极拳比赛,获得女子规定太极剑个人第二名;2021 年参加首届安徽淮南传统武术大会,获得女子自编太极刀个人一等奖。

20 多年来,我通过学习太极拳,不仅武艺有了长足的进步,我的身体状态、精神面貌都有了明显改善。不少拳友经常说我"快 70 岁的人了,从背后看跟小姑娘一样,雄赳赳、气昂昂、精神抖擞、步履轻快"。这番话虽带有褒奖之意,可我自己心里是有数的。我每天坚持练拳,还要做家务活,没有觉得疲劳,吃饭香、睡觉甜,全身舒适。在练习的过程中,又结交了很多志同道合的朋友,大家在一块切磋武艺,闲拉家常,其乐融融,这更加鼓舞了我继续深入学习太极的信心。

太极是一扇门,门外的人看着平淡无奇,只有跨进去后,方能感受到它的博大精深。打太极拳之所以是一种美妙的享受,就是因为在打太极拳时,心中无任何干扰,那时,恍然感到心如高山之湖,微荡于天地之间,达到出神入化的境界。

如今,人们随着生活水平的提高,更加注重自身的生活质量。生活质量的提升必须以健康的体魄为前提,太极拳是最好的、最适合中老年人的健身方式。在学习太极拳的过程中,只有做到"学、悟、勤"的有机统一,水平才能得到有效提升。今后我将继续努力学习,虚心求教,深刻领悟,继续和同仁相互切磋,共同提高,真正掌握太极拳精髓,让太极拳精神发扬光大。

(作者系淮南市田家庵区老年大学学员)

让晚年生活更富情趣

廖延竹

2016年,偶然的机会,经文友张元淑老师介绍,我到淮南田家庵区老年大学诗词班学习诗词写作。我是一名文学爱好者,喜欢写散文,也获过不少奖,虽然对唐诗宋词很痴迷,但从没写过诗词。

就这样,很荣幸地认识了唐加成老师。上第一节课时,唐老师就给我发了他自己编写的《常用词谱选编》和《诗词两用韵谱简编》两本非常实用的教材,让我很快就明白了平仄押韵。恰巧唐老师正让学员写《十八龙女聚龙泉》的诗,因为我们老年大学就在龙泉村,加之我有散文功底,就依照这两本教材和了一首《西江月·和唐老师十八才女聚龙泉》：

> 翠竹苍松屹立，湖光山色岚烟。
> 青丝皓首聚龙泉，共赋诗词万卷。
> 临案平仄细品，提笔押韵求全。
> 狂歌纵酒忆诗仙。清照婉约缱绻。

这是我第一次写词，唐老师给了我一定的鼓励，让我对诗词的爱好从此有增无减。

非常敬佩唐老师的认真教学，当时他都70多岁高龄了，还自己亲自写教材，总结写诗技巧；每节课上他都旁征博引，妙语连珠，他对古诗词独到的理解与深刻的解读，带给大家的震撼是无穷的；一字一句，细细推敲，良好的学习氛围让我们这些没有写过诗词的学员们的写作水平大大提高。

我国现代诗人、文学评论家何其芳曾说："诗是一种最集中地反映社会生活的文学样式，它饱含着丰富的想象和感情，常常以直接抒情的方式来表现，而且在精炼与和谐的程度上，特别是在节奏的鲜明上，它的语言有别于散文的语言。"

我们都知道，古典诗词是我们伟大民族五千年灿烂文化的结晶。它不仅蕴含着传统文化、民族智慧，还饱含着诗人的真挚情感、丰富想象，也体现着诗人独特的创作构思。源远流长的古典诗词可谓浩瀚如烟，熠熠生辉。它博大精深，艳如百花，汇集着中国古代文化的精髓，是中华民族文化永远的根。

诗词有很多种风格，比如婉约派、豪放派、田园山水派等等。我独爱婉约派，这可能是女性情感世界比较丰富的缘故吧。尤其是填词，能把女子多愁善感的一面更好地体现出来。记得进诗词班没多久，就填了首《渔家傲》：

又见燕斜窗外柳，

莺啼惊醒深闺某。
邀得两三知己友，
　　黄昏后，
杏花弦月沽诗酒。
十里桃花盟约负，
一庭春事相思瘦。
最忆小桥君执手，
　　而今就，
江南雨巷依然候。

　　唐老师看我喜欢婉约派诗词，就鼓励我走婉约风格。从此，我一发不可收拾，陆陆续续写了不少婉约诗词。

　　诗词不仅给人带来文字美的视觉享受，更让人们萌动的心灵寻找大自然中的美，神往了多少跳跃的灵魂。那一山一月一窗景的静怡，一烟一霞一岚山的雾，都是那么朦朦胧胧，如诗如画。中国古典诗歌文字精练、意境深远，很多都具有"诗中有画，画中有诗"的特点，让人完全超脱了喧嚣烦扰而获得内心的宁静自由与无穷的快乐，引导我们有情趣地生活。

　　大自然无声的语言让人把想象力发挥到极致，而诗又让人把文字的美发挥到极致。古诗词是最精妙的语言艺术，是用最少的字词、最简练的结构、最优美的音韵来表达诗人的思想感情，有着鲜明的艺术形象和深远的艺术意境。

　　诗所表达的含蓄美、朦胧美、哲学美、豪放美，唐老师在课堂上都淋漓尽致地表达了出来。比如毛泽东的《沁园春·雪》，唐老师首先把诗的全文写出来，再配上该词的词谱，详细说明了词谱的字数、特点、平仄押韵等；然后再对词中个别的字或词做详细注解；之后唐老师将整首词的全部译文呈现出来，让学员们深入了解这首词的意思后，再娓娓道来这首词的创作背景和赏析，这也是学员们最爱听的。每节课唐老师都如此教学,大大提高了学员们对诗词曲赋的热爱,也提升了学员们写诗词的兴趣。这样的教学模式,让我解读诗词的能力越来越强。我平时就经常看《唐诗三百首》及《宋词》,发现许多诗词的意思不像以前那么难理解了。

提到写诗词自然离不开写绝句,但绝句的写作远比想象的要困难得多,短短4句,20个字或28个字,无论写景、写事还是咏物,都要把事件交代得清清楚楚,要把作者内心丰富的情感认知融入诗中,没有极其精练的文字和娴熟的写作技巧,很难写出一首好绝句。为此唐老师费了很大一番心思和精力,收集了很多古代诗词的理论书籍,解读了不少名家名作,结合实际,本着以实用为主的目的,编写了《写绝句八十一法》供学员使用,让学员们在创作诗词的道路上少走弯路,能在最短的时间内,写出最好的佳作。直到目前我写的所有绝句,都是参照这本教材的。

为了检验教学效果和学员们作业的质量,诗词班学员散曲社积极组稿向《中国当代散曲》杂志社投稿,连续12次集体投稿成功,共255人次的作品刊登在这个全国性的权威散曲刊物上。

几年下来,为了让学员们写出更多更好的诗词,每逢过年或节假日,唐老师就组织学员们开展诗词朗诵会,让学员们上台朗读自己写的诗词。有时候把上课时间让给我们这些学员,让我们上台讲写诗词的心得体会,谈谈当时我们写诗词的情景和整首诗词的意思以及不足之处。我也上台分享过写诗心得。通过这样的锻炼,逐渐明白一首好诗应是有情有景、情景交融的,要把内心的情感用最少的文字表达出来,而不是单独偏重于某个面,这对我写婉约诗词以及散文都非常重要。

我们不仅在教室内动脑、动手,在唐老师的带领下,还走出教室到大自然中去采风。记得去上窑山革命纪念林参观时,他让我们每人都写一首表达观后感的诗词,我们也都不负唐老师的期望,每个人都认真地填词写诗,这种游玩写诗的采风活动大大提高了我们写诗词的积极性,也最能体现诗词的真实意境。尤其到风景优美的景点去采风,让我们在大自然中感受一草一木和清风徐徐的美妙风情。由于我喜欢禅学,在唐老师的指点下,把禅境和大自然相结合,再用诗词表达出来:

竹影扫阶尘未动,禅房无锁白云封。

偶闻梵呗尘心远,月上孤峰听晚钟。

顿时一幅超凡脱俗、天地唯我一人在寂静中,听那敲钟击磬声音的画面呈现在眼前。

通过几年的学习,我的诗词写作能力提高了很多,曾经在"夕阳红诗词比赛"中获得金奖,"全国诗词比赛"中获得优秀奖,很多优秀的平台多次发表我的作品。而这一切都归功于唐老师。

在学习诗词的同时,我也经常写散文,尤其非常爱写美文,我就把诗词很恰当地融进散文里,让一篇文章既有文字的赏心悦目,又在诗词的衬托下有古典的美,悦己、悦人、悦心,如品一盏香茶,香韵悠长,品味无穷。

唐老师无私奉献的精神、独特的教学风格,也获得了老年大学领导和学员们的高度肯定,在多次会议上获得了表扬。我也非常感谢介绍我进诗词班的张元淑老师,让我和诗词班、和唐老师结下了深厚的缘。以后我会用更多的时间写更多的诗词,做一位优雅、知性的女性,把春有繁花、夏有鸣蝉、秋有落英、冬有飞雪这些一年四季的美景都写进诗词里,在夜深人静时,品味月上西楼的美妙、朦胧、相思和禅境。

(作者系淮南市田家庵区老年大学学员)

为新时代老年生活喝彩

马起玉

2001年,年龄最小的孙子上小学后,我就去上全椒县老年大学了。转眼间,在全椒县老年大学学习已有20年。

当我走进老年大学时,展现在眼前的无论是校园还是花园,都草坪似绿毯,到处有鲜花。一年四季不同的花卉争相绽放,散放出浓郁的芬芳。全椒县老年大学不仅是老年人学习知识的校园、赏心悦目的花园,更是健康长寿、颐养天年的乐园。

退休后,我曾跟晨练的老年人学打太极拳,却知其然不知其所以然。后来上老年大学,坚持上太极拳课。课堂上认真听彭老师讲课,从理论上理解太极拳,弄懂每个动作的含意,课后多练习。坚持晨练,和拳友们冬练三九、夏练三伏。打拳时用意不用力,以腰带动下肢,迈步如猫行,轻起轻落……打拳中有的动作站不稳,有的动作不标准、不到位,因此,平时看电视很少坐着看,而是练习站功,常练"金鸡独立",以提升自己的平衡能力。还在室内练走太极步:上步、进步、侧行步、退步……白天做家务之余、看电视之时,常练站桩、扎马步、压腿、摆腿……勤练基本功,为学好太极拳打基础。通过长期练习,我的腿脚轻灵敏捷,走路倍感轻松。每天买菜、去老年大学,坚持步行,每天晚饭后到体育场400米跑道上走5圈,一点也不觉得累。我患糖尿病十几年了,坚持少吃多动,坚持打太极拳和走路,至今血糖控制平稳。如今80岁了,看书看报写文章、穿针引线缝补衣裳,不用戴眼镜,这一切归功于在老年大学的学习。

在老年大学,我还选学了声乐。鲁迅先生说过,爱好音乐的人,无不是乐观的。课堂上声乐老师要求唱歌时要合理运用气息,达到共鸣:腹鸣、胸鸣、脑鸣。在练习中不断吐故纳新,增加肺活量,也是一种很好的健身运动。我在职时患支气管炎,这是职业病,通过几年的声乐练习,慢性支气管炎基本上好了。学习声乐要背歌词,唱歌时咬文吐字要清晰,要掌握音质音色和发音强弱的变化等,在这个过程中还能学好普通话。总之,在声乐学习中学到了很多知识,提高了记忆力。未上老年大学之前,对歌曲简谱的认识较肤浅。音乐课堂上,我认真听老师讲简谱知识,不明白的地方课后请教老师。通过几年来的努力学习,已基本掌握简谱知识,现在拿到未学的歌曲,经过反复地掂唱简谱,不用老师教,就能学会。

音乐班的学员个个精神矍铄,笑口常开,大部分人参加了学校合唱队,常去社区、养老院慰问演出。音乐就像阳光雨露一样,为大家共同享有,可以用歌声抒情,用唱歌排遣烦恼,唱歌给我们带来无穷无尽的快乐。我和学员们经常唱一些老歌,如《十送红军》《山丹丹花开红艳艳》《红梅赞》等,唱出了战争年代的激情和浪漫。我们还唱一些抒情歌《陪你一起看草原》《山茶花》《祖国的好江南》等,唱出了新生活的美好与希望。在老年大学,我们的生活变得充实和丰富多彩。我们感恩地生活着,用歌声共同演绎好人生的每一幕。虽已步入老年,我们的气息仿佛又回到少年时那般。音乐让我们感到高薪不如高寿,高寿不如高兴。我们每天高兴,为健康新时代老年人的生活喝彩!

上老年大学,赏心快乐的事数不清,每周一到校升国旗,周末练习"快三慢四"交谊舞,学员常在襄河边吟诗,松鹤亭前谈心,绿草地上习拳,黄沙地上打门球,凭栏俯瞰金鱼,背靠假山望竹,朝看摄影画展,暮赏手二布贴……

（作者系全椒县老年大学学员）

诗书画唤醒了我的活力

李卫琴

为适应退休生活,我努力为自己建立第二生活模式,寻求新的目标:老有所学。遥想学生时代,总是盼望着假期到来,上了老年大学后,却总是翘首企盼开学的日子。因为我不仅留恋那轻松愉快的欢乐氛围,更想念那些德艺双馨的可亲恩师;听不够那娓娓讲解的古今誉满天下的书法大师们的经历和成就,画不够那一幅幅灵山秀水鸟语花香的中国画,吟不够那一首首余音绕梁的诗词歌赋。

（一）学书法,健脑强身

我刚进书法班时对书法是一窍不通,更不知书法还需理论指导。老师诲人不倦的讲解,同学们一幅幅作品的呈现,让我深受感动,激发了我学习书法的极大兴趣。于是我用发抖的手拿起毛笔从隶书《曹全碑》《礼器碑》等字帖开始练字。认真理解隶书的"蚕头雁尾,一波三折,清丽雅秀,行笔流畅,方圆兼用"等结字内涵。在老师的指导下,我初步懂了一点点读帖、临帖运笔、用墨、结字、章法等技巧,掌握了一些书法审美意识。我又尝试写邓石如《千字文》《小窗幽记》等名家名帖,反复研读,悟出篆书"遒婉流畅,体势颀长飘逸,舒展大方,圆腹秀劲"等用笔特点。我坚持每天练习书法,三更灯火五更鸡,一笔一画地写,一遍又一遍地临。从形似到神似,苦练基本功。原来晨练是为了健脑强身,现在就以练书法取而代之,不练到累得慌都觉得不过瘾。虽然我也没练出什么名堂,但练上瘾了,自以为就是有进步。老师经常把我的作业贴在黑板上进行点评表扬,这促使我不懈努力,不断进步。是书法老师把我领进书法的海洋,在老师的精心栽培下,同仁们的热心指点下,我受益匪浅。我2014年开始学习书法,2016年我的处女作就刊登在校报上,从此校报上经常有我的作品。2018年10月,我赴滁州市参加首届国庆文化艺术节书画大赛,获优秀奖;2019年10月,为庆祝新中国成立70周年,我自撰作品入选全椒县首届老年人书画展,并获优秀奖,同年又参加"新滁州·新风采"迎新春书画艺术交流会书法大赛,荣获二等奖;2020年5月,参加全椒县政协成立40周年书画展,我的作品在市、县巡展,同年8月,我自撰作品入选全省举办的"乐学抗疫"学习成果才艺秀展;2021年,我自撰作品入选滁州市老年大学举办的庆祝建党100周年书画展。熟悉我的同事只知道我教了几十年英语,当看到我的书法作品后,觉得不可思议。他们是不知道书法老师授课的诱惑力,更不知道笔间论道、翰墨传魂的真谛。潜心于翰墨,聚精会神,心静如水,得到修身养性、健脑强身的妙处,更使我提高了思想境界,真正认识到书法的艺术魅力所在。只要持之以恒,奇迹就会出现。

（二）学绘画，其乐无穷

都说书画同源，出于好奇心，我进了绘画班跟老师学绘画。由于没有基础，只好从画线条开始练习，去体味画理。首先掌握如何运笔使墨分五色，怎样配制常用颜料的混合色等知识，学画山水花鸟勾皴点擦染。特别难的是一幅画的构图，必须做到"远近虚实，攒三聚五"。了解一点基本知识后，我就大胆动手在废纸上反复练习基本功。当我第一次交作业时，老师把它贴在黑板上认真修改，在原画上增添没画到的和没画好的部分，边改边鼓励我。通过课堂上的点评，我知道画一幅画不只是停留在把景物画出来或玩弄笔墨技法上，更重要的，画的是意境，是魂。于是我买来《芥子园画传》《白描画谱》《中国水墨画》等绘画用书，认真拜读，反复临摹。当夜深人静时，我躲进书房，认真思考确定意境的三种方法：一是意在笔先；二是意在笔中，随机应变，重新确定意境；三是意在笔后，根据画面的最后效果再确定意境。经过刻苦练习，拙作终于刊登在2017年和2018年校报上。全椒县退休教师协会王义柱主任亲自到我家拍我的画，并分期刊登在协会简报上。为庆祝建党100周年，我鼓起勇气画了两幅作品在本校展览。经过几年学习，我深深体会到绘画是一门功夫，需要长期艰苦的训练；绘画更是一门学问，需要广博深厚的知识做基础，尤其是要掌握与绘画有直接关系的知识。每当画好一幅画，我孤芳自赏，一切烦心事皆抛脑后，陶醉在画中，心旷神怡，其乐无穷。

（三）学诗词，赏心悦目

学习书画还需学诗词，诗、书、画三者是不可分割的。前人言："诗词之美在格律，之难，亦在格律。"对于我这个初学者，弄通并掌握格律是一道关口。我买来《诗词创作普及读本》《唐诗三百首》等,认真研读诗词的音韵、平仄、对仗,弄清诗的首联、二联、三联、尾联之间的关系,摸索"一三五不论,二四六分明"等作诗规则。2017年11月,为喜迎党的十九大召开,我试写了一首七律诗刊登在校报上,后又写一首《震撼中外的时代强音》。2018年中国台湾演员方芳回全椒老家走太平,我作一首《椒子回家》,后又作一首《喜迎国庆七十华诞》。和学友们出去采风,或去祭扫烈士墓,我即景生情用诗歌来抒发我的情感,大多数诗都被校报录用,我的书法作品大多数是我自撰的诗。每作一首诗都反复吟唱,对于关键字反复斟酌,再三修改,直到满意为止。写诗使我聪颖,吟诗使我赏心悦目。

  学习诗书画唤醒了我青春活力,我如雏鹰展翅重返年青时代。我用书画赞美伟大的祖国、伟大的党,用诗歌颂扬浩然正气。退休后的多少快乐,多少未知,多少梦想,多少期盼,在老年大学一步步得以实现。历史上没有哪个朝代为老年人办学校,只有在中国共产党的英明领导下,在人民政府无微不至的关怀下,才使我们老年人老有所学。我庆幸走进老年大学和众多学友们一起享受晚年生活的精神盛宴。在唐诗宋词的雅韵中体会古人琴棋书画的智慧,在笔墨纸砚的交响中与古代先贤讨教并感受书画文化的博大精深。越学越知自己浅薄,真正体会到什么是学海无涯、学无止境。学习是我的爱好,不学习就会与时代脱节。不进行知识"补钙",头脑就会空虚、迟钝、痴呆。每当我站在朗诵台上朗诵诗歌时,我是那么的激动;每当我上台领获奖证书、奖杯、奖品时,我是那么的有获得感。我要利用老年大学这个平台求知、求学、求充实,过好愉悦的退休生活。

(作者系全椒县老年大学学员)

不被"后浪推在沙滩上"

尤逢荣

我国进入老龄社会后,党和国家对老年人的衣、食、住、行、医非常重视,早在2008年中组部10号文就提出了"为老有所养、老有所医、老有所教、老有所学、老有所乐、老有所为创造良好条件"。随着经济社会的快速发展、党和国家的高度重视,广大老年人的老有所养、老有所医等各种实际困难已得到较好的解决。然而,随着科学技术的飞跃发展、网络信息化的日新月异,老有所学显得更为重要,成为老年人"六个老有"的主要组成部分和重要的内容。

(一)老有所学,丰富生活

老年大学是"老有所学"的主要平台和场所。定远县老年大学虽然创建很早,但仍有一些退下来的老同志对老有所学带有偏见,认为辛辛苦苦工作了几十年,退休了就应该好好歇歇,享享福,还上什么老年大学,瞎折腾!还有些同志认为,年轻时都没有上过大学,老了还学什么吹鼓手!我刚退下来那会儿,也是这么想的。于是整天无所事事,昏昏沉沉,只有时和一些老同事一起吹吹牛、打打牌、喝点酒,久而久之,感觉生活过得空虚、枯燥、无意义。虽然有时也与几个老友结伴外出旅游,欣赏大自然的美景,但毕竟次数很少,而且对网上购票、用身份证取票等智能操作一窍不通。社会在发展,事物在变化,老年人也要学习。否则,你就认不清新事物,赶不上新时代,终将被"后浪推在沙滩上"。于是,我于2019年报名上了定远县老年大学,和大家在一起唱唱歌、跳跳舞、吹葫芦丝、弹电子琴、听国学经典赏析、学智能手机应用、学写古诗词等,和大家在一起欢歌笑语,畅所欲言,互相学习,共同提高,重新找到了生活的乐趣。因此,只有老有所学,才能真正实现老有所乐,才能丰富老年人的晚年生活。

(二)老有所学,学以致用

老有所学学什么?如何学?我们定远县老年大学所开设的课程很多,如音乐、写作、诗词、书法、摄影、智能手机应用、电脑、葫芦丝、电子琴、二胡、太极拳、舞蹈、花卉养殖等。每个人可根据自己的体能、文化、兴趣、爱好选学几项,只要有利于社会、有利于家庭、有利于身心健康、有利于丰富晚年生活的都可以选学。3年来,我主要选学了智能手机应用、电脑、电子琴、经典国学、诗词、葫芦丝、电子琴、摄影等,自我感觉收获颇多。首先,学以致用是我的首选。当今社会,科学技术突飞猛进,新观念、新词语、新事物、新产品层出不穷,日新月异。这样的形势逼迫你不得不有针对性地学。通过智能手机应用、电脑课的学习,我现在也能自己上网购机票、车票,各种扫码、付款转账等操作运用自如,摄影、编辑视频、书写游记等也不在话下。其次,"充电""加油"为的是老有所为。工作时,事务繁忙,想学没空学。退休了,根据自己的爱好,完成心愿,不留遗憾。我通过经典国学的学习,丰富了文学历史知识;通过古诗词的学习,分清了顺口溜与诗词的区别。此外,我的有些习作被有关诗词楹联专辑收录,受到了老师和同学们的好评。例如,2020年诗词班期末聚会,我的一首七绝《诗堂见闻》

被班长打印在聚会合影照片上。第三,为"老有所乐"而学。根据自己的爱好,寻找生活的乐趣。我选学了电子琴、葫芦丝、诗朗诵等。同学和朋友聚会,我也能吹两首曲子助兴;在老年大学举办的庆祝新中国成立70周年联欢会上,我也登台表演节目。最近,我们正在排练为纪念建党100周年举办的文艺晚会上演出的诗朗诵节目。我们定远县老年大学每年还不定期组织有关学员到街道、社区、养老院慰问演出,受到社区居民一致好评。所有这些,都是上老年大学后得到的收获。每当回想起这些,总有一种愉悦感,激励我更加热爱学习。

(三)老有所学,延年益寿

生命在于运动。我们在老年大学学跳舞,练习太极剑、太极拳,使我们的体能得到增强,运动能力明显提高;学唱歌、吹葫芦丝,有节奏的呼吸吐故纳新,促进了血液循环,增强了肺活量。我经过3个学期学吹葫芦丝,不仅陶冶了情操,呼吸系统也有所改善。学习古诗词、经典国学时,你就得苦思冥想、常动脑筋。其实,学习和思考就是在做脑保健操。人们常说,经常动脑,防痴呆,抗衰老。因此,老有所学是有益于老年人健康的,是会使老年人延年益寿的。

"刀不磨会生锈,人不学要落后。"总之,老有所学就是活到老、学到老、改到老、不服老,力求不断丰富自己的知识,陶冶自己的情操,享受晚年,过好晚年,做一个对家庭和社会有用的人。

(作者系定远县老年大学学员)

活出一个最精彩的自己

刘光华

铺开纸笺,思绪万千。自从成为定远县老年大学的一名学员,我在求知的路上一路走来,欢笑伴随着热泪,成长伴随着感恩。心中感激不尽的是党和政府给予我们老年人的深切关怀。做梦也没有想到,当我们进入晚年,还能有这样安逸舒适的学习环境,有老年大学这么好的终身学习教育平台,能让许许多多的老年人在校园里做到了老有所学、老有所乐、老有所为,圆了我们老年人在过往年代没有办法实现的美好梦想。

我是2013年春季进入老年大学的。因为在小学的时候心中就有一个梦:长大了当一名教师,用学到的知识教书育人,回馈国家的培养;用自己的知识去浇灌祖国未来的花朵,让孩子们长大了都能成为国家的栋梁。因为历史的原因,我小学刚毕业便随全家去了农村,梦想的小船还未起航便搁浅。可我少年的梦还在,我热爱学习的热情还在。当时在农村,除了繁重的农活,继续学习是无法实现的奢望。可心中的理想却难以泯灭,虽然还未成年,心却做着青春洋溢的梦,常在蓝天白云下大声地吟诵"好雨知时节,当春乃发生……""采菊东篱下,悠然见南山……"苦中求乐感受那一份诗情画意和心灵的放飞。岁月荏苒,光阴匆匆。我是多么庆幸赶上了好年代,上了老年大学,跨进了一个新的天地。

我如饥似渴地学习着,少年时代渴望学习知识的梦想在这里得到了实现。

因为在很小的时候就热爱古诗词,一进入老年大学我便报名参加了诗词班的学习。由于文化底子薄,学习古诗词对我来说是比较困难的,可我从来就没有想过放弃,平时或求教于老师,或商讨于同学,无论遇到多大困难,我都信心百倍迎难而上。无论走到哪里,我的书包里总是放着《近体诗格律表》《唐宋词格律》《诗韵和四声》等与诗词有关的简易册子和图书。其他人在聊天唱歌,我却沉浸在自己的诗词世界里,忘却繁华喧嚣。我的床前始终都放着一摞关于古诗词的书,夜深人静,家人入睡,这时便是我享受学习乐趣的好时光。2018年的夏季,我因突发疾病住进了定远县医院并接受治疗,我的诗词老师打电话通知我参加一个采风活动,我立刻发了小视频给他,告诉他我当时的心情。当时我刚做完心血管造影,护士正在给我挂点滴,我的两只手腕都缠着药纱布,可我还是用裹着纱布的手拿笔在纸上构思着一首讴歌医护人员的诗。因为住院期间,我亲眼目睹了医护人员的辛苦和忙碌,他们对病人和蔼可亲,对工作认真负责,三餐不能按时。我心生感慨,故"赞白衣天使"在构思中。我的老师看了很受感动,之后常把我作为老年励志的榜样讲给其他学员听。我很爱学习,但文化基础差,老师在课堂上讲课时,我常常会提问,虽然有时候老师稍显急躁,自己也委屈得在课堂上流眼泪,但我仍然不懂就提问。有耕耘必有收获,2015年我参与创作并出版了《诗词十三家》一书。自2015年至今,我们县文联主办的"曲阳吟坛"专辑均有我的诗词录入。

在老年大学我还上了摄影班。摄影是我的爱好,平时我就喜欢拿着手机随手拍,拍自己的身边事,拍平民百姓的幸福生活。2019年我的一幅摄影作品《民间体育——六洲棋》在安徽省老年人体育协会、安徽省摄影家协会、安徽省体育书画摄影协会荣获优秀奖。由于喜欢老年大学的学习氛围，也喜欢校园里的一切，因此只要有集体活动，我总会把同学们阳光快乐的一面摄入我的镜头，然后做成美篇，及时转发宣传，让学校和学员们的每一次活动都有一个永久的纪念。迄今为止，我制作记录老年大学学员生活的美篇已达100多篇。2016年7月，一幅《并蒂莲》摄影作品被《定远新闻报》副刊录用；2017年10月一幅《广场舞大赛》摄影作品荣获滁州市第一届全民健身运动会作品优秀奖。

　　定远县老年大学是省级示范学校。校园如同小花园，建有门球场、观景亭、有按摩作用的鹅卵石小径，小径掩映在路旁的红花碧叶间，一个面积挺大的操场配有各式健身器材，供学员们课间休息时锻炼身体用。教学楼的后边是一个水库，空气清新视野宽阔。楼内的每一间教室都宽敞明亮，现代化教学设施一应俱全。学校还建有高标准的远程教室，配有大屏幕高清电视，摄影班每人一台电脑，音乐班配置了钢琴……在这样的环境中学习，每天都幸福满满。感恩之余我自愿坚持为同学们服务，我的书包里总是装着各种小物件，如创可贴、速效救心丸、牙签、棉签、小镜子、一卷手纸、几枚硬币等。有一次我见诗词班的一个学妹牙齿上有早餐的残留物，我掏出了牙签和小镜子让她自己解决，她很受感动，连连说我是一个"随时发光的温暖小女人"。每到课间休息，便是我最忙碌的时刻，我的身边总是围满了年长的学友们，他们都是来询问请教智能手机方面的知识，直到上课铃声响起才作罢。身为摄影班的班长，每次做外出采风计划，我总是把各个细节都考虑周全，采风归来，我逐一打电话询问不在微信群内的学友是否到家，得知他们都安全到家后，我才把心放下。

　　2020年伊始，新冠肺炎疫情爆发，我们学校也毫无例外地不能正常上课。非常时期我在家里创作了30多首诗歌散文，讴歌我们亲爱的祖国,讴歌全国人民众志成城抗击新冠肺炎疫情的举措。这些作品分别被《滁州报》《琅琊诗词》《定远新闻报》《曲阳吟坛》等媒体刊登。2017年,我的一首《恋上鹳渚》被"古镇三河"公众号录用;2018年《我的农村堂姐》一文获定远县宣传部、定远县总工会、定远文联和定远文明办联合举办的国庆征文竞赛三等奖;2019年,一篇《十月放歌》获滁州市老干部"壮丽70年,讴歌新时代"主题征文比赛一等奖。《新老年体育报》、《新老年》双月刊杂志上也常有我撰写的老年人励志文章。2016年,我成为定远县诗词楹联协会会员,2018年成为定远县作家协会会员,2019年成为滁州市作家协会会员和定远县摄影家协会会员。

  成绩的取得是定远县老年大学培养和熏陶的结果。老年大学就是我的娘家。无论何时,无论我到多大岁数,娘家永远是我心中最亲切的期盼。夕阳正好,桑榆非晚。我发自内心地感谢党和政府给予我们今天的美好生活。尽管随着年龄的增长,记忆力减退,脚步已经蹒跚,但生命不息、学习不止的初衷永远不会变。珍惜夕阳的余晖,为社会做出自己力所能及的贡献。老有所乐离开了老有所学就成了无源之水、无根之木。活到老、学到老正是这个道理的最好诠释。祖国正以一日千里的速度跨入世界强国,让我们行动起来,乘着时代列车,紧跟党指引的方向,无私奉献,不虚度余生,在老年大学这一崭新的天地里,活出一个最精彩的自己!

(作者系定远县老年大学学员)

键盘敲得夕阳红

梁忠全

"又是一年芳草绿。"转眼,我在老年大学电脑班学习已经 15 年了。

2007 年,为适应社会需求,满足大批退休人员对学习电脑的渴望,经过多方努力,在政府有关部门的鼎力支持下,明光市老年大学开办了电脑班。

15 年来,电脑班从无到有,从弱到强,电脑课也逐渐发展成为本校的主打课程,这里无不浸润着历任校领导的心血和汗水。老年大学的领导在退休之前都是市委、市政府的主要领导,他们任职老年大学后,为开办电脑班,不惜放下架子,动用自己的人脉资源,向有关部门"化缘",终于有了教室,有了电脑,还配备了电脑桌椅等。电脑班正在使用的电脑有 28 台,还有许多"备胎",完全能满足正常教学的需求,这与政府有关部门的鼎力支持和校领导的努力是分不开的。

老年大学领导班子成员都是行政干部出身,此前他们从未直接领导过老年教育工作,但他们在干中学、学中干,很快都成了老年教育的行家里手。随着智能手机的广泛应用,老年人也都想能自如地使用智能手机,校长王邦怀就及时指示电脑班要结合电脑教学增加智能手机使用的内容,并从高职院校聘请指导教师任教。教务处王府兵主任则多次就电脑班的教学计划、教案编写以及如何组织教学等提出指导意见,有效地提升了教师的教学效果,激发了学员们的学习积极性,融洽了师生关系。

(一)电脑班的教师是爱岗敬业的

电脑班先后有4名教师,他们都是在职在岗的中学教师,本身有自己繁重的教学任务,虽然在电脑班只是兼职任教,但他们爱岗敬业,尽职尽力,心无旁骛地上好每一节电脑课。

陈恕老师是职高的实训处主任,是嘉山县最早教电子计算机的教师。2007年受聘担任电脑班教师后,他兢兢业业,无怨无悔,全身心地投入到老年大学的电脑教学中。老年大学的学员年龄偏大,文化程度参差不齐,对学习电脑的需求也各有不同,众口难调,教学难度很大,但陈老师不厌其烦,都是先讲知识要点,再指导具体操作。对于新学员,从如何开关机以及熟悉鼠标和键盘、打游戏、浏览网页开始;对于有一定基础的学员,则手把手地教他们认识电脑,学习汉字输入,学习整理文档、编发电子邮件,等等。有的学员年龄大了,一时半会儿理解不了所讲内容,陈老师从不发火,总是耐心地一遍又一遍地讲解,直到学员弄明白为止。2015年《明光报》记者曾以《一言一行总关情》为题撰文表扬他。

第二任教师刘传明,是明光市第二中学的英语老师,虽然不是计算机科班出身,但他年轻好学,凭着对电脑教学的满腔热情,边学边教,教学技能提高很快。为帮助和指导学员系统地掌握电脑知识,他认真编写教学计划,打印课时教案,制作教学课件,在老年大学率先运用多媒体进行直观教学,使学员看得见、听得懂、学得会、记得住,大大提高了教与学的效果。近两个学期,随着智能手机的普及使用,老年人也想与时俱进,刘老师和新来的李想老师、陈龙老师就把电脑知识和智能手机的使用常识结合起来,通过手机与电脑联网,教会学员使用手机微信聊天、日常购物、缴费收款等,调动了学员们的学习积极性。

(二)电脑班的学员是团结好学的

电脑班现有近30位学员,平均年龄在65岁左右,虽然年近古稀,记忆力衰退,但是他们的学习上进之心不减当年。课堂上他们认真听讲,认真操作,认真记笔记,不懂就问,进步很快。一些学员入学前,从未接触过电脑,一个多月后,也都能在网上浏览新闻、看影视剧了;两三个月后,不少人就能在电脑上写文章、发电子邮件了。这些老年人上进心很强,他们不仅在校内主学电脑课,兼学诗词、文学、保健、园艺等课程,还到图书馆听电脑教学课,听有关智能手机的课。疫情期间,班长王淑萱主动用手机指导学员下载"皖事通",教他们打开"安康码""行程码",方便了学员们的就医、出行。电脑丰富了老年人的社会生活,使花甲之年的他们也能享受到与时俱进的乐趣。虽然学员之间有文化背景的差异,或者对学习电脑存不同的需求,但彼此都能有求必应,互相帮扶,互相学习,互相体谅,就连打扫班级卫生都争着干,从不让70岁以上的老年人伸手。15年来,电脑班学员之间从未发生过争吵谩骂、相互诋毁的行为,受到学校领导和兄弟班级的一致好评。

(三)电脑班的管理是严格规范的

15年来,电脑班从未发生过任何事故,这与班级的严格管理是分不开的。班委成员分工协作,各司其职,相互配合,工作井井有条。除了正常的点名考勤外,每个学期结业前学校都会对学员进行一次评学总结,找差距,定措施,以利于后来的学习。针对教室里电器多、电线杂乱等特殊情况,电脑班制定了自己的班规和学员守则,贴在墙上,说在嘴上,提醒学员们注意安全第一。每周下课后,都会有专人做全面检查,关闭所有电源,在确保安全无误后才会离开教室。

(四)电脑班的教学成果是丰富多彩的

15年来,先后有200多名学员从电脑班"毕业",这些老同志人老心不老,他们玩电脑、玩手机、开微信、上群聊,得心应手;网上购物、收款缴费等,忙得不亦乐乎,不仅丰富了自己的晚年生活,减轻了子女的负担,也给家庭生活带来了众多乐趣。现有在校学员中,有不少人喜欢写文章,发稿件,过去他们都是手写草稿,复写誊清,再通过邮局寄发,费时费力还容易出错。现在,他们用电脑打成电子文稿,再用电子邮箱发送,足不出户就把稿件发出去了,省时省事又省心。电脑班学员在明光市内外的主流媒体上发表了许多诗词文章,据不完全统计,在《明光报》上发表诗词、散文不下数百篇(首),在《明光文学》《人文明光》《明光诗词》《明光文史》《明光家文化》《人文滁州》《滁州报》以及校刊《夕照明》上也多有电脑班学员们的诗文佳作发表。有人曾写诗赞颂电脑班学员的丰硕学习成果:

银须白发老顽童,电脑班里勤用功。
方寸荧屏看世界,键盘敲得夕阳红。

(作者系明光市老年大学学员)

智能手机让晚年生活更加多姿多彩

王淑萱

"我会发红包了""我会发位置共享了""我会扫安康码了"……一声声兴奋、激动的话语此起彼伏,不断在我耳边响起。如若不是亲眼所见,你绝对想象不到眼前的他(她)们平均年龄高达72岁,最大的已是87岁,最年轻的也已60多岁了。他(她)们戴着老花镜,正按老师的讲解,一步一步学着使用智能手机,或结对发红包、拍照片,或加微信好友……每学会一项操作,就像小学生答对了一道算术题,那种兴奋、快乐之情,溢于言表。这样的场景就发生在明光市老年大学的智能手机课堂上。

我国已进入老龄化社会。据有关方面预测,随着时间推移老龄化程度还将继续加深。对富裕起来的、已经或正在步入老年行列的人们来说,对美好生活的向往已不再停留在物质生活层面,他们更渴望的是精神文化世界的满足和自我价值的实现,希望老有所教、老有所学、老有所乐、老有所为。随着经济与社会的发展、信息化程度的提高,使用智能手机网上购物、出行刷脸、扫安康码、去医院和菜市场扫码付款……这些对年轻人来说,早已不是什么新鲜事了,但对老年人来说,困难重重,举步维艰。比如在疫情期间,口罩是必备的防疫物资,但是买口罩需要预约,很多"空巢"老人不会预约只能去药店排队购买,这样就增加了感染的风险。一些老同志、老干部、老党员想为抗疫做贡献,向社会捐款,但苦于不会用手机支付,只能请别人代捐,待疫情缓解后再去用现金还给别人;平时想和在外地工作的子女联系,只会用"老年宝"手机打电话,不会使用微信语音和视频聊天;儿女发来孝敬父母的红包,老人不会领也不会用……科技进步带来的方便快捷,老年人却无法享受。老年人要想不被边缘化,就必须与时俱进,掌握新知识、新技能,这是时代的要求,更是新时代下老年人适应社会发展的必然需求。

为了更好地系统普及智能手机应用,方便广大学员学习掌握,2021年新学期开学之际,明光市老年大学校领导决定在原电脑课的基础上开设智能手机课,并从高职学校请了一名老师任教。学校还为我们每人配发一本《老年人智能手机运用指南》,帮助老年人轻松玩转智能手机。因原电脑班老班长身体健康原因,学校委派我主持电脑班工作。我虽然感到压力很大,但我是一名退休老党员,受党教育多年,绝不辜负校领导的信任,尽自己最大努力做到最好,古稀之年再出发,不忘初心挑重担。

智能手机课的设立,得到了广大学员的拥护和支持,学习热度空前,目前已有32名学员报名参加学习。大部分老同志原来只会使用"老年宝"手机,上了智能手机学习班后,让子女买了新的智能手机便于学习。如原水利局退休干部马骥老师,2021年已87岁了,现在他除了原老式手机外,又添置了一部智能手机。通过学习,马老师也玩起了微信,有了微信好友,并加入班级群,在群里和大家一起学习交流。他十分感慨地说:"真没想到,我都快'奔九'的人了,现在还能有机会学习电脑和智能手机,真好!我们要感谢共产党。"原池河管理所退休干部王希富、市工商联党总支书记汤昆明、农委退休干部王文明等也都特地买了智能手机认真学习。还有原涧溪中学84岁的张训龙老师,早就想学习使用智能手机,当他从老朋友那里打听到老年大学要开设智能手机课时,立刻前来报名学习。他的老伴(79岁的李秀英老师)不放心他一人出来,也一同报名来参加学习,老两口学习十分认真,互帮互学,进步很快。看着这些曾经饱经沧桑的老人,晚年欣逢盛世,不仅过上衣食无忧的幸福生活,还能坐在老年大学的课堂里学习各种知识,不断充实自己,老有所学,老有所乐,我由衷地为他们感到高兴。

为了珍惜现在这么好的学习机会,每逢老师上课,我首先认真听讲,做好笔记,掌握要领。然后,就协助老师当好"助教",为学员们另开"小灶",开展一对一的帮扶。不到两个月的时间已初见成效。大部分学员基本掌握了添加好友、微信支付、位置共享、医疗挂号等实用技能,不少学员现场就为自己的儿孙们发去红包,享受天伦之乐,还有的学员给自己的朋友发去"位置共享"。何加林、钱善珍等学员放学后立马就到超市去买商品,练习用手机支付货款。还有的学员和我说,他们现在出门办事再不用登记个人信息了,只需扫一下安康码就行了。在这个过程中,我个人也有了很大的收获。对于如何使用智能手机我原先也只是略知一二,经过这次系统的学习,对原来模糊不清和不会操作的技能也搞懂了。五一节前夕,在外地工作的女儿准备回明光度假,出发前让我发个定位,我想这下学到的知识技能派上用场了,立马给她发了定位过去。她按照发去的位置进行导航,4小时的车程一路顺风,平安到家。

如今,通过智能手机的学习,大家学会了上网,不仅拓宽了老年人的视野,激发了他们的兴趣,促进了大脑思维,也使得他们融入了社会,享受着科技进步带来的精彩生活,进而提高了老年人的幸福感、安全感、获得感,使他们更加感党恩、听党话、跟党走。

(作者系明光市老年大学学员)

62岁那年我拿到了自考毕业证书

吴广仁

明光市老年大学于1999年秋成立,起初只有两三个班级、几十个学员。当年的"五老"为此付出了辛勤的劳动,使学校逐步发展壮大起来。2016年春,市委对校领导班子成员做了调整,各项工作又迈上了新的台阶。目前学校已增加到27个班级、近2000名学员,分为东西两个校区,规模令人刮目相看,校风也使人耳目一新,一跃跻身于老年大学省级示范校行列。

我在1998年8月退休以后,于当年10月就参加了明光市夕阳红合唱团。该团后于2001年秋划归市老年大学,从此我校就有了艺术团。我是带着美好的憧憬走进市老年大学的。当年学校大门两旁书写的"老有所教,老有所学,老有所乐,老有所为"四句话深深地打动了我。如今我校又把"立德、重教、博学、康乐"八个字作为校训,其内涵更为深刻。

夕阳红合唱团并入市老年大学以后,学员人数上升到100多人,教室特别拥挤,只好分成两个班级。我被安排在艺术二班,一直学习到现在,与这里结下了不解之缘。我在艺术二班学习了乐理知识,也掌握了各种调式及一般演唱技巧。在老师的辅导下,经过长期磨炼,现在也能较为熟练地读谱。一首新歌,自己也能慢慢学会。以前上台唱歌手就发抖、怯场、不敢唱,如今变成能够较有感情地独唱。每当朋友聚会，我也能高歌一曲，给人一种训练有素的印象。自我感觉在艺术二班收获不小，进步很大。多年来，我随艺术二班多次参与周边县市老年大学互访、下乡宣传慰问及各种庆典演出等活动，对促进明光经济发展、活跃市民文化生活发挥了应有的作用。

我在艺术二班学习唱歌的同时，受老年大学浓厚的学习氛围影响，还参加了全国自学考试汉语言文学专业学习。谈到自学考试一事，引发了我对以往岁月的一段回忆。当初参加自学考试，有人说我异想天开，头脑有病，还有人说我想"驴过骡子"（意思为"不可能"），省点钱买烤山芋吃多好。对此议论我置之度外。1995年4月底的一天，我走进全国统一自学考试滁州三中考点院内，面前全是一群青年男女，只有我是例外。我躲在墙角，像是见不得人似的，预备铃响了，心脏在剧烈地跳动，由于紧张，又到厕所蹲了一会。

对号入座以后，我把"三证"（身份证、准考证和考试通知单）放到课桌右上角位置。抬起头来，映入眼帘的是黑板上"夹带、抄袭作零分处理"几个醒目大字，又发现课桌被倒摆、抽屉朝外。考生携带的图书和笔记本一律放在前面讲台上面。此时此刻我的心脏又一阵剧烈地跳动，十几分钟后才平静下来。

这次考的课是"中国古代文学作品选"。面对试卷正反两面8页试题，我心烦意乱，无从下笔，只好交了白卷，低着头离开了考场。第一次考试就"打了个败仗"，有些扫兴，但我没有灰心丧气，接着又报考了"中国革命史"这门课程，采取了先易后难的办法，结果这个办法奏效了，我敲开了及格的大门。

我参加自学考试也有过动摇的时候，那一学期我再次报考了"中国古代文学作品选"这门课，认为自己已接触过一次，有些基础。可我费了九牛二虎之力仍以失败而告终。这门课程简直就是一道不可逾越的鸿沟。那厚厚的4本教材,360多篇(首)散文、诗词都要弄懂学会,我实在是招架不住。在这之前,我还报考过"古代汉语"。这"两古"算是孪生兄弟,同样难考,如同"蜀道之难,难于上青天"。我迷茫、苦闷,徘徊在十字路口,经过一番思想斗争,终于清醒过来。我问自己,难道还能半途而废?最后下定"不到长城非好汉"的决心。终于奇迹出现了,我终于通过了这"两古"马拉松似的考试,也验证了"世上无难事,只要肯登攀"的论断。

光阴荏苒,到2004年,我已及格11门课程,还有"普通逻辑原理"这门课程横亘在我的面前,难度仅次于"两古",有不少题目要在头脑中绕个弯才能理解。2005年4月16日我迎来了最后一次考试,考点设在滁州第二小学。上午8点半开始考试,时间紧迫,不容多想,虽然感觉人像腾云驾雾似的,笔尖跟着感觉走,但我终于到达胜利的彼岸。汉语言文学专业12门课程,我用了10年时间,饱尝了苦读的滋味,只有两门课程是考一次就及格的,有的课程考了两到三次,"两古"考了四、五次才得60多分。2005年7月15日,当我手捧着"高等教育自学考试毕业证书"时,那心情就跟古代金榜题名时一样激动。那年我已62岁,是滁州市2005届年龄最大的自考毕业生。

学习如同逆水行舟,不进则退,自考大专毕业以后,2006年秋,我又走进了明光市老年大学诗词班。2016年下半年文学班开办,我又成为文学班的学员。在诗词班里主要是学习古诗词创作,我又面临着一次新的考验,在汉语言文学专业,"古代汉语"这门课程中讲的只是古代诗词概况,不涉及古代诗词创作内容。我从格律诗三要素学起,当对音韵、平仄、对仗以及对"起、承、转、合"的章法有了初步了解以后,就开始创作绝句,不久又进入律诗创作阶段。当初,不论绝句或律诗都写得支离破碎,味同嚼蜡。

为了提高写作水平,我加强了有关格律诗的立意、谋篇以及修辞方面知识的学习,终于适应了这种运用形象思维"戴着镣铐跳舞"的创作方法。2020年,根据班里发的《词谱选辑》,经过老师的指点,我又开始了词的创作尝试,也取得了一定的收获。文学班老师退休前是明光市第二中学的高中语文老师,他把古代、现当代课文交替教授,使教学内容丰富多彩,增强了学员的学习兴趣。我发现自学考试课文后面,只有"注释"和"提示",内容比较简单,而现在发的讲义中,有的课文还增添了"译文"和"赏析"两项,这对加深对课文的理解、提高写作水平大有裨益。2021年下学期,文学班老师因事请假,一位新的语文老师出现在讲台上。这位老师从明光市马岗中学退休,曾任教于上海某老年大学,对教材上的古代散文已经烂熟于心,讲起课来挥洒自如,寓教于乐,深受学员的好评。文学班还举办文艺沙龙活动,以达到学员间互相交流、共同进步的目的。文学班教的课文有的我虽已学过,但仍然抱着"温故而知新"的态度,聚精会神地听课。文学班是个新班,学校对文学班特别关照,每年组织采风一次,不仅为我们提供了创作源泉,也愉悦了我们的心情。

  经过在诗词、文学两个班级的多年求索、切磋,我现在又走上了文学创作的道路,这圆了我梦寐以求的愿望。我先后有百余篇(首)诗文在《皖东晨刊》《明光报》《明光文学》《明光诗词》《人文明光》和《夕照明》等报纸杂志上发表,其中有歌颂党和祖国的《七月的歌》《国庆70周年抒怀》和《读方志敏烈士〈可爱的中国〉抒怀》等,有欢呼改革开放的《梦绕明光》《月神之惊》和《走进明光城区公园》等,有情系人民军队、长征与捍卫钓鱼岛的《长征组诗》《长城颂》和《咆哮呼啸》等,有赞美家乡明光的《月回故乡》《〈凤阳古今〉一书证明朱元璋出生在明光》和《酒中奇葩——老明光系列酒》等,还有庆祝中国共产党成立100周年的《学党史,话巨变》和

《深切缅怀为中国革命捐躯的景氏三代烈士》等。在上述诗文中，有的还获过奖。例如，《走进明光城区公园》获明光纪念改革开放40周年征文二等奖，《〈凤阳古今〉一书证明朱元璋出生在明光》获明光明文化征文三等奖，《酒中奇葩——老明光系列酒》获明光酒厂纪念建厂70周年征文优秀奖。《学党史，话巨变》获滁州市老年大学"建党百年话变"征文优秀奖，《深切缅怀为中国革命捐躯的景氏三代烈士》获明光市"不忘初心，砥砺前行"征文三等奖且此文还被选入《滁州市庆祝中国共产党成立100周年理论研讨会文集》。在所学习的3个班级中，我都曾被评为优秀学员，这是对我学习精神与成绩的肯定与鼓励。

长期以来，我认为明光市老年大学能够紧跟形势，是个倡导正气和弘扬正能量的地方。在庆祝新中国成立70周年期间，《我和我的祖国》这首歌曲唱遍了各个班级。在"不忘初心，牢记使命"学习阶段，很多学员都写了学习体会。当前学校正在开展课前20分钟学党史和纪念中国共产党建党100周年各项庆贺活动。

现在我已到耄耋之年，仍然精神矍铄，能够按时到校上课，并且笔耕不辍。

抚今追昔，感慨万千。在这中华民族伟大复兴时代，我常用"老当益壮，宁移白首之心；穷且益坚，不坠青云之志"自勉。

（作者系明光市老年大学学员）

老年大学是我最爱去的地方

张翠华

1996年,56岁的我光荣退休。我希望退休后能老有所学、老有所乐、老有所为。正当我筹划如何实现愿望、安度晚年时,恰逢县里成立老年大学,令我喜出望外,我毫不犹豫地和几位同期退休的老同志,一道走进县老年大学。

寒来暑往,光阴荏苒。弹指一挥间,我在老年大学已度过了24个春秋。24年来,我们送走又迎来了几任校长,早期的老年学员因身体等原因不断减少,"年轻的新鲜血液"不断涌入,学校环境也得到不断改善,教学所需电视机、电脑、空调、多媒体等设备一应俱全,保证了团结、活泼、认真、有序的教学活动顺利进行。24年中,我先后选学了理论研讨、历史、诗词、写作、英语、保健、旅游地理、拳剑、音乐、舞蹈等11门课,均有很大收获。诗词课使我对古、近体诗词的基本特点,特别是律诗、绝句的起承转合、对仗、韵律、平仄等基础知识有了系统的了解,并学着应用,同时从老师们所讲的诗情画意中受益匪浅,受到了教育,得到了艺术享受,陶冶了情性。写作课上,老师从拼音、读、写、用和字、词、句以及标点符号的应用,从语法知识、文章命题和开头、结尾、布局、谋篇等方面,细致入微地向学员传授知识,学员收获颇丰。英语课使我们了解了学习单词的基本规律,在认识26个字母和48个音标的基础上,用拼音的方法读出单词等。保健课使我们比较完整地了解了老年人心理与生理的关系,掌握了饮食营养知识、常见疾病预防、简单用药知识及中医按摩、针灸、推拿等常识。旅游地理课让我们从多媒体银屏上欣赏祖国的大好河山、风景名胜……想到这些我心里总是乐滋滋的。最令我快乐的还是音乐舞蹈课。音乐课的每首歌曲都悦耳动听,激人奋进,使人神往,回味无穷。舞蹈课堂上几十位老年人踩着《春天的故事》《祝福祖国》《红太阳》《春江花月夜》等歌曲旋律,组成各种队形、图案;两把绸扇或两条红绸带在手中轻轻地抖动,悠悠地摇晃,举起来似长虹,放开来像波浪,上下摆动如飞蝶,围成圈儿好似葵花向着太阳……置身此环境,时而感到如小鸟般快活地飞跃,时而又感到像仙女下凡般飘飘荡荡,心旷神怡,真是其乐无穷。

24年里,每当我走进老年大学校门,便能看到院内成群结队的老年学员载歌载舞,听到一楼教室里传出清脆悦耳的吹、拉、弹、唱,在这喜气洋洋、热闹非凡的场景中,仿佛老年学员们天天庆大寿、日日过新年,令人兴奋不已。走进三楼教室,只见四壁挂满了字画、墙报,还配有多媒体设备,所有文化课都在这里进行,真可谓知识的海洋,任你畅游,让人感到生活十分充实、幸福。

24年里,学校领导多次组织学员到红色革命基地开展游学,开展"守初心、担使命"的教育;到县内外经济开发区学习,到特色景点采风,不仅让人看到祖国壮丽河山,了解祖国经济腾飞的大好形势,更激发人们从内心热爱祖国、热爱共产党,坚定永远跟党走的决心。

24年的校园生活,我最大的感受是,老年大学是我最爱去的地方。这里是求知的学园、健康的乐园、幸福的家园。我衷心地希望老年大学永远跟随时代步伐,朝气蓬勃,天天向上。

(作者系来安老年大学学员)

在这里,实现了我童年的夙愿

孙荣祖

人人皆有梦。我儿时曾有很多梦想,始终蛰伏于心。光阴似箭,日月如梭,不觉已过花甲之年,离开工作岗位后,有幸来到老年大学。我迎着灿烂的朝阳,伴着迷人的晚霞,义无反顾地奔跑在圆梦的路上。

来安老年大学根据老年人的特点,开设了16门课,搭建了学习、娱乐、健身、交友的广阔平台。在这里,我如沐春风,焕发了青春,忘记了"白发催人老,青阳逼岁除"的无情时光,也忘却了"夕阳无限好,只是近黄昏"的失落与惆怅。在这里,改变了我离岗后的孤独与寂寞;在这里,我找到了童年的快乐,圆了少年时的梦想,仿佛又回到求学的青春岁月。

年轻时,看到别人跳舞非常羡慕,心想自己能在舞池里跳该有多好啊!上了老年大学后,我就报名参加了交谊舞班,课堂上用心听讲,刻苦钻研,课后勤学苦练。在学友们的热情帮助下,我的舞技有了很大的提高,还被推选为交谊舞班班长。"三步四步团团转,伦巴恰恰翅展翔,探戈桑巴三步踩,姿美步健气势昂。"在这里,我广交朋友,强健体魄,愉悦身心,激情在尽情燃烧。每当在舞池里踩着舒缓优美的旋律,让放飞的心情沉浸在乐曲声中时,就会感到生命像奏响的快乐乐章,又如一只船儿在欢乐的海洋里扬帆翱翔。

小时候每逢过年,家里总是请别人帮着写对联,那时想如果自己能写该有多好。到了老年大学后,我还上了书法班,练习书法。从下笔的方式方法入手,练习线条结构,还经常到外面参观学习,取众人之长,补己之短。在老师的精心指导下,我的书法水平有了很大提高。功夫不负有心人,现在过年家里的对联再也不用找别人写了。老伴看到我写的对联,也赞不绝口。

梦想是人类追逐的意境,实现梦想是自身价值的体现。因梦想而绚烂,因努力而闪耀。为了圆梦,在老年大学我上了诗词班、写作班。在老师的谆谆教导下,上课时我用心听讲,采风时注意观察、猎取素材,在学习实践中掌握规律,打开思路,在读写创作中领悟技巧,拓展意境。我把眼前的景和物、心中的喜和忧、生活中的精彩瞬间,用美丽的文字编织起来。从机关到企业,从学校到社区,我的宣传报道涉及社会方方面面,许多作品被《滁州日报》《来安报》等报纸杂志采用,在《滁州日报》上刊登6篇,在《来安报》上刊登18篇,《永阳诗韵》老年大学校刊和黑板报也刊登了多篇。

在来安老年大学的日子里,我收获了很多知识,享受了学习的愉悦,增进了和同学们的友谊,提升了生命的质量,在笑声中找寻到了久违的快乐!在这里,我如雏鹰展翅,用文学作品赞美伟大的党、伟大的祖国,用诗词颂扬浩然正气,用舞蹈和太极拳、扇康健了身心体魄,用歌声抒发昂扬的斗志!在这里,实现了我童年的夙愿,圆了我儿时的梦想!

(作者系来安老年大学学员)

我们赶上了好时代

胡旭东

在"十四五"规划开局之年,我们以无比自豪、无比幸福的姿态,迎来了中国共产党建党100周年的喜庆日子。

百载犹存豪士梦,今宵喜见锦云多。此时有太多的语言想要表达,太多的感怀想要抒发——100年来,在中国共产党的领导下,中国人民一路走来,从站起来到富起来,从富起来到强起来。今天,以习近平同志为核心的党中央带领我们为实现伟大复兴梦,正砥砺前行,向着第二个百年奋斗目标迈进。我们的生活充满了阳光!对我们退休群体来说,更是处在了莺歌燕舞的时代,在享受着稳定的退休工资、安逸的社会生活保障之余,纷纷走出家门,走向社会。特别是上老年大学成为退休人员的首选,因为这里有宽敞明亮的教室、优秀专业的教师队伍和规范的管理制度。老年人到这里有了一种归属感,徜徉在文化、艺术的海洋中,通过再学习,有的成为了新型教师,有的成为了诗人,有的成为了画家,有的成为了舞蹈人才。

老年大学,我想要告诉你,在你的校园里,书画学员们,为实现梦想,兴致不改,10年、20年……你追我赶,互帮互学,每每受邀、参与社会各团体组织重大活动,成为展示作品的主力军,在传承中国书画艺术方面做出了贡献。

老年大学,我想要告诉你,在你的校园里,诗词学员们,笔耕不辍,从爱好到学会、弄通,从平仄推敲到写出五言七律,当诗作见诸报端、成于诗册之时,潜心钻研时的那种乐趣溢于言表。这样一门深邃的文学艺术,曲高和寡,能与一群有共同兴趣爱好的人切磋诗词实是幸事。

老年大学,我想要告诉你,在你的校园里,戏剧类的学员,青春不老,痴迷其中,表演的一招一式、做功唱腔出神入化,活跃在社会各个角落,为传承中国文化孜孜以求,给生活和他人带来一片光明。

老年大学,我想要告诉你,在你的校园里,国标、民族、古典、形体等舞种课程,越来越丰富且与时俱进,退休的爱美人士在这里学习和锻炼,提高素质;期末汇演,各大赛场,常常以惊若翩鸿、宛若游龙的表演赢得喝彩,令人艳羡。为繁荣城乡文艺市场,为地方体舞协会,增光添彩。

老年大学,我想要告诉你,在你的校园里,军乐铿锵,充溢着阳刚之美,演奏者常以恢弘气势表演与伴奏,烘托会场,还有各种吹拉弹唱,忘却了时间与年龄,早晨在公园里勤学苦练的身影与朝阳争辉。

老年大学,我想要告诉你,在你的校园里,党支部生活丰富多彩,建立的临时党组织,让许多"失联"的党员在这里重新过上了组织生活,学习相关文件,交流思想,收听党中央的声音,倍感欣慰。

老年大学,我想要告诉你,在你的校园里,开学典礼座无虚席。当音乐响起,随着校长那洪亮的声音,一批批优秀教师、学员,神采奕奕、信心满满地走上领奖台,接过证书,留下美好瞬间的那一刻,令人激奋,心潮澎湃。

老年大学,我想要告诉你,每当我们走进你的校园,就仿佛走进了艺术殿堂——校园橱窗里、各楼层走廊上展示着学员们的书画、摄影、剪纸作品,琳琅满目;电子幕墙播放着学员们的期末汇演节目,异彩纷呈;宣传墙上的诗词作品,总能吸引着诗词爱好者汇聚、品读、讨论;艺术班级的表演图片在橱窗里栩栩如生……

老年人所展示的风采,所发挥的余热,与各级党委、政府给老年教育搭建的平台是分不开的。党的十八大以来,党中央坚持以民为本、以人为本的执政理念,把民生工作和社会治理工作作为社会建设的两大根本任务,高度重视,大力推进,惠及我们每个人。新时代的老人,家里家外不再是传统型的弯腰弓背、步履蹒跚,不再是回归家庭、不问世事,而是意气风发、有见识、有作为。幸福余暇,感慨万千,我们的生活有盼头,我们赶上了好时代。

(作者系六安老年大学学员)

活到老,学到老 永远不"掉队"

张 显

我退休后于2009年走进霍邱老年大学。上老年大学前,我主要是在家照看孙女,但我想丰富自己的生活,于是,老年大学成了我的首选。

退休前我还没有接触过电脑,退休后发现电脑的用处无所不在。进了老年大学后,在众多的课程中我选择了电脑课,想弥补这方面的缺失。同时我又报了摄影、文史等课程。

如今,我在老年大学已经学习12年了,收获很多。单从电脑课来说,我从中学会了电脑的基本操作,从一般的上网查询资料到下载、使用软件,都得心应手。老师认真教学、耐心指导,使我们这些学生如鱼得水。

2009年下半年起,我担任声乐班班长。那时,有不少同学在课前一个多小时就到了教室,在那里聊天,也有一些同学拿着声乐教材自学。为了协助老师教学,也为了利用这段时间给大家多一点学习的机会,我购买了有老师教学的歌曲碟片在DVD上用投影放给同学们看,让大家跟着碟片学唱。

上完电脑课,我就利用学到的知识,下载声乐课老师教学的歌曲视频,在教室的投影上播放,让大家学习,比起利用碟片学习又方便了许多。

我用学到的电脑知识,不仅仅服务于声乐班,在黄梅戏班也是如此。每逢上课前不少同学早早地到了教室在那里聊天、打扑克,无所事事,我就下载了所学的黄梅戏选段的视频,给他们播放。这样既丰富了课余时间,又对教学有益。

在老年大学学习的10余年里,我收获满满,受益匪浅。学会了用电脑下载歌曲、戏曲视频,存放在U盘或内存卡上,用DVD播放;学会了视频格式的转换;在班级或者学校举办文艺演出时,如果音频曲调不合适,我也学会了利用电脑软件做曲调的升降;在做背景音乐或背景视频时,我学会了音、视频的剪辑,学会了音响开关、调节。我不仅为本班服务,当其他班级音响有故障时找到我,只要我有空就立即帮忙解决。2020年6月,中国老年大学协会发起"万人同唱一首歌"活动,需要逐个录制演唱视频并上传,我发挥自己在电脑班的学习所长,制作了《没有共产党就没有新中国》背景视频。在这次活动中,我们学校录制上传了近300个视频,受到了中国老年大学协会的嘉奖。在班级的年度活动中,我也制作了背景视频,给活动增添气氛。其他班级的活动需要我帮忙做背景视频时,我也总是尽力而为,如朗诵班2021年5月为建党100周年录制两个诗朗诵,我抓紧帮他们制作了背景视频和背景音乐,让他们能按时报送县委宣传部参加评选。

以上这些,都是我在老年大学利用学到的新知识做的一点事情。我深深感到:人退休了,思想不能退休,我们应该跟上时代前进的步伐,与时俱进。虽然我们不能和年轻人相比,但是我们还是要在自己力所能及的范围内,不断学习、学习、再学习,活到老、学到老,永远不掉队。

(作者系霍邱老年大学学员)

老年人的再学习是生活需要、时代需要、健康需要

赵言富

关于老年人要不要继续学习以及怎样学习的话题有很多。有人说,老年人不需要再学习,养养身子,安度晚年,享受天伦之乐,何不快哉。有人说,人到退休年龄再学也不能成名成家,岂不枉费精力?还有人说,老年大学就是给老年人提供娱乐场所的,根本学不到什么名堂等。然而,我却有不同看法。我认为老年人的学习非常重要,原因有三:一是生活需要,二是时代需要,三是健康需要。

先说生活需要。人生在世,学习是第一需要。不学习就没法

生存。比方说,人出生后就要学说话、学走路;长大后要学文化、学知识、学做人。常言道,活到老学到老,还有许多没学好。刀不磨易生锈,人不学就落后。这些话充分说明了人需要不断学习这个道理。

再说时代需要。知识需要不断更新,学习更是无止境。比方说,从前人们学习如何用牛耕田,因为人要靠牛种庄稼。现在人们要学习用机器耕田,因为机器的工作效率高。从前人们学习用书信交流信息,现在人们学习用手机视频交流信息。如果不学习这些新知识就会被时代淘汰,在社会上将会寸步难行。

最后说健康需要。学习不仅使人的生活丰富多彩,而且对人的健康极有好处,可以延年益寿。如果人长期不学习,不动脑子,说不定会患上退休综合征,甚至是阿茨海默症,生活没有质量,给家人带来负担。

那么,老年人应该怎样学习？我有以下几点体会:

1. 树立信心

要相信自己,退休后的时间还很长,还有大约30年光阴需要度过。这30年值得珍惜,它并不是夕阳,也有朝阳。这30年可以充分利用,可以学到很多东西,可以让你大器晚成。我是2004年退休的,2005年走进霍邱老年大学,先后参加书法、文史、诗词、声乐、朗诵班学习。10多年来,在老师的培养和个人的努力下,受益匪浅,有幸成为中国老年书法家协会会员、中国老年书法研究会会员、安徽省书法家协会会员、安徽省高级书法师。我的文学及书法作品曾参加省内外各类大赛,并多次获奖。同时,我还为学校创作小品、相声、快板、朗诵词等近百篇文艺作品。每逢学校或班级有联欢活动,几乎都有我创作的语言类节目。

2. 选好内容

要学的知识太多太多,不可能样样都去学。如何选择学习内容,要根据个人的兴趣和爱好来确定。可以到老年大学走一走,这里有你最想学的学科,这里有最棒的老师为你教学,这里有很多热情的学友。欢迎你的光临,让我们共同学习,携手前行。

3. 注重方法

老年人学习,方法很重要。在这方面,霍邱老年大学做得很好。这里的教与学都有很好的经验,学习环境很宽松,学习气氛很热烈,我们在学中乐,在乐中学;这里完全是启发式、讨论式教学,不搞老师"一言堂"。年纪大的老师可以与老学员以兄弟姐妹相称,年纪轻的老师又可以把老学员当成长辈,师生关系非常融洽,没有任何压力。这种教与学的方式最适合老年人,它可以使学友之间、师生之间互相学习,共同提高。有人说,霍邱老年大学好似一所大型"幼儿园",老年人在里面蹦蹦跳跳、热热闹闹,在欢声笑语中学习,在潜移默化中提高。

4. 持之以恒

老年大学虽然环境宽松,但对热爱学习的老同志来说,也不能过分放松自己,不能想来就来、想走就走。既然想学一点东西,就应该遵守学校的规章制度,坚持按时到校参加学习,无特殊情况不要缺课,三天打鱼、两天晒网是学无所成的。俗话说,坚持到底就是胜利,这句话是从实践中总结出来的真理。知识是属于勤劳不懈的人的。学习态度决定学习结果。我本来不会使用智能手机,很多年一直在使用老年手机,看到年轻人在手机上发微信、发视频非常羡慕。后来我报名参加手机班学习,很快学会了常用的手机操作技术。现在我不但会在手机上打字、写文章、拍照、录音,而且还会用手机购物消费。很多年轻人为我点赞说:"这老头,快80岁了,真棒!"回想我个人的学习收获,可能是缘于十几年如一日的坚持而取得的结果吧。

(作者系霍邱老年大学学员)

让睿智的年华在晚霞中闪耀

方　毅

"细思皆幸矣,下此便翛然。莫道桑榆晚,为霞尚满天。"时光太瘦,指缝太宽。不知不觉中,我跨入了老年行列,细细想来,老了挺好,顺其自然,老来悠闲。可新的生活是自己创造的。退休了,有了更多的清闲时光,把握好了,你就会从中获得乐趣。人们常说青春是美好的,我说真正的美好,属于中老年。他们真的犹如最美的夕阳,犹如晚开的花朵,犹如醉人的美酒。这样的赞美一点不为过,我,就是浪漫的夕阳;我,就是晚开的花朵。掐指算来,我在老年大学度过了15个春秋。

人生能有几个15年?这15年,我没有枉费和虚度,只有快乐和收获。记得刚上老年大学那会儿,只有几个班,学生也只有100多人,现在学校增加到近30个班,学员逾千余人次,多么大的变化。最大的变化还是自己。我喜欢跳舞和京剧,于是报了健身舞和京剧这两个班。跳舞让我保持了较好的身段,有了不一般的气质。

多年来,学校组织我们参加了各种社会活动,上春晚,下乡镇,搞专场,从全省到六安市,再到金寨各乡镇,到处都有老年大学学员的身影。我们下乡,做义工舞蹈老师,手把手教农村的姐妹跳舞。看着她们开心的样子,我们也很满足。学京剧让我更加深入地了解了国粹,传统和现代唱段交织,加深了我对京剧的喜爱程度。目前,我已学会了100多个京剧唱段。我们经常奔波于各县、各市、各省,与那里的京剧爱好者联谊,相互交流,切磋技艺。

随着学校的扩建,又增加了形体和旗袍行走艺术两门课程,这也是我喜爱的课程,于是我又报名这两门课。形体课让我感觉自己越来越年轻,甚至觉得自己长高了,体形更好了。

旗袍行走艺术,是前几年才兴起的新领域,自己很有幸成为这个领域中的先行者。记得2017年初,几个喜爱旗袍的姐妹自发组织起来,在红军广场晨练。那时我们没有老师,没有系统学习,就是凭着自己的感觉走步,谁知越来越多的姐妹加入进来,最多时有一两百人。我们自己编排节目,参加公益演出。第一次演出就和我国著名歌唱家于文华、江涛同台,那是在金寨县古碑镇的一次公益演出,受到了特别好的评价。2018年老年大学开设了旗袍班,由淮南市文化礼仪协会会长刘芸担任老师,得到旗袍爱好者的一致好评。经过专业的学习,我和姐妹们在王琦校长的带领下,2018年和2019年先后两次参加了安徽省旗袍总会举行的全省大型旗袍走秀,壮观的场面,至今让人难忘。我们还到刘芸老师的故乡淮南,与她的精英团队交流学习。两年来,旗袍行走让我上了一个更高的台阶。最近一次同学聚会,大家都夸我变漂亮了,更有气质了。

2018年学校派我去六安市学习,主要学习网络宣传。通过学习,我掌握了一定的网络宣传知识,同时也认识到了网络宣传的重要性。真的要感谢老年大学,在这所敞开的大学里,让我们老有所学,老有所乐。我深切感受到,人的一生要不断学习,正所谓:活到老,学到老。

此外,我平时还喜欢诗词歌赋,喜欢写点小散文诗,在这里,用一首诗表达我对老年大学的敬意和感谢：

> 五十华年知天命，退休入学博奋进。
> 棋琴书画黄梅戏，舞蹈形体旗袍行。
> 京剧英语诗歌赋，太极养生练本领。
> 校园学习十五载，满眼春色返年轻。

"非学无以广才，非志无以成学。"一分耕耘，一分收获，播下心态，收获思想；播下思想，收获行动；播下行动，收获习惯。在平淡中，收获宁静与平和，让睿智的年华在晚霞中闪耀。

（作者系金寨县老年大学学员）

京剧充实了我的生活

韦德鑫

我是金寨县老年大学京剧班学员韦德鑫，我自小便酷爱京剧。京剧是我们中华民族的瑰宝，是国粹，唱京剧能使我心情愉悦，身心健康。以前我唱京剧是随心唱，有了手机和电脑后，遇到喜爱的段子便逐段逐句地反复练，经常是曲不离口，刻苦钻研。但自己钻研终究不如系统的学习，自从上了老年大学，在老师的辅导和学友们的帮助下，我对京剧唱腔有了更深一层的感悟，演唱技能也有了进一步提高，取得了一点小小的成绩。2010年我参加了中央电视台《过把瘾》栏目"走进霍邱"元旦晚会，登上了央视的荧幕，我也曾先后多次参加六安市戏曲票友赛，获得过一、二、三等奖。

我们的王琦校长对京剧班特别地关爱和支持,带领我们参加了2020年安徽电视台《老爸老妈好声音》比赛,并取得了好成绩;可喜的是我还有幸参加了2020年安徽省老年春晚,演唱了一段《红灯记》选段,并获得了二等奖。

在这里我要衷心感谢伟大的中国共产党,让我们赶上了现在的好时代,让我们老有所养、老有所乐;感谢金寨县委、县政府的大力支持,更感谢学校领导的辛勤付出,让我们老年大学越办越好,使我们老年人活出了自信、活出了精神、活出了光彩。

(作者系金寨县老年大学学员)

生活中不可缺少的组成部分

李景和

霍山县老年大学成立于1992年,我有幸成为其中一员,它更是我乐此不疲的好去处。

2002年,从工作一线退到二线的我就上了县老年大学英语班和声乐班。正值中年的霍山一中骨干教师杨政霞兼带英语班课程,从26个字母教起,带着我们走进了英语王国。霍山最优秀的民间歌手梁明教我们唱会了《再见了,大别山》这首歌之后,我们班的全体同学登上了中央电视台"心连心艺术团"的舞台,和著名歌唱家吴雁泽同台演唱。

其后,由于种种原因我和大别山阔别了13年。

2015年5月,我婉言辞去了在合肥待遇优厚的工作,回到我梦牵魂绕的故乡。再次走进霍山县老年大学,呈现在我眼前的是一座4000多平方米的5层教学大楼,宽阔的楼前广场有序停放着各种车辆。标准的门球场里,球员们在认真地切磋球艺。走进教学大楼,楼厅里和走道上所展示的学员们绘画、书法、摄影、剪纸等作品和学员们丰富多彩的活动照片,吸引着我的眼球。我熟悉的老领导杨开文、谭录林、周瑞祥、张孝林、吴巧生,现在是热心老年教育的领导。校办公室的老张主任,拿出一张标有各专业班级名称的表格,里面显示了30多个专业,有健身、艺术、文学、修身等,样样都很吸引人,我一口气就选了上课时间没有冲突的太极拳、英语、戏曲、声乐、电脑、二胡、摄影等7门课程,确保在一周里我天天都有学可上。

英语老师还是13年前的杨老师,她的热心、爱心、耐心让学员们离不开她。

太极拳班的陈继凯老师,有着十几年的练拳经历,75岁的他身板挺直,动作敏捷,教学认真,对我这个插班生不仅在技艺上下功夫指导,还给予精神鼓励。除了正课之外,他每天早晨还带我们去文峰公园练习,让我很快就学会了十六式、二十四式太极拳的基本要领,也改变了我爱睡懒觉的坏习惯。

二胡班里,谭录林校长既是学员又是老师,他帮我把尘封了20多年的胡琴进行整理、调试,让它又重新发出了优美的琴声。纪昌德老师原是驻藏部队文工团的二胡琴师,对胡琴演奏的弓法、指法有很深的研究。课堂上老师、老学友们拉出动听的歌曲,成了我追寻的目标和学琴的动力。

戏曲班的老师刘家瑾,是皖西家喻户晓的霍山庐剧团名旦,她出演穆桂英挂帅的英姿铭刻在戏迷们的脑海中。如今的她,仍然是字正腔圆,乡音未改。她唱出了家乡戏曲真正十足的韵味。

声乐班的学员最多,教室里常常是座无虚席,涂老师总是把好听、流行的歌曲带给大家,老师从简谱教起,想跑调都不容易。

电脑班的姜欢老师,教我们学会了操作电脑的基本方法和要领,从上网看新闻到网上购物,从QQ到微信,从下载到上传,让我们老年人也能与时俱进,跟上信息时代前行的步伐。

摄影班的刘长虹老师也是我在英语班的同学,他每节课都会对上一节课的内容进行回顾复习,对学员们的习作进行认真到位的点评,每节新课后都将系统规范的笔记上传至群里。

各个班级都有自己的班长,班长有些像中小学里的班主任,能了解学员思想、需求,组织班级开展活动,如外出春旅夏游、写生采风,热情为大家服务,办事很得人心。

我们的大学帮我们老年朋友实现了童年梦想,弥补了人生缺憾。我们的大学是老年朋友的会所,在这里能见到久违的同学、同事、学生、老师、战友、领导。大家交流思想情感、养生诀窍、生活经验。我们的大学聚集了50岁至90岁的各年龄段、各种职业、有着共同兴趣爱好的老年人,课下谈心交流,还可以听到霍山本土新闻。我们的大学里藏龙卧虎,有各个领域的精英专家,每年老师学员选送的参赛作品都有上百件获得国家、省、市级的奖项。我们的大学校园里充满着歌声、琴声、欢声笑语。无论你处在哪个起点,在老师教导、学员互教的真诚帮助下,都可以让你步入学习正轨。

说一个真实有趣的故事。在老年大学同学中,有两位同在一个班级,都在为子女的婚事操心。通过交流,原来两个人的子女都在上海市工作,把家庭情况和孩子们的工作、兴趣爱好一比对,真是天作地合。经过两位家长远程"遥控"撮合,孩子们在上海见面相亲,竟一拍即合。现在他们已经组建了幸福家庭,喜得贵子,两亲家商量着轮流去带孙子,回来还能相互补课,高兴得合不拢嘴。他们逢人就说他们的故事,说这是上老年大学带来的意外收获。同学和老师没少吃他们带来的喜糖、喜蛋。

我们霍山县老年大学有一个深受学员信赖和敬爱的领导群体。3位校长、3位主任都是老年教育的热心人。他们经常深入班级走到学员中间,了解、倾听大家的意见要求。为设立专业、选派老师、安排课表、开展活动,以及创建省级示范校、争创国家级示范校,他们殚精竭虑,"衣带渐宽终不悔"。谭校长爱读书、爱二胡、爱书法,与广大学员志趣相投,经常和大家一起去社区厂矿宣传演出,书画展上也少不了他的佳作。两位周校长,精通学校电教设备的操作使用,保障学校教学活动按章守序正常运转。在局长岗位上就瞄准服务老年教育的秦敬胜主任,对学员关心、贴心,做到手勤、眼勤、脑勤、嘴勤,工作艺术分寸把握恰当,善于激励、调动群众中的正能量。办公室余主任是大家公认的老年大学的大管家,把有限的老年教育经费一分一文都用在刀刃上。年轻的王主任,是老年大学唯一的在编干部,有爱心,幽默风趣口才妙,服务周到态度好,解决问题如快刀斩乱麻。她所在的办公室也是为学员们服务的站所,大家爱去、常去,有话说。

我喜爱我们霍山县老年大学,它已经成为我生活中不可缺少的组成部分。

(作者系霍山县老年大学学员)

习书的摇篮

贺继慧

我爱好书法,在霍山县老年大学书法班学习多年,让我的老年生活在书法道路上越走越宽广。对书法艺术,从喜爱到热爱再到酷爱,我把兴趣和时光都倾注到书法上。经书法艺术的熏陶,我的生活充满情趣,人生价值得到升华。目前虽然谈不上出类拔萃,但自觉没有白费时光。有诗曰:"莫道桑榆晚,为霞尚满天""古梅无他求,点红暖人间"。我一个年逾古稀的老妪,不求晚年大红大紫,只求无愧于党和政府给予我们的好日子;不求名利双收,但求无愧于子女对我的关怀和尊重。因此,我全身心投入到传统文化的学习上,孜孜不倦,自强不息。老年大学是我习书进步的摇篮。

(一)不忘初心,老有所学

记得苏轼在《浣溪沙·游蕲水清泉寺》中写道:"山下兰芽短浸溪,松间沙路净无泥,潇潇暮雨子规啼。谁道人生无再少,门前流水尚能西!休将白发唱黄鸡。"这是他不服衰老的宣言,是对青春活力的召唤,是催人自强的情感流露。我老了,没有能力像先哲们那样"欲为圣明除弊事,肯将衰朽惜残年",但我遵纪守法,不给社会添乱,不让国家堵心,尽自己所能,发挥余热。我虽无能,但我能学。讲起习书学字,我永远忘不了父亲的遗愿,那是我的动力。父亲是一位饱读儒书的老先生,在我幼小时,他就培养我阅读古文经典的兴趣,教我练习毛笔字。但因为种种原因,父亲没有看到他的愿望在我身上实现,但父亲的期翼在我心中打下了深深的烙印,因此在我老年之时深信"门前流水尚能西"。众所周知的农村女裁缝刘智莉,17岁那年高考失利,回家当了缝纫工,她不顾家人反对拜师习字30年,完成了由一名书法爱好者到一名书法家的华丽转身。她的精神鼓舞了我,我在学历比不上她,我只有小学毕业,也有当裁缝的经历,虽没有像她那样的"蝶变",但终究也从不会执笔临摹走到能写几个完整的毛笔字了。我的经历说明了,有时候我们也需要有一种斩断自己退路的勇气,我裁缝不干了,生意不做了,潜心练书法,咬定青山不放松,终于实现了书法造诣上的进步,收获了习书带来的快乐和自信。

(二)坚持不懈,笔耕不辍

坚定我走习书之路的诸多因素中,首先应是霍山县老年大学提供的便利。较之刘智莉,她学书法每天骑自行车来回走几十里去拜老师,其艰辛自不必说。我与老年大学近在咫尺,书法老师是县书协主席翁元标先生,而且我拜师学艺不花一分钱。人生就是这样,做好选择就多一分从容,有了追求就多一分快乐,欣赏自己就多一分自信,不畏失败就多一分执着,相信成功就多一分欣喜。在老年大学,我选择学习书法,一是完成父亲的遗愿,二是想在追求中寻找一分快乐。在老年大学的书法班里我结识了许多老先生,像余家和、宋连孝、崔正云、夏熙政、钟鸿儒、罗小庄等,他们都是书法行家。"处处留心皆学问",在日常生活中我虚心向他们学习,从他们那里获取了习书的营养,那种追求后的愉悦真是不可言喻。更有幸的是在老年大学我遇到了好老师。他朴实,没有哗众取宠之态;他真诚,没有半点虚情假意;他高尚,没有令人反感的市侩;他富有才华,但不好高骛远。在他那里,我不仅学到了习书的诀窍,也学到了做人的道理。他不仅视我为小学生,更视我为老大姐,课上教得细心,课下指导得具体。我的每一点进步,都与他的殷切教导分不开。有了如此好的学校,有了这么多的学长,有了这么优秀的老师,所以才有我的笔耕不辍,才使我多年来不懈坚持。

(三) 小有成就,不忘党恩

感谢党的英明政策,感谢老年大学这个好平台。最难忘在我初学书法之时,是老年大学为我们提供了良好的教学服务,提供了环境优雅的教室,聘来德高望重的老师,还经常举办展览,组织活动,让我们"练兵",让我们展示,因此也才有了我的点滴进步。在老年大学的精心组织之下,我多次参加学校、县、市乃至省级展览并多次获得荣誉。2019年在全县老年教育系统庆祝新中国成立70周年书画展中获书法一等奖;2020年在安徽省老年大学协会、安徽省老年开放大学组织的"乐学抗疫"学习成果秀线上评比中获优秀奖。在老年大学领导的推荐下,2018年获县太极协会先进个人,获县"天下泽雨"杯征文一等奖。成绩虽然渺小,但证实了我老有所学的进步。在取得微小进步的同时,我不忘回馈社会:曾先后两次参加县安监局"安全教育宣传月"活动,下企业到社区送书法;到大化坪镇舞旗河村、佛子岭敬老院宣传慰问,为扶贫攻坚鼓与呼,深得社会好评。

(作者系霍山县老年大学社保分校学员)

奋斗赢幸福

纪道明

我叫纪道明,2021年57岁,家住安徽省舒城县五显镇梅山村,是一名五显镇老年学校的学员。2014年被评为建档立卡贫困户,2017年脱贫。曾荣获全国脱贫攻坚奋进奖(2019)、中国好人(2019)、安徽省道德模范(2019)、安徽好人(2018)、六安好人(2017)等荣誉称号。我17年如一日,不离不弃、悉心照顾瘫痪妻子,独立抚养儿子成长成才,战胜重重困难,大力发展黄牛、白鹅散养产业,不仅实现脱贫致富,还带动50余户村民增收。

我自幼家贫、生活困苦,30岁才成家。很长一段时间里,就靠两间跑风漏雨的屋子安身,靠两亩多薄田种些口粮勉力维生,靠在外流动务工赚些花销。1994年我与妻子结婚,同年,可爱的儿子出生。以往冰冷的灶台散发出诱人的饭香,以往冷寂的屋子传出孩子咿咿呀呀的声音,我对未来的幸福生活充满了憧憬。

可就在生活充满着无限希望的时候,灾难降临了。2003年,妻子外出务工时被一辆大卡车撞飞,送到医院后虽然捡回了一条命,但一直处于昏迷状态。除了面对妻子倒下的现实,我还得面对因给妻子治疗而带来的巨大的经济压力。为了给妻子治病,之前辛辛苦苦积攒的17万元已全部支付了医药费,全家生活的重担都压在了我的肩膀上。然而,我没有被生活压垮,在照顾妻子之余,我靠搞养殖、打零工维持一家人的生计。由于妻子需要照看、孩子需要养育,我不能外出打工,也没有心力发展更多的副业,长期处于贫困状态。

2014年,经个人申请、民主推荐和群众评议,我被确定为建档立卡贫困户。有了政策的扶持,孩子也已学成即将参加工作,我准备甩开膀子大干一场。这时候,村领导推荐我去镇老年学校参加学习,于是我成为了五显镇老年学校的一名学员,每月11日和21日是学习时间。我们老年学校的办学理念就是"帮助学员富脑袋,带动群众富口袋"。老年学校开设的课程有时事政治、国家政事、法律知识、科学养殖、绘画书法等。通过科学养殖课程的学习,我开阔了眼界,解放了思想。于是我开始思考:我家住在万佛湖上游,何不利用滩涂的大面积草原来饲养黄牛和白鹅呢?

从2015年起,我开始用在老年学校学到的知识养牛。第一年养了5头,第二年8头。将知识转化为成功的实践,让我逐渐有了信心。2017年5月,我申请扶贫贷款5万元,在梅山村仓房组租地3亩(2000平方米),新建黄牛和皖西大白鹅散养基地,当年散养黄牛30头、白鹅200只、麻鸭200只。养殖规模扩大了,但也更辛苦了,我白天黑夜地围着牛和鹅转,生怕出现一丁点问题,夜里还在学习从老年学校借来的有关科学养殖的图书,将在老年学校学习的科学养殖知识用于实践。2017年直接增收5万元,不但摘掉了"贫困户"的帽子,还成了远近闻名的养殖大户。

2018年,我与军明皖西白鹅养殖专业合作社达成合作协议,订购了1000只鹅苗,其中本人饲养500只,为贫困户代养500只,我还散养了30头黄牛。1000只鹅苗入驻的时候正值初春,天气还很冷。怕鹅苗冻着,我架起干柴生起火堆为鹅棚增温;怕鹅苗呛着,我便垒起通风管道;怕鹅苗闷着,我一夜不敢合眼,不停地来回巡视,看到不对劲的小鹅赶紧拖到一边。在我的苦干实干下,2018年净增收7万多元,生活又上了一个台阶。

2019年,我从小有名气的养殖大户变成了大有名气的先进典型。在驻村工作队陪同下,我到舒城县的商标事务所跑了一趟,成功地为我的黄牛和白鹅注册了"纪道明"牌商标。

2020年,我散养黄牛40头、皖西大白鹅2000只,还发展了7000平方米的蔬果产业,种植小南瓜、青椒、西瓜等。绿油油的万佛湖滩涂草原上,肥美的皖西大白鹅和40多头健壮的大别山土养黄牛在悠闲地漫步,优雅的白鹭在蓝天下、碧水旁、黄牛背上来回穿梭、上下翻飞,路过的行人无不驻足称赞。看到此情此景,我的心里乐开了花:2021年都要全面小康啦,我也要更努力才行。养了牛、养了鹅、种了西瓜、种了菜,我的产业一步步做大。感谢党的好政策,我一定要做好表率,带动乡亲们增收。

通过在老年学校的学习,我成功脱贫致富了,但我从来没有忘记梅山村的父老乡亲。当时在老年学校学习的时候,我们学校的理念就有要带动周边贫困户和群众,让他们的口袋都要富起来。在修建牛棚的时候,我主动找到村里的贫困户,邀请他们铲铲土、砌砌墙、拔拔草,能干啥干啥,多少能增加点收入。我常说:"我一家脱贫不是真的脱贫,大家都脱贫才是真脱贫。我养牛养鹅上规模了也要带带乡亲们。"建立了黄牛白鹅落户散养基地后,岗位就更多了,放牛、赶鹅、割草、打扫卫生等。为了把养殖基地的务工纳入规范化管理轨道,同时增强贫困户内生动力,我与26户贫困户签订用工协议,安排他们在我的黄牛白鹅散养基地务工,根据贫困户的身体状况和技能特点合理安排工作岗位,统一安排劳动。贫困户汪道仓经常在白鹅散养基地帮忙放鹅,一天能挣80元。"我家属患有心脏病,自己年纪也大了,赶鹅活又不重,还能增加收入,我很快活。"汪道仓开心地笑了起来。在黄牛白鹅散养基地务工的26户贫困户,均年增收1500元。

2020年根据对贫困户和非贫困户中"六类户"(低保、重病、危房、残疾、独居、无劳力)的摸排,我与30户困难群众签订了入股协议书,每户入股500元购买鹅苗,由我代养,饲料、防疫、管理等成本均由我个人承担,收益全部给农户分红,在两年的协议期内,每户每年分红1000元。我们饲养的白鹅喝的是天然湖水、吃的是野生嫩草,绿色无公害,质量有口皆碑,只要在朋友圈一宣传,订单纷至沓来,短短几天上千只鹅便销售一空。收到钱款后,第一时间我就把代养白鹅的收益分发到乡亲们手中。

2021年我再次来到固镇军明皖西白鹅养殖专业合作社,订购了1500只鹅苗,再加上自己孵化的几百个鹅蛋,2021年的2000只鹅苗有着落了。我还准备为村集体代养1000只鹅苗,带动集体经济增收,助力梅山村往年收入50万元的集体经济强村迈进。蔬果基地的南瓜、青椒、西瓜长势喜人,十几个群众在基地务工,又是一个丰收年。

通过这几年在老年学校学习,并把学到的知识付之于实践,经过辛勤的劳动,我家翻盖了楼房,添置了家具,家用电器也应有尽有。在过上小康生活后,还获得了很多荣誉。自从进入了老年学校,不仅自己富了口袋,奔上了小康,还带领周边群众富了口袋,过上了好日子。

(作者系舒城县五显镇老年学校学员)

老有所学精神爽

刘正年

人无精神不立,国无精神不强,老无精神不健康。随着物质生活水平的提高,老年人对精神文化的追求向往甚为迫切。精神取决于知识,知识来源于学习。高尔基先生说:"学习,永远不晚。"

我于2013年退休,这是我人生中的重大转折。刚退休的一段时间里,无所事事,精神恍惚,总觉得生活中缺了什么,感觉身体这样那样地不适。尽管在职工作期间,"裤子一套,忙到鸡叫,眼睛一睁,忙到熄灯",成天忙忙碌碌,心里却很踏实,退休后在家休闲,反而心里感到不踏实、空荡荡的。后来,同事劝我到镇老年学校学习,我听了同事的话,上了镇老年学校。老年学校课程设置丰富多样,有党和国家路线方针政策、法律法规、时事政治、历史地理、科技农业、安全知识、防电信诈骗、卫生保健、音乐琴棋书画等。

经过一段时间的学习,我的思想认识有了根本的转变:由原来的"要我学"转变到现在的"我要学"。通过学习,陶冶了情操,我的心情豁然开朗,缓解了心理压力,精神状态恢复到了退休前那样,身体的不适感也消失了。

提着布包上学校,脚踏实地认真学,我在学习上有以下几点体会：

1. 坚持老年学校集体课堂学

就是专心听老师授课，认真记笔记。时至今日，我8年如一日，上课不间断、不缺席、不迟到，无事不请假。老年学校是我家，那里学习环境温馨，不仅丰富了我的退休生活，还使我的精神得到慰藉，收获有加。

2. 坚持线上远程学

2020年疫情期间，老年学校停课，根据学校安排，按照学校停课学员不停学的要求，我每晚8点至10点静坐在电脑前收听、收看有关课程的学习，边看边记录。

3. 坚持课外现场学

利用学校开设的第三课堂，积极参与镇老年学校组织的赴高峰韦家大屋新四军四支队、伟大的毛泽东主席视察过的舒茶纪念馆及"九一六"茶园参观学习，接受红色基因教育，深入现场，走访研学。

4. 坚持交流互相学

常与一些德高望重的老党员、老干部、老英模、老技工、老艺人等谈心学习，取长补短，同学同进，提升素质，并撰写学习心得体会和收获。同时在学校召开的座谈会上积极发言，畅谈学习心得体会。

5. 充电不断学

老人思维渐退，需要充电"补钙"。要知识富有，贵在持之以恒，学习永无止境。退休前忙于工作，很难顾及学习，也不可能静下心来搞学习。现在好了，退休后有足够的时间安心搞学习。

6. 持之以恒，终身学习

不仅现在学，还要坚持终身学。只要身体好，学习不动摇，世事如常学到老。

我作为一名共产党员、退休干部,退休不褪色,遵照老年学校的办学宗旨"以学促为",不忘初心,为社会尽一份责任,发挥正能量,献一份余热。我自知来日短,不用扬鞭自奋蹄,人的生命是有限的,奉献是无限的。首先,自觉投入党和国家、人民的事业,当好"五大员"(即党和国家路线方针政策、法律法规的宣传员,乡村振兴、建设美好家乡的义务保洁员,维护社会稳定、协调民事纠纷的调解员,关心下一代、留守儿童健康成长的辅导员,社会矫正人员的帮教员)。其次,教育好子女后代要遵纪守法,翻身不忘共产党,吃水不忘打井人。此外,要为镇党委、镇政府的决策积极建言献策。堂堂正正做人,书写好一个完美的"人"字,做一个对社会有用的人、深受人民尊重的人。

老有所学,老有所为,乐在其中。夕阳无限美,晚霞尽昭辉。让我们一起珍惜时间,拥抱阳光,让晚年生活更加丰富多彩。

(作者系舒城县张母桥镇老年学校学员)

我的绘画之路

武继文

2011年9月,我的山水画作品《回望古皋胜景》入展中央数字电视书画频道"第一届师生作品展",并获参与奖;同年12月我有幸带着该作品应邀到北京参加中纪委举办的"清风杯"中国书画家作品展大型公益活动,饱享"往来交通食宿费用全免"的厚待,并获特等奖。

《回望古皋胜景》长卷囊括3个部分,17个景点,144个小景点,136间/座古房屋、庙宇,6座各型桥梁,855个人物;并依据《六安州志(同治)》的文字提示,用工兼写的手法绘就了古六安城和"双塔摩青""钟楼远眺""桃坞晴霞""赤壁渔歌""武陟积雪""九公耸秀""嵩寮泻乳""龙穴返照""昭庆寺""皋陶墓祠"等10个景点。作品得到六安名师张在元、刘蔚山、牛玉冈、邹晓清、章孟和、宜栋槐、马常地等老师的题词赋诗,有关部门和六安电视台对我多次采访,给予鼓励。作品的复制件现存于六安市档案局。

我在绘画方面能取得一点成绩,主要归功于我在老年大学美术系的学习。在老师的悉心指导和耐心示范下,他们丰富的专业知识、高雅的审美修养和高超的绘画技艺,不断激发着我的学习热情,使我的作品日新月异,丹青不辍,技艺渐长。

回顾数年来我的学画经历,感触颇深,归纳起来主要有以下几点。

(一)有兴趣才有积极性

虽然我们在老年大学可安度晚年、打发时光,但既然是学习知识,就必须有学习兴趣,有了兴趣就有积极性,就有奋斗目标。现在党和政府给我们老年人良好的生活和快乐的环境,才使得我们产生美术绘画的兴趣,我们要怀揣感激的心态,保持兴趣,有作为地过好晚年生活。

时间一去不复返,只有在有限的时光里学到知识,才不会留有遗憾。在学习中,不可"混日子",不能"脚踏西瓜皮,滑到哪儿算哪儿",要有自我目标、自我要求。在老年大学,既可汲取老师的艺术营养,学到更多的技艺,又不致流失自己的晚年时光。

（二）全身心投入

全身心投入是发挥兴趣功效、学有成果的前提。我每课必先到后撤，收集、学习许多课外资料，认真做好老师布置的作业，常常对一个部分、一张画面反复练习，不厌其烦，直到自己满意为止。在家练习更是不敢马虎，常常人在做家务，心在想作画，常把菜烧煳了，受到家人抱怨，但我乐此不疲。

（三）练好基本功

大量的基本功是在平日实际学习中练就的。山水画基本功包括：① 认识笔、墨、彩、纸张以及选笔、选纸；② 在操作中笔的汲水、舔墨；③ 在作画时线条的画法，如顺笔、逆笔以及勾、皴、点、擦、染的墨润和干湿的使用；④ 五种墨色的调作；⑤ 一幅新作的构思、经营、落笔的技巧；等等。如《芥子园画谱》里点出的"计皴、用笔、用墨、设色、点苔、落款、重润渲染、天地位置"，都是绘画基本功，其中必有要领，都值得我们在实践中不断练习，以便掌握。

（四）勤于临摹

尤其要善临古画。到目前为止，经过后人整理出来的古人遗传作品非常多，画种和手法也不少。我们在初学时一定要耐心临作，研究古人画法，如树的线、石的线及各种皴、擦等。画界名师张朝阳就力主多临古画，学习古画的线条。要先从画树、画石着手，要逐步练，反复练，逐步成熟。不要急于求成、急于成画，更不要急于成名。

临摹古画要注意3点：一是不能贪多。选准自己喜欢的某一幅（最多两幅），选择能呈现基本功（如皴法，目前有16种）的局部，首先临披麻皴、斧劈皴等，然后逐步增加其他皴法；二是不能贪大。若一开始就想临摹一幅大画、全画,会耽误练基本功;三是选择清亮的画面临摹。因为清亮的画面更便于分析、掌握。

(五)扎实基础,逐步脱稿

临画是为了学习古人作画的方法,而不是全幅照搬,"照葫芦画瓢"。学习古人画法,欣赏高人作品,甚至拿来作范画,这并无过错,但临作不能养成依赖性,不能凡画离不开范本,没有样本就画不出画,我们要理解范画的勾线、皴擦、部局、经营等方法,要将其吃透了、练熟了。最后就算"进去了",还要"走出来"。要有自己的东西,如自己的笔、自己研的墨、自己的画技、自己的画风。

(六)学画要注意六个结合

业余作画学习的途径很多,我们要学会有机结合。

1. 临古画与临现代画结合

现代人的许多作品也是在临古画长处、技法中成长的,积累了古法和今法的特点,如李可染、黄宾虹、陆颜少、龚贤;吴冠中、齐白石等的作品,多少都体现出"青"与"蓝"的传承墨迹。

2. 从资料上学与实地写生结合

资料有成熟的部局,写生实景有美丽灵动,二者可以借用,编辑成品。比如,我的一些作品都是从写生中产生的(我爱写生)。通过到乡镇工作之余,用硬笔构出草稿,回来整理成画。

3. 课堂学与电视学结合

电视、网络上有许多名家讲学,但只能看、听,而无法请教、询问。我们可将问题带到课堂,向老师当面请教,加深印象,便于学懂弄通。

4. 老师点评与学员帮助结合

"寸有所长,尺有所短",一般来讲老师的点评成熟性较强,具有无可辩驳性,然而同学中也有佼佼者,他们的意见有可学之长处。

5. 学习中国画与参考西方画结合

中国画写意,西方画写真,二者在画作上均有可借鉴之处,如皴擦、染色。中国画的着色可以参照西方画,如大泼彩。六安画派名人邹晓清的山水画就有西画特点,即看起来厚重、平稳、美观。

6. 多方参照与个人创作结合

在打牢绘画基础的情况下,要有个人创意。我的一些画都是在观察的基础上写生创意的。如突出古建筑特色,画了一些"九拐十八巷""西门横街子""小东街""大王庙"巷和《中国有个淠史杭》(43米长卷)之类作品,都很有个人特色。这些创意虽是个人忆作,但也来源于个人平素对街市、宾馆、大会议室等场所挂画的留意、欣赏和学习。

学习绘画的途径和方法很多,关键在于投入。一段时间以来,我的作品不显山、不露水,但我是低调前进。我先后数次应约参加省内外、市内外画展,有了一点收获,现为六安市美术家协会会员、安徽省美术家协会会员、民革安徽省中山画院画师、中国老年书画协会会员、全国传统文化书画艺术"徽文化"工作委员会委员。

总结起来,每人都有自己的学习心得体会,我的上述心得,意在与老年同志相互交流,希望能更有效地利用"晚霞时光",为美化家乡做点贡献。

(作者系六安市金安区老年大学学员)

老年大学助我更好地理解生命的意义

殷晓东

我出生于20世纪60年代初,那时物质匮乏,摄影是渺茫空远的名词。偶尔生日时会到"工农兵照相馆"拍个照。全家所有的相片都集中放入镜框挂在墙上,或压在抽屉桌面上的玻璃板下。80年代初,我工作后,影集成为我闺房里最宝贝的物件。时光飞逝,转眼我已退休。

在选修老年大学摄影基础班、PS摄影后期处理班和电脑基础班课程后,我潜心学习,拿起相机,用镜头记录光影,用影像见证岁月,为一路行来频频捡拾入怀的发现、欣赏、享受、感悟等等,冀望借图像而留存。于我而言,摄影是收藏,也是释放。

系统学习摄影前,我观察世界是粗线条的,也很少静心揣摩、体会与自己无直接关系的人或事情。通过学校老师的启发、教诲,现在看待问题的广度和深度扩大和深入了一些,对色彩的分辨能力、灵敏度也有较大程度的提高。就说最常见的灰喜鹊吧:灰蓝色的长尾巴是特征,它的胸腹部长着淡褐色的绒毛,小小的脑袋顶着一段墨色"绸缎",颈项部又呈白色,细长的尾尖又变换出灰白颜色。再例如,我们熟视的垂钓一族,他们风吹日晒地待在河边,不见得非要钓上多少鱼儿来,许多人可能只是因为人世间久积的一些辛酸、情怀不能言说,而面对碧波上的紫燕剪水、微风中的杨柳拂面,也许可以倾诉于无人的池塘、河湖港湾。这些都是我如今细心体察时的感怀。

我常常在河西湿地公园溜达,也爱拍那些辛勤劳动的园林工人。有一天,我跟随负责沿河岸拾捡垃圾的环卫工人拍摄,亲眼目睹了在无人关注的地方,工人们艰难辛苦地清理着污染河道的垃圾(大都是塑料制品),激起我强烈的社会责任感。此后,我时常下到河岸边,看到乱丢垃圾的人就大声制止。而原本的我总觉得自己人微言轻,是不敢在公众场合表达自己的意见的。我想,是在老年大学和摄影的浸润熏陶下,我逐渐放下拘谨,用文明教养和社会担当的精神融入生活。

老年大学也是个小小社会,我们在这里学习爱和快乐的能力;这里铸造和绽放生命内在美丽的智者,不逞春光,不悲秋凉。我们学会,既不傲慢也不自卑,既坚守内心世界的风清月明,也能横看苍凉世界的秋叶寒风。2021年5月,六安突遇新冠疫肺炎情袭击,全民严防严控。我也报名参加了小区抗疫志愿者队伍,在日常工作的同时还兼职摄影,有许多感人的照片被《今日头条》选入,并发表3篇《一位奶奶级志愿者的抗疫日记》;6月9日,我写的《致敬护航高考的警察,你们辛苦了》又刊登在《今日头条》上。

人要有终身学习的愿望,有随时随地学习的能力。老年教育是终身教育不可或缺的一部分,无论是在老年大学或是其他处所,生活中的每一场景都可以是课堂。当物质富裕后,人们希望精神走向质朴、简逸。老年大学帮助我更好地理解了生命的意义和存在的价值。我学习电脑、摄影,通过镜头与世界相遇,通过图像表达自己的感受;我发现退休后还能做些事情,并有了目标。因为许多擦肩而过之后就再也不会重逢的光影图像里,蕴藏着人性,蕴藏着人心里最柔软、卑微、慈悲、纠结、疼痛、缠绕……虽在云深不知处,吾将一往而探知。

(作者系六安市裕安区老年大学学员)

学在其中 乐在其中

陈文林

我是六安市叶集区轻工机具厂的一名退休工人,自幼喜好书法,断断续续地练习了几十年。叶集区老年大学的开办让我学习书法有了好去处。

2015年春天,在区委、区政府的重视和支持下,区老年大学正式开学。多年来,学校始终坚持以人为本的教学理念,注重办学质量,严格管理,不遗余力地为学员、为教学服务,力争把"老有所教、老有所学、老有所乐、老有所为"落在实处。

自区老年大学开办以来,各班学员学习兴趣浓厚。拳剑班老师不怕辛苦劳累,反反复复地教二十四式太极拳,一招一式讲解细致到位。太极拳是一种男女老少皆宜的运动,它能增加运动者的肺活量,它把拳术、导引术、吐纳术三者结合起来,动作慢中均匀,刚柔相济,气息相通。因常年坚持晨练,我的体质明显增强,受益匪浅。

戏曲班老师教唱黄梅戏、京剧等戏曲选段,高亢的京剧唱腔、委婉的黄梅戏响彻教室,很受学员欢迎,教室经常爆满,气氛热烈。有的学员还跟老师学习二胡,手指灵活,操琴运气自如。学员们对照着谱曲拉弓吸气,运气到手指,推弓吐气,愉悦身心,延年益寿。

歌舞班同学们在老师示范教学、言传身教中,举手投足都能做到整齐划一,浑然一体,尽管汗流浃背,但仍十分开心。

绘画班老师教学员们画些写意花鸟,从紫藤、凌霄、丝瓜、葡萄画到晴天的翠竹及风竹、雨竹、雪竹,从各种兰花、傲霜的菊花、灿烂开放的红梅、鲜艳迎春的牡丹画到与牡丹搭画的昂首高歌的公鸡、可爱的小鸡、小鸭以及"富贵有余(鱼)"。老师在课堂上示范线条、造型、颜料调色、水墨运用,耐心细致地指导,并有针对性地布置课后练习。下节课时学员必须交作业并接受老师点评,肯定成绩,指出不足。如今很多学员从小尺寸的作业练习,到现在能画出四尺整张宣纸的作品参展,进步很大。大家都如饥似渴地勤奋学习,从不舍得耽误一节课。绘山水、画人物,老师从基础教起,指导学员们争取早日创作新时代水墨山河。

书法班老师教我们认识了中华文字的起源:从甲骨文到金文、石鼓文,具体教授秦朝李斯篆书《泰山刻石》《峄山碑》。老师耐心地教笔法结体,同学们刻苦学练,已有很多同学能写得有模有样了。继而我们又学习了《章草急就章》《张迁碑》《石门颂》等系列法帖。老师带着我们了解各个经典法帖的特点,从结体运笔、起行收笔以及墨色的浓淡干湿枯等笔法运用,让我们对墨法与章法的理解更进一步。在老师的带领下,我们临习了王羲之的《兰亭序》《圣教序》等行书字帖,认识了有关手扎、尺牍、十七帖等经典法帖,欣赏了张旭的《古诗四帖》、怀素的《自叙帖》等大草,传承了中华优秀传统文化。

区老年大学还组织师生座谈会总结教学经验,细化管理制度,积极改善校园环境,多渠道为学员提供展示风采的平台。如开展"我们的节日——春节·送春联"活动,组织书画班学员志愿者进农村为村民义务写春联,送去新春祝福,活跃了城乡居民生活,促进了乡村精神文明建设;多次联合区书画协会开展"送万福进万家"活动,深受大家欢迎;主动参与书画协会组织的书画进校园活动,向青少年们普及书画知识,展示中华优秀传统文化的魅力,并以笔墨画纸为载体,老少共同书画寄情明志,帮助少年儿童树立报国志向。

2021年是我们伟大的中国共产党成立100周年,书画班同学积极响应市、区老干部局号召,踊跃投稿,将对党的感情融入创作之中,喜迎党的百年华诞。歌舞班、太极班学员都在积极排练汇演节目,载歌载舞颂扬党的光辉历程。我们生活在这个伟大的时代十分幸福,万分快乐。

老年大学是我们增长知识的课堂、陶冶情操的乐园,为老年朋友们之间互相学习、交流、共同提高和进步提供了舞台,我们将继续在区老年大学学习深造,积极展现新作为,弘扬正能量。

(作者系六安市叶集区老年大学学员)

班长是班级教学管理的重要支撑

杨 林

目前许多老年大学的管理体系都是实行学校、教学系、班级三级管理模式,班级管理是三级管理模式中的基础管理,班长虽说是兵头将尾,但他们是老年大学学员中的骨干和中坚力量。

（一）选好兵头将尾，带好学员队伍

从年龄结构上看，老年大学学员中年长者有70多岁，年轻的也有50多岁，人称之为"两代同堂"。从文化素质层面上讲，学员中不乏大学本科和专科学校毕业者，还有老三届"下放知青"，他们需要的是重新充充电，掌握更多、更新的知识，颐养天年。但更多的是一些一线劳动生产者，他们没有什么学历，追求的目标和学习的要求都不太高，只求学到一两门实用型功课，服务家庭，改善自己。就是这样一群复杂的群体，集结在老年大学里。学校管理服务人员不足，各班班长成为学校和学员之间的纽带和桥梁，让班长带动学员们遵守学校的规章制度，完成学校的教学计划，是现阶段老年大学的统一管理模式。

那么什么样的学员能够胜任班长之职呢？首先，他（她）们必须有一颗热爱老年教育事业的热心，有一种奉献老年教育事业的精神，热爱班级这个集体，愿意为班级服务。其次，服从学校的领导，遵守学校颁布的各项规章制度，理解支持学校的教学方针、教学计划，协助学校完成教学任务。再次，热爱班长这个职位，忠于职守，勇于对班级这个整体负责，敢为班级这个整体担当，有较强的组织协调能力。最后，对班级的整体事务敢抓敢管，对学员中出现的不良现象敢于制止，善于做好思想政治工作，能够解决问题化解矛盾，团结学员共同进步，有良好的形象和人格魅力。

（二）用好兵头将尾，巩固学校基础

班级是老年大学学校组织层面的基础，选择一位好班长，对巩固学校基础有着举足轻重的作用。当然，我们老年大学虽然也冠以大学称呼，但与正规大学还是有很大的区别。我们在选用班长时仍然会存在这样那样的问题，例如：

一是有的班长不是由学员们民主选举出来的,而是老师指定的,不能代表班级大多数学员的愿望。这也难怪,因为一开学,谁也认不得谁,老师为了管理班级,先指定一人代为管理,也无可厚非。但如果发现他不能胜任,就应该及时调整,让一些有能力、有水平、真正能为班集体负责任的学员担任班长,承担起兵头将尾这个角色。

二是有的班长年龄比较大,身体比较差,虽然在班上是一位老者,有一定的威望,但班长一职杂务琐事比较多,有的小班二三十个人还好管理,一旦人数达到五六十人,就会力不从心,管理班级和服务学员就有点差强人意。所以别看班长只是兵头将尾,真正能担当、能胜任者并不多,年富力强者更是少之又少。

三是有的班长在开始担任班长时能积极认真负责,能协助老师和学校管理班级事务,完成教学任务,可时间一长,自由主义泛滥,不能严格自律,不能经常到课,不能带头执行学校的规章制度,渐渐地在学员中失去了威信,老师不认可,学员难信服。此时必须马上更换,否则会影响整个班级的状态。

四是有的班长组织协调能力比较差,遇事不能妥善处理,大小事都向老师报告,让老师整天忙于班级学员中的一些鸡毛蒜皮的小事,使老师不能潜心备课教书,不能专心研究教学。凡此种种,不一一枚举。

以上是每个老年大学都会遇到的事情,也是每个老年大学学校领导和老师在选拔聘用班长时必须注意的几点,一旦发现不称职、不能胜任的班长,应该及时调整更换。马鞍山市老年大学设有200多个班级,近5000多名学员,学校的做法是,每次开学前,先确定好班长,然后把班长们集中起来进行培训学习,让他们提前做好思想准备,提前做好接纳新学员的工作。开学后,班长们带着各自班级的新学员进教室,每个班级都有条不紊,整个老年大学自然秩序井然。

（三）信任兵头将尾，完成岗位任务

老年大学虽然不像正规大学那样，学业结束发放毕业证书和资格证书，但它也和正规大学一样，每个年度都有自己的教学计划和教学任务，要让学员们在这里有所收获、有所进步、有所提高。要想完成这些教学计划和任务，让学员们增长知识、提高能力，除了授课老师辛勤教学外，一个良好的教学环境、一个勤奋的学习氛围是必不可少的。要想做到这一点，只有充分发挥每一个班长的作用，以兵头将尾的模范作用引领学员们，才能有效出色地完成学校交付的教学任务，才能不断拓宽学员们的知识面和提高学员们的实践能力，才能不断扩大学校的影响力和吸引力。俗话说得好，上面千条线，下面一根针。老年大学的各项教学任务落实与否、学员们的学业完成与否，归根结底都要落实到每个班级。身为一班之长，既是老年大学各项教学活动的组织者，也是落实者。班长应协助老师抓好教学管理，营造有序和谐的施教环境，让老师每堂课都能心情愉悦地进行授课。

（四）激励兵头将尾，活跃校园情趣

老年大学的班长是全体学员们公推和学校认可的班级管理负责人，他们既是学校组织最基础的班级一级的领导，也是学员们权益的代表和维护者；他们既是传达贯彻老年大学校方指示的第一执行者，也是老年大学校领导听取学员意见和建议的重要途径，更是学校和学员之间承上启下的重要桥梁。所以，激励班长热情参与学校管理，发挥班长作用巩固学校根基，挖掘班长潜能全身心为学员服务，调动班长积极完成教学任务，既是每个老年大学必备的工作程序，也是全体老年大学学员们共同的愿景。俗话说,基础不牢,地动山摇。老年大学的基础是班级,班级的管理主要靠班长,因为班长和学员们联系最紧密,学员们有什么要求建议,班长总是最先知道,班长应该是学校、老师与学员之间最为畅通的渠道。同样,老年大学布置什么新的任务,传达什么新的指示,第一知情者肯定是班长,如果班长率先垂范,传达执行的效果定会斐然。我所在的手风琴3个班、60多人,参加年度汇报演出常常有四五十人。这么多人,到哪里去排练?到哪里去走场?全是我们3个班长在一起商量解决。我们利用各种关系,疏通各种渠道,为学校年度文艺汇演献技献艺,为班级学员们圆满彩排出谋划策。我们班演奏的曲目是《打靶归来》,表演时需要穿绿军装,可一下子去哪里能弄来这么多套老式绿军装呢?还是我们班长出面,找朋友、托关系,借来几十套绿军装,解决了学员们年度汇报演出最大的难题。当演出汇报那一天,手风琴班几十个学员穿着崭新的绿军装,在天安门阅兵式大屏幕背景下,闪亮登场,台下立刻掌声雷动。在"哒、哒、哒"三声小军鼓的引领下,《打靶归来》乐曲声回响在马鞍山市老年大学的校园上空。一曲终了,全场观众起立鼓掌,这雷鸣般的掌声,既是对老年大学孙老师授课辛苦最好的认可,也是对我们班长们辛勤付出最好的慰藉。

每个老年大学为了满足各种年龄阶段的老年大学学员的需求,都设有各种各样班级,不管是初级班、中级班,还是高级班,班长这个兵头将尾是绝对不可缺少的。选好了兵头将尾、用好了兵头将尾,老年大学的各项工作就能取得事半功倍的效果,我们老年大学就会越办越兴旺、越办越好。

(作者系马鞍山市老年大学学员)

愿袅袅墨香芬芳我的流年

李 英

走进绘画班纯粹是因为一个偶发的念头。大概 4 年前的某天,我结束了老年大学的英语教学工作,走在校园里,突然想到自己被聘为老年大学的英语教师已经近 20 个年头了,还从没想过要去另学点知识。现在已经退休了,为什么不能在老年大学的课堂里再学点什么呢?我想到了小时候经常喜欢在纸上画小人,同学们都说我画得好,那我就学国画吧。于是我就这样兴致勃勃地从教师变成了学生,走进了享有盛名的穆庆东老师执教的国画山水班。

记得第一天进课堂,看着黑板上挂着同学们的山水画,我羡慕得很,不知道那些高山阔水、云雾树林是怎么画出来的。不仅如此,对笔墨我也一无所知,甚至连买啥种类的毛笔、纸张和墨水都不知道。下课后,同上一个绘画班的中学同学送了两支毛笔给我,并对我说:"渐渐你就知道了。"她的话给了我信心。家里存有宣纸,但没用过。我就用同学送的毛笔和家里那些不知啥种类的宣纸,铺开网购的《芥子园画谱》,一石一树地开始了我的绘画练习。

每周两节课,我基本不请假,并次次都带去绘画作业让老师点评。由于老年大学的学生水平参差不齐,老师只能通过点评学生的习作让我们增长知识。我很欣赏穆老师的教学风格,一堂课点评,一堂课亲自示范作画。点评课,我认真地听,用心地领悟,渐渐地我知道了什么是点、线、面的造型;什么是平远、高远和深远的透视;什么是皴擦点染;等等。随着学习的深入,我渐渐也能看出一幅画的优缺点了。尤其让我醍醐灌顶的是老师说的"读画"。老师说:"拿到一幅画后,不要急着去临摹,要仔细地去读、去领悟、去揣摩。"这种"读画"的点拨,让我受益匪浅。第二节课是直接目睹老师作画的全过程。我专注地观摩他是怎样皴擦点染,怎样蘸墨,怎样用中锋和侧峰,怎样把墨染成五色的。我关注着他的每一笔,有的课我录下来回去细细地揣摩。我特别欣赏穆老师的染云,一遍又一遍,晕染出的云那么逼真,连细细的絮都能看出来。老师边画边解释,我也不时地提点小问题。

　　记得学画的第一年,无论酷暑还是严寒,为了练习"心手相应",每天晚上我都坐在客厅的大桌子旁坚持临摹几张《芥子园画谱》里的山石树木,星期五带去给老师点评。从老师给学生的点评中我学到了很多绘画基础知识,也从同学们的言谈中习得了很多绘画小技巧。渐渐地,我越来越大胆地去临摹古画和现代山水画。老师和同学都说我进步很快。那时我几乎天天在课堂上受到表扬,这给了我莫大的鼓舞。那时的我怀揣以一个小小的目标,就是能把画作放到学校的橱窗里。终于有一天,班长通知我画张画放到橱窗里,我甭提多高兴了。后来,我的画在县、市和学校等地都陆续获得了展览的机会,每次我都幸福满满,倾心而为。

　　后来疫情爆发了,至今我都没能再坐在老年大学的绘画课堂里,虽然公务和家务都很忙,还要照顾老人,但我仍然坚持半月一画附配诗,并积极向安徽省诗词协会的诗书画微刊投稿,每次都获得了发表。2021年我又受邀加入香港和巴黎文学书画群,我同样大胆地投稿,有几幅画被选作巴黎文学的微刊刊画。随着我的绘画作品被全国以及世界上更多的人知晓,我的心里有种说不出的成就感。当然这并不代表我的绘画水平有多高,只说明我取得了一点小小的成绩,掌握了最基本的绘画知识和技巧。如果没有穆老师的传授、指点和鼓励,没有同学们的帮助和鼓励,我就没有今天的绘画小成绩。

通过几年来的学习,我有几点体会:

1. 学画是一个高雅的爱好

学习国画可以提高我的美学欣赏能力。比如以前摄影时,我从不讲究画面结构、影调和色彩的搭配,胡乱拍下来就成,毫无"美"的视觉感。自从学习国画后,我在旅游观看风景时,就能用绘画者的眼光去观察山水,注意画面结构、光影和色彩的调和。现在,大学同学都夸奖我拍摄的自然山水、花鸟图美轮美奂,有几幅作品已被选为国际诗刊的贴刊画。学习国画可以开阔眼界、提高艺术品位。"读画"是我在老师那儿学到的一个非常有用的方法。要想画画时"心手相应",就必须培养自己欣赏艺术品的能力。老师说画画不能流于"匠气",否则怎样练习也无法提高艺术品位;在临摹各家名作打好基础的同时,必须"读"大量的经典画作。于是我在网上购买了《中国山水画欣赏》《中国传统画技法解析》《怎样学会画一幅中国画》等,有空就读。通过"读画"了解了山水画的发展和各个年代著名画家的画作和绘画特点。此外,还关注了好几个公众号,如"学好山水画""国画素材""董其昌书画大全"等,在一定程度上提高了自己的鉴赏能力和艺术品位。学习国画可以充实生活、陶冶情操,有益身心健康。学习绘画可以让老年人远离不良嗜好,可以开发和培养老人的形象思维、逻辑思维、创新思维和发散思维,同时增强动脑动手能力。学画还可以增进记忆力。老年人最大的弱点就是健忘,而绘画时那一个个场景和见过的细节都会出现在脑海里。学画还可以培养人的想象力,因为绘画不是单纯地照描照抄,它是一个"外师造化,中得心源"的过程。

2. 坚持临摹各家,收益多多

国画派别很多,风格迥异,各具风骚。要想习得国画的精髓,掌握最基本的笔墨法,首先得多临摹各家古画,不能见短识浅,临摹一家。我临摹了多位古代大家的名画,如唐寅、董其昌、"四王"、龚贤等,同时还临摹了郭功达等现代画家的山水作品。在临摹的过程中我进一步领悟和掌握了在课堂中所学的基本知识和技巧。

3. 学习与习得相结合

获取知识有"学习"和"习得"两个途径。每周两节课的正规学习时间太少了,所以除了在课堂上学习知识外,我还不断地从各个方面汲取(习得)知识。除了反复阅读理论书和临摹外,我还喜欢听同学们在课间和课后讨论画法,有时间也和画友交流绘画心得,利用参观画展时学习别人的优点,不知不觉间习得了不少宝贵的知识和技巧,比如对"颤笔"和墨分五色的理解和掌握等,领悟了一些在课堂上没有弄明白的问题。

4. "废画三千"见功底

我在坚持临摹古代名画的同时,注重打好自己的基本功。我至今仍坚持临摹《芥子园画谱》,一山一石一树反复练习。每次临摹大家的画至少画两遍,如果是自己创作的,那就废画至少四到五张。每当我不愿再画时,我就用李可染"废画三千"的话来鼓励自己。李可染还说"实者慧",艺术来不得半点虚假,必须老老实实地画。

我还为自己的绘画题了首小诗:

夜 绘

半空明月透轻帘,暗角秋蛩唱不眠。

倚案拈毫临古卷，墨情笔趣忘秋寒。

尽夜凝神古画前，方知气韵出心莲。

若参笔墨通达理，书画读残废画千。

5．制定目标不断反思

学习要有目标，实现目标的过程就是努力的过程。有目标才有动力。我在实现了在学校展板上展出作品的目标后，不断给自己制定新的目标，并不断翻阅自己的画作，每一次翻阅，都发现绘画中的不足。我深知在反思和评估自己绘画的过程中，总结自己的优缺点很重要，这样才能不断地进步。

在老年大学的绘画课堂里，我真正地体会到"外师造化，中得心源"的道理。学习国画使我获得了人生意外的收获，也使我的晚年生活真正地充满了诗情画意，但我深知前路还很远，我还不太会创作，因为诸事忙碌，也很少去写生，但我愿倾我后半生去学习中国画，愿袅袅墨香芬芳我的流年。

（作者系和县老年大学学员）

老有所为充实了我的晚年生活

蔡星宝

2018年我离开了工作42年的岗位，退休回家。就此，人生旅程发生了转折。如何安排退休生活，这是每位退休人员面临的至关重要的选择。身边有些老同志从工作岗位退休下来后，就和社会脱离,成天在子女身边忙忙碌碌,甚至有的还得承受病痛的折磨等,这让很多人找不到前行的目标和方向。但有的人却把退休生活过出了不一样的味道,运动、旅行、书法、音乐、电脑样样都有都会,养心、养性逍遥自在,真可谓活出了绚丽多彩的最美夕阳红。所以,在这里我要向老师们和同学们谈谈"老有所为"的自我感悟。

(一) 要端正心态

"恰如地球运转,日落日出;又似潮涨潮落,有起有伏。"退休是新生活的开始,而不是原来多年从事职业之"余",应用辩证的眼光来看待。也许因为年龄的关系,在精力、体力方面相对年轻人差一些,但我们却有了充分的可支配时间,把原来的"余"当作"业",乐在其中。这不仅能继续发展爱好,而且也能利用参加公益活动的机会,用阅历和耐心为社会增添光和热。"老有所为"就是一种"积极养老",是指老年人退出劳动岗位后,愿意用自己长年积累的知识、技能和经验,继续为我国社会主义物质文明和精神文明建设做出新的贡献。

有人比喻说:"童年像个梦,少年像首诗,青年像篇散文,中年是一部小说,老年则是一本哲学。"早在2500多年前,孔子就总结:"吾十有五而志于学,三十而立,四十而不惑,五十而知天命,六十而耳顺,七十而从心所欲,不逾矩。"(《论语·为政》)人到老年,身体健康参与社会发展的能力并未减退,"岁老根弥壮,阳骄叶更阴""老树春深更著花"。古往今来的老者共同唱出了"有所作为"的心声,也反映出他们至老仍然渴求参与社会发展、关心国家命运与前途的愿望。

（二）要融入社会

多参与集体活动。如今文化生活丰富了，老年人的活动也丰富了起来，比如老年大学学习、集体自行车旅游、合唱比赛、象棋比赛、掼蛋比赛、太极拳健身运动等。电视里有老年频道，社区里有老年活动中心，很多景点对老年人也是免票的，全社会形成了关心老年人的氛围。只有走出家门，多和人接触，享受各种丰富多彩的生活，才不会产生孤独和悲观的想法。退休前大家普遍忙于工作和家庭，社交机会并不多，退休了反而容易在社区等活动中心结交更多的朋友。大家都是退了休的，容易心心相通，能对家庭问题、社会问题等方面多进行交流，有烦心事儿也可以说出来相互开导。大家说说笑笑，一起玩乐，一起锻炼，确实也是不错的选择。

我国已经进入老龄化社会，政府也鼓励和支持老年人"老有所为"，各类志愿者活动当仁不让地成为了老年人融入社会服务的基点，比如可以参与环境保护、社区服务、防灾赈灾、义诊支教、科普宣传、科技咨询、维护社会治安、维护民族文化、指导开展社会文体活动、指导青少年成长、宣传党和国家方针政策等。这些活动的特点之一就是不需要太多体力、精力的投入，而对经验、时间和耐心的要求较高，恰恰是老年人的独特优势。只要你捧着一颗爱心，抱着一种积极向上的心态，带着一颗力求做得最好的责任心，无论在人生的哪个阶段，都照样可以充满色彩，瑞丽多姿。"老有所为"更好地促进了我们的"老有所乐"。

（三）要老有所学

社会瞬息万变，互联网经济一日千里，新鲜事物层出不穷。经常有年轻人说的东西老年人听不懂，知识需要弥补，保健和养生需要了解,音乐、美术、书法方面也需要提高以便修身养性,等等。面对这些问题,一个很有益的方法就是学习益智。老年人坚持学习,一是有助于跟上时代前进的步伐,转变陈旧的观念;二是了解世界变化和人间百态,提高辨别能力;三是丰富生活,促进身体健康;四是老年人热爱学习,对年轻一代的鼓励也不容小觑。

退休后,我特意购买了一部单反相机,走到哪里就拍到哪里,每张照片都成了我美好生活的素材。每当与朋友和同学们参加旅行团或"自由行"旅游活动时,我就会在旅途中拍摄许多美景美色,回来之后还要挑选、整理并命题,发几篇图文并茂的感悟。比如,游长沙、韶山后发了《永远怀念毛泽东》;新疆之行后连续发了《亲情篇》《景色篇》《民族歌舞篇》3篇文章;游黄山后发了《黄山之美源于松》《黄山奇石源于峰》2篇文章。春暖花开赏《满园春色》,严冬腊月赏《梅》、重阳佳节赏《秋菊》等,让朋友、同学们分享我的快乐。这样一来,作品在朋友和同学中都产生了很大的影响。

我原先对摄影、视频制作都是"门外汉",经过老年大学摄影班的学习,现已成长为优酷、彩视、抖音等网络平台上较有名气的网红达人,这些都是在老年大学努力学习获取的成果。与此同时,我有幸与花山区老年大学吴成英老师结缘,系统地学习了太极拳、太极剑等武术健身项目。这位70多岁的老师上课时,讲解细腻,动作规范,她那一丝不苟认真教学的态度和为人师表的精神风采,让我看到了"老有所为"生活的喜悦。我还通过手机和电脑,用所学技能服务于老年大学网络平台的武术教学视频制作;在花山区武术协会、马鞍山市武术协会宣传部的团队中,担负起宣传部副部长的工作,直接参与通讯报道和文化宣传工作,用图片和视频稿件的形式传递社会主义精神文明正能量。通过服务社会、服务大家,我在生活中又有了新动力。

人的生命是有限的,但在身体条件可以"为"时,如果"为"了,不仅日子过得充实,而且快乐。每个老年人退休后,无需做出惊天动地的业绩,而是把"老有所为"设定为一个目标。这里的关键是,能"为"时一定要有所"为"。

（四）要"老有所为"

从社会层面讲,根据老年人的生理、心理特点,要积极参与老年人的文娱体育活动,丰富老年人的物质文化生活,使老年人幸福、愉快地安度晚年。就老年人自身来说,我认为有"小乐"和"大乐"之分。个人幸福、愉快是"小乐",帮助他人幸福、愉快是"大乐",即常说的"助人为乐"。我是一名共产党员,心存一份担当,人虽退休了,但还可以发挥点余热,为社会尽点微薄之力。我从心里热爱生活、热爱工作,是党和人民关照和培养我成长,现在能为党和人民做点事情就是我最大的幸福,也充实了我的晚年生活。

"老有所为"给我的感悟是：兴趣爱好是乐,助人为乐是乐,学习进步依然是乐。在兴趣中学习,在服务中成长,在活动中发挥一名共产党员的先锋模范作用。无论退休与否,"所为""所乐"只有一个标准,即以入党誓词"为共产主义奋斗终身,随时准备为党和人民牺牲一切"而"为",为兑现入党初心和使命而"乐",用自己的实际行动抒写美丽的夕阳红。

（作者系马鞍山市花山区老年大学学员）

我为博望老年大学增光添彩

吴宗凤

博望老年大学位于新314省道北,学员大多是退休老干部、老教师,还有一些是在家带孩子的爷爷、奶奶们,他们为了各自的个人爱好走进了这所既不用交费又能学到知识的学校。老年大学里分文学班、声乐班、戏曲班、书法班、舞蹈班和气功班。根据自己的喜好,我选择了戏曲班和气功班。

戏曲班又分为黄梅戏班和越剧班,黄梅戏班是由有着多年戏曲教唱经验、才艺双馨的芮学玉老师任教。他对教学工作兢兢业业,这些年来一直坚守自己的工作岗位,不管刮风下雨还是严寒酷暑,抑或是家里农活繁忙,从不迟到早退,总是早早地来到学校,准备好教学资料,每节课都是一字一句地认真教唱,有时为了一个字的发音要教唱好几遍。对于不懂乐谱、接受能力相对较差的学员来说,芮老师付出得更多,我们也从中学到了许多基本知识,现在大多数学员都能唱上几段经典的黄梅戏唱段。老师教得认真,我们也学得刻苦。自从2017年走进老年大学到现在,这5年之中,我的业余生活变得充实多了,认识了很多老年朋友,把一些空余时间都用在了老年大学的学习上,就连晚上散步也不忘哼上几段小曲,感觉人都好像年轻了很多!

戏曲班还有一位教我们越剧的年轻老师,同芮老师一样也是一位热衷于老年教育事业的好老师。她从不怕吃苦受累，一字一句地耐心教唱。越剧有些字的发音与普通话相差甚远，她都一一仔细讲解。在教学中有时嗓子都哑了，她还是坚持教唱，每天都是第一个来最后一个回家。在她认真地教唱下，我们现在都能有模有样地唱上几段越剧名段了，她就是我们的好老师——周立霞老师。

我是 2020 年才进气功班的，这个班由谢梅老师任教。我们首先学的是"五禽戏"。这"五禽戏"学起来一点也不轻松，动作难度大，有些动作很难做到位。有时老师站在我们对面，她往左我们以为是往右，经常左右不分，就是勉强做下来也是很难看。看看与老师的差距也太大了，什么时候才能学会呀？我曾一度想放弃，但谢老师耐心劝导，每一个动作都反复做示范，手把手地耐心教，往往一堂课下来她已是满身大汗了。我是在她的耐心教学和鼓励下才一直坚持到今天的，现在已掌握了一些动作的基本要领，也渐渐地喜欢上气功了，我要一直坚持练下去。

在这里我要感谢 3 位好老师，是他们让我学到了书本上学不到的东西。老年大学让我们这些老年朋友能老有所学、老有所乐！还要特别感谢老年大学的校领导，特别是石明玉校长，他一直关心和支持大学的各项工作，经常在我们班级群里发表一些鼓励大家的言论，还经常到活动现场参观指导，是他们的默默付出，才能使得博望老年大学学员越来越多，越来越有成就！在他们的组织和领导下，学校成立了 40 人的合唱团，多次参加市里组织的比赛活动并获奖，2021 年还组织了 50 人的合唱团参加了市里组织的庆祝建党 100 周年大型演出活动。

我们这一代老年人能非常荣幸地享受到如此幸福的晚年生活，这是以习近平同志为核心的党中央和国家领导人对我们老年人的关爱，我们一定要好好珍惜现在这来之不易的幸福生活，争取做到老有所学、老有所乐、老有所养、老有所为！我为有幸成为博望老年大学的一分子而自豪，努力为博望老年大学增光添彩，并期望博望老年大学越办越好，走向新的辉煌！

加油！博望老年大学！

(作者系马鞍山市博望老年大学学员)

我们相聚在幸福的乐园中

祁国建

我出生于1954年12月，恢复高考第一年参加了考试，虽有幸被初选上了，但最终并没被录取，只好继续在金山小学当教师和负责人。在后来的几十年工作中，也曾通过函授拿到了大专文凭，可没读大学始终是我最大的遗憾。

2013年，我曾经的一位同事，他一辈子从事教育工作，退休后被聘为银塘镇老年学校(经开区老年学校前身)常务副校长，他三番五次地动员我到老年学校去学习，可我不感兴趣，其实骨子里还是看不起这样的学校，全是一些熟悉的老头老太，他们中大部分人文化程度不高，和他们在一起难道还能学到什么知识吗？让我意外的是一次应老年学校之邀参加他们举办的书法展。我自诩字写得蛮好，因为在我刚参加工作的时候，乡镇连个打字机也没有，写材料、学生考试卷，都需要我用铁笔、蜡纸在钢板上刻写；加上宣传任务较多，经常搞一些宣传栏之类的，全凭毛笔写。那时,在本乡镇我也算小有名气的笔杆子。可到了展出的那天让我大吃一惊,原来很熟悉的几位镇村干部,写字根本不入我的眼,却创作出了一幅幅漂亮的作品。更让我惊讶的是,他们还拿出一本名为《银塘诗草》的诗集,全是老年学校学员用通俗质朴的文字创作的格律诗词。当时,我对格律诗的平仄、用韵一窍不通,更谈不上写诗填词。惊叹之余,我陷入了深深的思考中,这些原本文化素质不高的老同志,三日不见竟令人刮目相看。这些可都是他们在银塘老年学校学习的收获啊!我当即报了名,成为了老年学校的一名学员。

　　进入老年学校不久,我目睹了老年学员们热爱学习的情景,他们勤学好问肯下功夫。一位70多岁的村民老吴,从未进过学校门,只在20世纪50年代的扫盲中上过几天扫盲夜校,认识了一些字,后来在工作中又学习了一些文化知识,谈不上粗通文墨。可是通过老年学校几年的学习,不仅对书法有了兴趣,更是将他原本诙谐有趣的顺口溜转化为符合格律的诗词,每月都能创作出大量的作品。在老师的指导下,几年下来他竟创作了好几百首诗词,而且还出了一本小诗集《农夫醉吟》。另一位村民老高,2021年已经87岁高龄了,只读过几年私塾,他对诗词的挚爱,可以当得一个"酷"字。他说他时时刻刻都在想着用诗的语言描述自己的所见所闻,特别是现在美好的生活,这让他兴奋不已。他不断地学、不停地写,在耄耋之年出版了一本质量较高的个人诗集《沙子集》。老年学校类似的例子还有很多,不胜枚举,这一切都深深地感染了我,激励我努力学习,我不仅向老师学,还向老年学员学。为了拓宽视野,我先后到市老年大学、马钢老年大学、雨山区老年大学、千字文书院报名参加学习。学习内容从书法到散文、诗词创作,就连太极拳、五禽戏也略有涉猎。我真正地扎进了知识的海洋中,如饥似渴,认真刻苦,从不懈怠。功夫不负有心人,通过近10年的努力,我也取得了可喜的成绩。

首先说说我在书法上的成就。我年轻时就喜欢写字,加上在工作过程中也一直笔不离手,这个兴趣在老年学校更是被激发起来,而且已不满足于在镇老年学校学,还去市区几所老年大学、书院进修,还到市书协举办的培训班研学交流。通过老师的指导、点拨,我懂得了书法与写字的区别,知道了所谓书法,最关键的要点就是"法",只有遵循一定的书写法度来进行书写,才能说写的是书法,否则就是写字。书法老师总是强调,书法的关键就是临帖,无论篆、隶、楷、行、草,概莫能外。所谓与古人对话,就是通过临帖,掌握古人用笔的法度。我的汗水没有白流,2015年,在市老教委组织的书法展中,我的一幅作品不仅获得了一等奖,还被市中学生教育基地选为收藏品,以便学生观摩学习。此后的几年中,我参加了省内外书法展,都取得了较好的成绩,特别是积极参加市老教委组织的书法活动,并且数次获得二、三等奖。

诗词创作是我们经开区老年学校的一个品牌,当年银塘镇老年学校就是在诗词班的基础上创建的。老师授课时,除了讲解诗词创作的格律知识外,还侧重评点学员的作品。通过学习,我已深深懂得,写诗既要有创作的激情和冲动,又要有生活的积累和观察,更重要的是写诗必须具备文字功底、诗词修养,三者缺一不可。没有激情和诗情的冲动,就不会有强烈的创作欲,就像仅仅是完成老师布置的作业那样,缺乏积极主动性。写诗如不深入到生活中去,不善于观察和留心周边的人情、事物、景象,坐在家里苦想冥思,闭门造诗,那就是文字的堆砌,没有思想,没有灵魂。老年学校经常组织学员外出采风,就是为了让学员们深入大自然中去,汲取创作所需的养分。同样,没有扎实的文字功底,没有驾驭遣词造句的能力,那也谈不上写诗。诗的语言不仅要求精炼、准确,还要反复地推敲、锤炼。当然,还远远不止这些,还有诗的意境等。这些年来,我的诗词创作也取得了一些成绩,发表在省、市、县诗刊上的作品已超过百首。2017年,一首七绝《咏竹》诗,被国内享有盛名的诗刊《滴翠诗丛》选为优秀作品加以评点。由此,我也成了安徽省诗词协会会员,马鞍山市诗词学会副会长,芜湖市诗词协会常务理事、副秘书长,于湖诗社社长。现在我也经常转换角色,担负起教师的职责,为经开区老年学校学员讲讲书法、诗词。这也对我自身提出了比学员更高的要求,鞭策我要不断地努力学习,充实知识,提高水平,从2020年起,我坚持每天创作一副对联,作为早上向老师和老年学员们的问候语。

回顾这些年进入老年学校的学习历程,我对老年学校、老师和老年学员们充满了深厚的感情,老年学校这个平台成了我晚年的幸福乐园。可社会上还有少数人对老年学校有偏见,认为它不是专业的教育机构,没有专业的水平,讥讽老年学员创作的书画乃至诗词类作品为"老干体""老年学校水平"等。殊不知,即便是"老干体"或"老年学校水平",创作这些作品的老年学员已经通过老年学校的学习,他们的文化水平、专业知识等均有了很大提高。而且老年学校藏龙卧虎,不乏高水平的专业教师。给我印象最深刻的是马鞍山市老年大学诗词班教师邓岩欣先生,他讲课幽默风趣,声情并茂,深入浅出,通俗易懂。除了教授古典诗词外,还经常讲解自己创作的诗词,吸引了全市众多诗词爱好者前来学习。

老年朋友们,老年教育是终身教育的一部分,老年学校是增长知识、丰富生活、陶冶情操、促进健康的幸福乐园!让我们在幸福乐园中相聚,尽情地享受晚年的幸福生活!

(作者系马鞍山经济技术开发区老年大学学员)

在这里,我们意气风发

谢德金

习近平总书记指出,老年是人的生命的重要阶段,是仍然可以有作为、有进步、有快乐的重要人生阶段。

曾几何时,我在想我的人生追求在哪里?我选择了走进向山镇老年学校,去知识的海洋里遨游。看着坐在教室里一位位头发花白、和我年纪差不多的老同志,心想我们这些人坐到一起上课,可真是一道独特靓丽的风景线。我看向前方的黑板和讲台,心里满是期待。

向山镇老年学校创建于1997年12月,建校24年。从建校时只有一两个班、30多名学员,到现在14个班、328名学员,上课近600人次。学校以"增长知识、丰富生活、陶冶情操、促进健康、服务社会"为办学宗旨,坚持"学、乐、为"相结合的教学原则,坚持面向基层、面向农村、面向农民、面向老人,传播先进文化、丰富教学内容、改革教学方法,全面推进老年学校规范化建设。以老有所为、老有所乐、老有所成为目的,促使老年学员学有所致、学有所得,提高老年人的素质和生活质量,增进身心健康。

转眼几年时间过去了,我在镇老年学校里学习了种植、养殖、花卉盆景、葫芦丝、书法等专业课程,学到了不少知识,培养了各种兴趣爱好,广交了朋友,丰富了晚年生活。

作为一名普通农民,我感觉目前传统的农业种植方式亟须改进。镇老年学校开设的种植专业课程,结合实际典型案例进行详细讲解,让我不仅学到了理论知识,而且提高了生产技能。除了巩固提高特色产业技能外,还学习了农机、农药安全使用等方面的知识,对指导现代农业生产打下了良好基础。

在我的理解里,养鸡就只是像农村里面的那种放养、散养的方式,是一件很简单的事情,却不知道原来养鸡还有那么多的门道,并且每一步都是那么重要。首先必须要确保鸡苗的质量,健康的鸡苗可以保证在饲养的过程中少生病,避免一些直接传播的重大疾病;其次还要注意及时地消毒和清理鸡粪,鸡苗饲养成功,免疫最为重要,要按照规定时间进行免疫、防疫。通过学习让我受益很大,同时也让我深切感到平时学习不够,知识积累不多,实践经验不足,新观念、新信息接收少,技术知识面窄等不足之处。

在上老年学校前,我们上了年纪的人经常聚在一起打麻将,每天在麻将馆一待一下午,长时间久坐对我们的身体健康很不利。我在电视节目上听到葫芦丝很好听,就报了老年学校的葫芦丝班。我选择学习葫芦丝一是因为它简单易学,小巧易携带;二是由于葫芦丝的外观古朴、柔美、典雅,音色独特优美,演奏的音乐轻柔细腻、圆润质朴,极富表现力,特别地亲切婉转、温馨醉人。刚开始学时,手指和音洞孔怎么也协调不起来,经过老师耐心的指导,渐渐地我掌握了一些吹奏的技巧。劳动之余,吹上那么一两曲,解除疲劳,自娱自乐。有一次镇老年学校到向阳护理院为老年人慰问演出,我自告奋勇参加,为护理院的老人们用葫芦丝演奏了一首《牧羊曲》,反响很好。想到我能为老年人带去快乐,心里还是蛮高兴的,也让我更加有了自信。

盆景是一门传统艺术,有着悠久的历史,它是栽培技术和造型艺术的结晶,也是自然美与艺术美的结合。盆景既能登大雅之堂,也可入寻常百姓庭院;既能搁置案头赏心,也可放置屋角悦目。在花卉种植老师王爱民的教学课程中,我渐渐喜欢上了盆景。闲暇时便会跑到山上,寻找生长在石头缝里的小榕树、树桩进行盆景种植,浇水施肥,悉心照料。开始时不懂造型技巧,拿着剪刀凭着感觉自己修剪。后来,花卉盆景老师告诉我,树木盆景制作非一日之工可完成,比起一次性突击性修剪,日常性的常修常剪更为重要。在老师的指导下,慢慢地盆中的小树桩也渐渐变得有模有样,看着渐渐长大的盆景,心里特有成就感。这正如我们每个人都需要用一生的时间去进行不断地自我完善,生命才能最终圆满一样。

练习书法可以修身养性,这对于提高自己的素养很有帮助。我练习书法,不仅仅是让自己写出漂亮的字来,更是为了可以陶冶情操。书法需要的是耐心和坚持。从小看到别人写一手好字都非常羡慕,现在年纪大了,有时间、有力气还能拿起笔,当然要抓紧练习。通过一段时间的学习和练习,我觉得学习书法要勤奋,贵在坚持。学习书法是没有捷径可走的,只有坚持练习下去才能有所成就。学习书法要勤于思考,可以经常看看字帖和历代大家的作品,思考这些字的结构、形体、笔画、用力、布局。学习书法应该有自己对书法的理解和领悟,然后将自己的这种想法在书法中体现出来,真正做到字不仅有形,而且有神,神形具备。

2021年是中国共产党成立100周年,镇里主要领导和其他一些同志为我们上党课,学党史使我们深刻认识到没有共产党就没有新中国,就没有我们今天的幸福生活,使我们更加坚定了信念,不忘初心,牢记使命。

结合当前对新冠肺炎疫情的防治,学校还请来镇卫生所医护人员给我们上课,教我们老年人如何预防疫情,示范正确的洗手方式。这些切合实际的教学使我们学到各方面的知识,开阔了眼界。

课堂上的学习要见效果、见行动。作为老年学员中的一员、"五老"志愿者,我们时刻关心下一代工作。如监督未成年人上网吧,为了孩子健康成长筑牢"防火墙";暑期正是溺水事故多发期,我们积极发挥"五老"作用,做好安全常识的宣传教育工作(这是防溺水的第一道屏障),在水域设置警示牌,安排巡视人员看守,严防死守,落到实处;关心留守儿童的学习教育,为孩子们讲述抗战故事,让学生们在感受苦难与辉煌的强烈对比中感悟中国共产党的伟大。我觉得作为志愿者要发挥老年人的余热,为社会做一些力所能及的事情,哪怕事再小,只要对社会有益就要去做。

自从进入老年学校,我感觉自己整个人都变了,不再是暮气沉沉,变得精神昂扬、意气风发,感觉自己又变得年轻了,兴趣爱好也多了。我们应该感谢党和政府为我们办了老年学校,使我们这些老年人老有所学、老有所教,极大地丰富了我们的精神文化生活。在这里有我们的老师、学友;在这里有阳光、雨露;在这里,我们的心态年轻、快乐。感谢您,向山镇老年学校!

(作者系马鞍山市雨山区向山镇老年学校学员)

老年团体成为芜湖的一道靓丽风景

吴翠英

退休后,我报名上了芜湖老年大学。这所学校有认真负责的老年教育领导班子,有一支专业素养过硬的教师队伍,有一整套教学管理办法和一支很棒的管理队伍。老年学员们来这里学习、交友、增长知识。这里成了老有所学的乐园,成为芜湖老年朋友们渴求进入的学习殿堂。

老年学员们在众多的专业里选学自己喜欢的专业,比如,学习文学、钢琴、声乐、舞蹈、戏剧、乐器、摄影、保健、书法、绘画等。他们还把自己在老年大学学习到的知识在家传授给孙辈们。

几年来,我在老年大学学习过戏剧、民族舞、古典文学、声乐等专业课程。我不仅敬佩任课老师们的专业素养,还被他们的教风所感动。面对这么多的老年学员,老师们不辞辛苦地一遍遍耐心传授,致力于寻求符合老年人的教学方法。我们很多老师和学员们打成一片,和学员们像挚友一样,使我们这些老年学员在所学专业上有了很大的收获和进步。

我在越剧班学习中,对越剧的各大流派有了初步的了解,比如,越剧有尹派、范派、袁派、王派、金派、傅派、徐派、毕派等十三大派别,唱腔上各有特色。爱好越剧的老年学员学得乐趣无穷,对越剧艺术的追求无止境。

芜湖老年大学是全国示范老年大学,学校在重视第一课堂的前提下深化第二课堂、拓展第三课堂,第二、三课堂开展得尤其活跃,相继成立了摄影协会、文史协会、戏剧协会等。协会会员热情高涨,通过协会将自己在老年大学学到的知识传播到社区和社会。戏剧协会以班级为单位建立了多个沙龙,课后学员们在一起切磋技艺,研究唱腔,精益求精。有些学员还成了社区的指导老师,将课堂学到的传统戏剧教给更多的人。我有幸担任了戏剧协会副会长一职,我们组织戏剧协会会员们多次到养老院慰问演出,给养老院的老人们送去欢乐。尤其是黄梅戏,因很接地气,更是养老院老人们的最爱!我们和部分养老院建立了长期联系,戏剧协会的各个剧种会员带着自己排练的节目活跃在芜湖市的各个舞台上,传递正能量,成为芜湖市的一道靓丽风景。

在学习民族舞几年后,我进入了民族舞艺术队,专业水准在老年人当中较强。在学习中我理解了民族舞的一些内涵:朝鲜舞的韵律哏顿,动作大方,感觉跳跃,情绪高涨;傣族舞则以特有的屈伸动律形成手、脚、身体"三道弯"的造型,具有刚柔相济、动静配合等特有的表演风格;藏族舞有"颤""开""顺""左""绕"五大元素等。我的舞蹈技艺在学习中也有所进步。这支艺术队在老年大学领导们的指导下更是焕发光彩,我也先后多次随这支艺术队在中央电视台、安徽省和其他省市的舞台上展示过风采,艺术队得到过各类奖项。同时这支队伍也活跃在芜湖市的各个舞台上,为芜湖市的老年团体的演出增添了光彩。

我先后当选了芜湖老年大学第六届、第七届学委会成员。在两届工作中我们力争认真贯彻"教、学、乐、为结合"的教学方针,紧紧围绕学校的各项中心工作,以全心全意为全校师生服务为宗旨,以"学以致用、服务社会"为目标,严格按照《学委会章程》和学校的各项规章制度的要求开展工作。从"自我服务、自我管理、自我教育"着手,强化管理,锻炼自身,乐于奉献,积极发挥学委会的作用。学委会成员成为学校和学员之间的桥梁和纽带,成为学校教学工作上的助手。比如在报名现场,学委会所有成员都参与维持秩序、收费,以及解释有关报名情况和引导学员正确报名。自从芜湖老年大学实行了微信报名以后,有些学委会成员手把手地教学员报名,使得报名工作顺利进行。

学委会积极参与学校各类大型活动的服务保障工作,配合学校保证活动顺利进行。在重阳节开展活动时,学委会成员成为发放慰问礼品的主力军;我们还在各种大型演出中维持秩序;等等。学校阅览室是老年大学的一个窗口,每天对全体学员开放,放学后学委会成员每天都要把这里整理得整洁有序。这是一项持续长久的工作,需要成员们不厌其烦、持之以恒,历届学委会将这项工作坚持下来,为的就是让更多学员得到看书报的机会;坚持让我们全体学委会成员感到值得。芜湖老年大学志愿者协会本着遵循"自愿、无偿、平等、诚信、合法"的原则,秉承"奉献、友爱、互助、进步"的志愿服务精神开展各项活动。我作为一名志愿者感到自豪。芜湖老年大学志愿者文明协会在"芜湖丰华长青养老院"挂牌,意味着我们志愿者将会经常不断地给该养老院的老人们送去欢乐,送去文明,送去生活的动力。

课堂是教学的主要途径,作为学委会成员的我参与了学校的公开课、示范课、说课以及"精品课程"的评比。我曾多次在评价教师公开课的教研活动中被老师们认真执着的态度所感动。

我们虽然是老年群体,但我们赶上了好时代。芜湖老年大学给我们老年学员创造了优良的教学环境和氛围,不仅使我们老有所学、更使我们深深感受到学有所乐。在芜湖老年大学的学习让我们老年学员感到老年生活幸福指数更高!

我是一名近40年党龄的共产党员,党的阳光沐浴着我。在芜湖老年大学的学习不仅是我终身学习的延续和扩展,也使我感到无比的幸福与快乐!

(作者系芜湖老年大学学员)

浅谈如何加强老年大学班长队伍建设

张新民

如何进一步规范老年大学的发展,满足老有所学、老有所为的需求,促进老年人的身心健康,维护校园和谐成为大家关注的焦点。班级是老年大学最基本的组成单位,是老年大学的行政和教学管理的基础。班级建设是学校的基础建设,班级工作是搞好学校管理、促进教学质量提高的重要环节。班长作为老年大学班级的一班之长、第一责任人,在班级管理中起着决定性的作用,是老年大学教学管理必须依靠的重要力量。充分认识老年大学班长在班级管理中的重要性,把优秀的学员选拔到班长队伍中来,充分发挥班长在联系、团结、教育广大学员方面的优势和作用,并注重加强对老年大学班长队伍的规范管理,提升他们参与班级管理的积极性和主动性,是学校管理工作的重要一环。

(一)老年大学班长在班级管理中的重要作用

1. 组织协调作用

要保证教学工作有序、高效进行,必须把教学过程中的每一个环节组织协调好,必须把学员与老师、学员与学员之间的关系组织协调好。

2. 管理教育作用

课堂纪律的管理、学员行为的管理、教学设备的管理等都是教学顺利进行的有效保证。学员的思想问题、团结问题等都要通过教育来引导、化解、凝聚。班长在管理中责任最大、工作量最大、作用也最大。

3. 联系沟通作用

班长不仅是老年大学联系学员的桥梁纽带,而且是老师联系学校的桥梁纽带,同时还是沟通班与班、学员与学员之间的媒介和路径。班长在"上情下达、下情上报"方面扮演重要角色,一方面要及时将老师和学员的意见和建议报告给老年大学,另一方面要贯彻执行老年大学对班级和学员的规定要求,做到情况明了、联系经常、沟通及时。

4. 榜样示范作用

俗话说,"火车跑得快,全靠车头带。"一个以身作则、为人表率的班长,一个吃苦在前、享受在后的班长,一个热心公益事业、热心为他人服务的班长,其率先垂范的形象和魅力就会教育学员、影响学员、感召学员。

(二)老年大学班长应具备的基本素质

1. 思想过硬

作为带头人和"引路人",班长的工作作风和思想作风,时刻都影响着每一位学员。作为一名合格的班长,必须应当有人格魅力,具备过硬的班级管理素质及良好的心理、身体素质。班长的使命是要创建文明和谐、团结友爱的班集体,营造宽松愉悦的班级氛围,让广大学员学有所获,在轻松愉快的氛围中学习、活动。

2. 奉献精神

老年大学的班长工作,既不是行政职务,也没有任何报酬,并且还往往会因为班级的一些琐事和参与一些社会公益活动,牺牲很多个人时间,甚至会产生一定的经济支出来为大家服务。所以担任班长必须有宽广的胸怀和无私奉献的精神,有为大家服务的热心和爱心,把为老年学员做点事当成一种精神享受,把班长工作当成一份责任,乐于奉献,敢于付出,累并快乐着。

3. 模范带头

班长是一个班级的核心人物,是班级管理的重要组成部分,对校风、班风的建设起着推动作用。作为班长,必须时刻起到模范带头作用,在思想上要严格要求自己,遵守学校的规章制度,在班级活动和班级建设中始终冲在最前面,敢于吃苦,时刻考虑老年学员的利益。

4. 廉洁自律

在日常的班级管理中,班长也会经常涉及一些小小的利益问题,这就要求我们班长时刻公私分明。在处理学员关系的时候,不能偏私,不能偏袒和自己关系好的学员,要一碗水端平;在管理班级活动经费上,账目与现金要交给专人管理。

5. 热情服务

班长要牢记为学员和教师服务的宗旨。除在学习上认真外,还要尽量帮助学习能力较差的学员,可以通过组织班级学习互助组,结对帮扶,让每一位学员都不掉队。在生活上要细心周到,尊重授课教师,关心每一位学员,特别是那些年龄偏大、体弱多病的学员,组织班级的力量为他们做些力所能及的事情,让他们能够有更多的精力和心情,积极参与班级的学习活动。

(三)加强班长队伍建设

1. 要选好用好班长

班长是班级管理的核心人物,有着举足轻重的作用。班长应具备的基本条件是,有良好的政治思想素质,有对学员服务的热情,有一定的组织管理能力,善于沟通协调,办事公正负责,学员公认度高。除了上述条件外,更应有无私奉献的精神,相对要年轻、身体健康。对于老年大学班长的人选不能盲目指定,必须通过严格的审核。老年大学的学员来自各行各业,有着各自不同的特长和阅历,但他们相互之间不是很了解。学校在学员入学报名时可仔细翻阅查看学员入校档案,了解学员的经历和背景。还需要我们管理人员在平时要多深入学员中、多深入班级观察了解。通过分析比较,初步确定有组织能力、有服务意识、身体素质好、出勤率高的学员作为班长人选。另外,还要注重平时对班长人选的积累。对列为班长人选的同志要多方面考察,权衡利弊,也可通过班级公开评选的方式选出班长。

2. 要重视班长的业务培训

为了更好地让班长能够明确自己的岗位责任,提高自身综合素质,掌握快速有效的工作方法,老年大学必须定期召开班长培训会。一是可以组织班长学习老年教育理论知识、老年大学有关规章制度和班级管理基本知识,以提升业务能力和水平。二是可以让班长们有一个相互交流的学习平台,邀请班级工作搞得好、管理经验丰富的班长介绍班级工作的特点、成绩和心得体会,共同探讨班级管理中的难点热点、工作方式方法,从而进一步统一思想,用正确的理论和实践经验提高班长管理工作的质量和水平。此外,还要及时总结班级管理中出现的典型问题,以便及时有效地采取针对性的管理措施。

3. 要健全规范的管理制度

一套好的班长管理制度是老年大学班级管理规范、有序、科学、高效运作的重要保障,是不断提升办学水平、提高教学质量的重要措施。在规范完善班长管理制度上,一是要以班长为主负责组建班委会并带领班委开展工作,实行"自我管理,自我服务"的管理模式。在班级事务管理上,实行民主自治,共同决定班级管理中的重大事项,共同对班级班费、活动费实行保管、监督和使用。对班级管理中的重大事项,要及时上报学校备案。二是班长要团结带领班委一班人积极参与班级管理,并形成分工合作的关系。班委是班长的助手,对班级的具体管理既要严格分工、明确责任,也要相互搞好衔接配合、团结合作。以班长为首的班委一班人相互合作、团结配合,是搞好班级管理的首要前提。三是要建立通畅的沟通协调机制。班级和谐、学员团结、班风纯正,是老年大学班级管理的追求目标,这些都要求班委一班人要有较强的协调沟通能力。首先是要处理好学员与授课教师之间的关系。教师的教学特点、教学方法各有不同,学员们的文化水平、接受知识的能力也有很大的差异,作为班长,在教学过程中要及时发现教与学之间出现的矛盾,做好教师与学员之间的沟通协调工作,确保教学畅通。其次是要处理好学员与学校之间的关系。由于老年大学学员人数多,上课时间不统一等原因,学校发布的一些活动信息很难及时传达到每一个人。这就要求班长认真负责地担负起上传下达的任务,让每一位学员都能及时了解学校的重要信息。第三是要协调好学员之间的关系。老年大学的学员来自不同的专业和岗位,有着不同的工作和生活经历,性情也迥然不一,所以就要求我们班长平时要多细心观察,熟悉班上每位学员的情况和特点,发现矛盾苗头时及时沟通协调,让每一位学习者都心情舒畅,营造风清气正、和谐团结的班级学习氛围。

在对班长的管理上,我们老年大学基本上无待遇可言,那么只有用感情留人、用事业留人,让他们体会到在老年大学中的价值,包括课前、课后、平时要与班长们多沟通交流,了解他们的想法和具体困难,在管理中出现问题有学校为班长撑腰,这样他们才能放开手脚搞好班级管理。

总之,老年大学的发展和建设离不开班级的管理,班级的核心是班长,只有进一步加强老年大学班长队伍建设,才能把学校建设好,才能让更多的老年人老有所为、老有所学、老有所乐,让他们走出家门且重新走进课堂,在和谐和美的校园环境中学有所成、安度晚年。

(作者系芜湖老年大学学员)

喜看新生老凤尽翱翔

史明静

半百知天命,
余生入课堂。
修身养性不寻常,
历史人文书画韵留长。

鹤发红颜去,
雄心壮志扬。
轻歌曼舞摘诗香,

喜看新生老凤尽翱翔。

这是我有感而发,为赞无为老年大学填的一阕词《南歌子·赞老年大学》。说起上老年大学,我有个从抗拒到融入,再到鸥水相依的三部曲。

退休后,尽管自己不觉得老,但在社会上已被定义为老年人。所以当朋友约我一道去上老年大学时,我笑着拒绝了。一来是认为,我虽然退休了,但尚未老去,还是所谓的中年人,现在去上老年大学会显得自己年龄很大;二来我要好好享受当下悠闲自在的退休生活,可以睡到自然醒,可以随时来场说走就走的旅行,可以和闺蜜们相约去喝茶、唱歌、搓麻将……

但这样的日子没过多久,同龄好友们纷纷随着成家立业的孩子去照顾孙辈了。很多朋友不在身边,无所事事的我感觉日子过得寡淡了。

记得那天去看望老妈,陪老妈坐在沙发上聊天、看电视,地方台的屏幕上正播放着无为老年大学演出的舞蹈节目,那优美舒展的舞姿博得了满堂的喝彩声。她们真是老年大学的学员?我当时就被惊艳到了……当有朋友再次邀我去老年大学时,我欣然前往。

无为老年大学,坐落在环城北路原无为职业中学校园内。校门外,有一排学校的展示橱窗,内有各个班级的介绍和学校活动的剪影。校园内,绿树成荫,生机勃勃。不大的操场上一边是柔力球班学员挥拍舞球,圆弧轻划;一边是太极拳班的学员推掌收拳,飘飘欲仙。目睹此景,我顿时觉得,原来老年大学是个放松心情、充满活力的地方啊!

在教务处,我遇到了年轻时的偶像——无为第一代电视女主播刘荣兰主任,我非常开心。刘主任热情、详细地介绍了报名流程及入学相关事项。看着学校课程表上排出的一二十个学科,我再三斟酌,反复比较,最终选择了文学、历史、诗词、舞蹈这几门课试听,从此开启了我的老年大学生活。

起初,老年大学的课程都安排在上午,现在因为学员较多,增设了班级,下午也开课了。早晨到教室上课,开水都由总务处工作人员提前烧好,送到课堂。学校的卫生间,针对老年人的身体特征,增添了好几个扶手。学校的人性化管理,让学员们心生温暖。

老年大学学员年龄跨度较大,有父女同班的。我读的文学班,学员孙文熙老先生当年已年逾九秩(2020年近百岁仙逝),是无为知名的老学究,德高望重。他的女儿孙平从无为中学退休,父女都是文学班、诗词班学员,以他们父女的学识还来学习,说明老年大学的吸引力还是非常强的。在这里可以老有所学、老有所乐、老有所为。

老年大学虽然学员的年龄大,但授课教师尚算年轻。他们都非常敬业,课前都充分备课,课上得各有特色。文学课上,鲁志苏老师旁征博引,典故轶事娓娓道来,板书工整有力,普通话标准洪亮,听他的课简直就是一种享受。历史课张业长老师擅长采用图示法教学,讲解生动,脉络清晰,形象直观,枯燥的历史课竟也妙趣横生。赵同峰老师是诗词班班主任,诗词功底非常深厚,他在教学中注重教授学员掌握诗词写作的方法和技巧,从诗词的平仄格律到用韵,都讲得深入浅出,易懂易记。学员们学得津津有味,进步很快,班级学员数也在不断增加。为满足在外地工作的诗词爱好者需求,赵老师还通过微信开设了函授班。

舞蹈班是老年大学一道亮丽的风景线,何明、陶玉霞两位老师身姿优美,气质出众,特别有文艺范儿。在教授民族舞、古典舞、现代舞时,注意从基础起步,分细节讲授,从站姿到头位,从呼气吸气到眼神都有严格要求。学员们也勤学苦练,先后排出了古典舞《梅花泪》、民族舞《映山红》《共圆中国梦》、新疆舞《达坂城的姑娘》以及大型旗袍秀《花开中国》,这些舞蹈在市、校演出展示中都好评如潮。

除了严谨多样又不失生动的课程外,无为老年大学还有各种丰富多彩的课余活动。上学期,学校组织"红五月"活动;下学期,学校组织"金秋十月"活动;每学期各班级都举办期末展示活动,让学员们充分展示自己的才华和风采。2021年,学校组织推出了5台文艺节目,用于庆祝建党100周年活动。印象最深的是,我们曾代表无为老年大学在芜湖百花剧场演出了戏剧联唱《没有共产党就没有新中国》。戏剧班师生和舞蹈班师生联手,唱得高亢有力、气势磅礴,舞得行云流水、衣袂飘飘,观众雷鸣般的掌声让人心潮激荡,非常有成就感。

2019年4月底,无为老年大学诗词班师生和无为老年大学牛埠分校联合举办了"竹丝湖原创诗词吟诵会",去山水间寻觅诗意,即兴创作。学员们苍颜霜鬓,徜徉山水间,现场创作吟诵,虽没有曲水流觞的风流雅致,但师生们激情澎湃,挥毫泼墨,仿佛重拾青春。记得当时,我即兴吟七绝一首:

春游竹丝湖

一棹烟波绕蜀山,孤舟白鹭自流连。

藏龙若现雄姿展,翠竹沉湖诗意翩。

毫不夸张地说,只要参加老年大学诗词班学习的学员,能认真听课并按时完成老师布置的作业,就会有作品在全国各地纸质刊物上发表。我的七绝小诗《春游》《春光》二首,曾荣登《百家诗词》(北京)总第60期期刊上。近年来,我还在《宁江诗词》(广东)、《泉州诗词》(福建)、《滴翠诗丛》(芜湖)、《鸣弦诗词》(广东)、《龙标诗联》(湖南)、《巢湖诗词》(巢湖)、《吉州文艺》(江西)、《苕雪诗声》(浙江)、《五松山诗词》(铜陵)、《绥阳诗词》(贵州)、《扬中诗词》(江苏)、《岷阳诗词》(甘肃)等刊物上发表诗词多首。

  4年的老年大学学习生涯,让我结交了许多志趣相投的新朋友,扩大了我的朋友圈。学校丰富多彩的学教活动,让我们拓展了视野,增强了技能,锻炼了身体。个人习作的屡屡发表,让我增添了自信,弥补了我热爱诗词却没有深入学习的遗憾。一句话,我退休后的生活现在更加充实、更加精彩,我已乐在其中了。

(作者系无为市老年大学学员)

学到了知识　收获了健康

夏金兰

  "老年大学我的家,你跳舞来我唱歌,没有烦恼,忘记白发,夕阳也似朝阳美,我们热爱她……"这就是我们湾沚区老年大学的校歌。是的,老年大学滋润了我们银发学子,在这个大家庭里得到锻炼,增长知识,陶冶情操,乐在其中、美在其中、陶醉在其中!

  我是一名退休教师,退休后整天无所事事,作息时间不规律,生物钟紊乱,心情烦躁。后来经过朋友介绍,来到老年大学,有了重新学习的机会。在老年大学第一次听到葫芦丝的声音,觉得它轻盈、飘逸、柔美,与葫芦丝经典乐曲的结合,形成葫芦丝音乐的独有风格,给人以含蓄朦胧的美感。我毫不犹豫地选择了葫芦丝课。

老年大学葫芦丝教师是从芜湖市请来的。通过老师的精心指导,我掌握了学习要领。师傅领进门,学艺在自身。重点在以下几方面得到训练:

(一)吐音训练

吐音即用舌尖把一个个音吐出来,舌尖好像在跳舞,简直就是舌尖炫舞。原来认为葫芦丝有七孔,吹起来很简单,学了之后才知道不容易。后来对照指法表学习,才知道原来高音要轻吹,低音要重吹。要想熟练记住,主要靠多吹,刚开始时,我先记住3个音:低音5、中音1、中音6,其他音如一时想不起来就可推想出来。刚吹奏时,尾音始终有个咕音,后找到解决吐音的诀窍。经过多次训练,咕音没有了,问题解决了。

(二)节奏掌握

节奏是支撑音乐的骨架。刚学习葫芦丝碰到最多的问题就是节奏问题。一首曲子吹下来,不是快了,就是慢了,节奏很不稳定。后来摸索出方法:打节奏即用"大大大"的方式只唱节拍;唱谱就是用手画节奏,速度必须配合一致,慢慢节奏稳了。

(三)演奏技巧

演奏技巧是在音乐表达中不可缺少的音乐元素,它能使演奏者在音乐表达上更加形象、立体。常用的技巧包括倚音、滑音、波音、打音、叠音、颤音、吐音等。滑音分为上滑音和下滑音。演奏上滑音时,低音6到1的上滑音为右手食指和中指一起向上45°的方向推抹后再抬手指回到原位上空,在推抹过程中气息逐渐减弱。演奏下滑音时,5到3的下滑音为左手的食指先平指向下慢压掩后弯第一关节掩实,在滑实过程中气息逐渐加强。波音分为上波音和下波音。波音是由本音与上方二度音迅速地交替演奏1～2次形成的。波音虽然可以稍微吹得明显一些,但绝不能吹得很强、很生硬,不能使波音比本音还强还突出。波音的速度同样可快可慢,要根据乐曲的速度及音符的时值的长短决定。颤音是由按主要音和上方相邻音的手指快速、均匀地交替颤动而形成的,一般在乐曲的引子或华彩段和高潮中出现,是为了加强效果和烘托气氛。技巧在音乐表达中起了装饰的作用,不同风格的音乐则采用不同的技巧。在演奏乐曲时,自己也可以加技巧。但要尽量避免把同一种技巧频繁、连续使用,否则会使旋律表达不清晰。

(四) 气息运用

控制自己的气息,吹奏的时候,气息要有变化,吹出轻重缓急。吹气,很多人吹一个音,是直接一口气往下吹的,就像一条直线,这种音就硬邦邦的、没有感情。送气,吹一个音,慢慢地有感情地把音送出去,把这个音轻轻地送走。气息控制一下,轻轻地吹,吹出来的音是非常柔美的,没有那么生硬。这样吹出来的歌曲一定好听!特别是4/4拍的歌曲,对这类型的歌一定要做到处理好强、弱、次强、弱等关系。这样吹出来的歌曲听起来就显得非常有韵味,有感情。气息的控制+手指的技巧=有韵味。当乐曲练习熟练时,就跟着示范音乐练习,能增加学习者的自信心,提高学习的兴趣,当跟上音乐时,就选择跟着伴奏练习。

(五) 音乐表现

一首音乐作品能否演奏成功,使人过耳不忘,让旋律久久回荡,其中最关键的问题是演奏者对音乐的理解,是演奏过程中表情记号、力度记号、气息控制、速度掌握以及演奏法的综合运用。很多演奏者在演奏作品时没有仔细看表情记号和力度记号,导致演奏出来的音乐很平淡。在演奏作品时,气息是决定音乐能否表达成功的关键所在,气息能否运用自如,关系到音准、力度等问题的表达。

勤学苦练是提高技艺的最好方法,除了课堂学习之外,同学们还经常利用课外时间互相交流学习。大家带上葫芦丝到六郎花海、红杨农家乐、陶辛香湖岛、桃源村农家乐等拍"抖音",在这里我们感受到了集体生活的快乐。现在我的生活已经离不开葫芦丝了,这次去内蒙古大草原旅游都带上了葫芦丝,和同学们吹奏一曲最喜欢的《草原美》并拍了视频。小小的葫芦丝,丰富了我的晚年生活,成了我快乐的源泉。

由于成绩优异,我被同学们推荐为葫芦丝班班长,成了老师的得力助手。我除了配合老师搞好班级纪律外,还利用课余时间去帮助零基础的同学,让大家共同提高、共同进步。我利用文化馆场地,对班级同学进行免费辅导。节假日还给同学们排练节目,让每一个参加活动的同学都得到锻炼。疫情期间,为了使同学们不间断学习,利用抖音直播,每天晚上分两个时间段辅导:7点至8点葫芦丝零基础辅导,8点至9点葫芦丝初级班辅导。同学们每晚早早地守在手机旁等待,这项活动受到大家的欢迎和赞赏!

老年大学的生活丰富多彩,经常有文体项目比赛、文艺下基层等活动。葫芦丝班也有幸加入了老年大学艺术团,2020年参加建党99周年庆祝活动,2021年赴繁昌三县区文艺演出,2021年参加了建党100周年庆祝活动。这些活动的举行,发挥了同学们的个性特长,丰富了同学们的文化生活,激发了同学们对葫芦丝的热情,培养了同学们的广泛爱好,提高了团队的整体素质。

总之,在老年大学,我不仅学到了知识,还收获了健康;不仅锻炼了身体,拓宽了视野,还结识了友谊,感到日子过得充实、快乐、津津有味。这真正是"老有所学、老有所乐、老有所为、老有所悟"。

（作者系芜湖市湾沚区老年大学学员）

心灵的家园

杨增芳

退休了，清闲了，心中却多了些许茫然和忐忑。于是应朋友邀约，报名上了老年大学。谁知这一进去，就再也不想离开了。老年大学不仅成了我的学习乐园，更是我心灵的家园。

繁昌老年大学坐落在峨溪河畔。这里有举目可见的苍翠青山，侧耳可闻潺潺的流水声。高高的教学楼耸立蓝天下，那是我们晚年学习的圣殿。宽敞明亮的教室里，桌椅摆放整齐，智能黑板更彰显现代超前。走廊墙上悬挂着学员的书法、绘画、剪纸等艺术作品，丰富了文化底蕴，增添了学习氛围。可容纳400余人的多功能演出大厅，舞台上宽大的电子屏幕，不断变换的画面引人注目。一流的灯光音响配置完备，学员们可在此尽情地展示才艺，秀一秀不老的风采。"厚德、博学、和谐、创新"8个大字的校训，矗立在办公楼大厅内，时时激发学员们的学习热情和积极向上的信念。

我爱老年大学。她温暖、温馨。繁昌老年大学的办学宗旨是：增长知识，丰富生活，陶冶情操，促进健康，服务社会。校领导为此呕心沥血,千方百计争取办一所人民满意的老年大学。他们因地制宜,因人制宜,因需设课,设置多门学科,让学员们各选所需。他们在抓好第一课堂教学的同时,也特别重视第二、三课堂的活动,组织开展各种教学活动,且丰富多彩。学员们经常到社区、部队、学校、敬老院等进行慰问、联动,用自己所学回馈社会,服务社会,传递正能量,形成了良性循环。学期结束,各班级自行组织座谈会、联欢会,诗歌朗诵、琴棋书画、吹拉弹唱,学员们各展风采。人人脸上洋溢着灿烂的笑容,整个校园都沉浸在欢声笑语中。每年两次的老年运动会更是备受欢迎。许多老同志是在家人陪同下参加的,不求名次,只为开心。校领导尊老敬老的举动,更受学员们的称赞。除平时关心学员外,学校每年都为80岁以上的老人举办祝寿会。在送上生日蛋糕的同时,还精心安排专场祝寿演出。老寿星们披红挂彩,满面喜色,称赞道:"就是家人庆寿,也没有这般热闹,这样气派。"所有这些都让我们深深感受到,老年大学就是一个和谐、温暖的大家庭。在这里学习生活,特别暖心,特别幸福。学校的凝聚力、向心力与日俱增,更受到社会各界的认可和赞许。

我爱老年大学。她不但让我增长了知识,强身健体,也让我们晚年生活更加丰富多彩,更有品味,更有情趣。在老年大学,我选学了国画和诗词。这两种不同的学科,都是中华民族优秀传统文化的精髓,是国粹,历来备受人们的喜爱和推崇。但是要学好它们都是不易的事。记得第一次用毛笔画线,笔不听使唤,直线都画出了蚯蚓样。老师讲的勾、皴、点、染,也无从下笔,更画不出明暗,染不出深浅。好在学校聘请的老师都才高八斗,也特别有耐心。老师们不厌其烦,认真讲解,反复示范,逐渐引导我们学习。同时组织我们参观各种画展,临摹名人画作;还让我们师法自然,到野外写生;组织学员举办笔会,现场点评。校领导还创造机会,搭建平台,在校内举办书画展,鼓励学员参加校外及上级单位举办的书画展,让学员们在艺术的殿堂里汲取养分,激发学习热情,进步成长。

只要努力,就会进步;只要付出,就有收获。我在繁昌老年大学和国画班的学员们一起,在追求艺术的道路上取得了长足的进步和巨大的收获。我是专攻国画的工笔画,18年来跟着老师潜心学习、笔耕不辍,功夫不负有心人,我的作品曾多次在区级及市省级举办的书画展上展出。那清新脱俗的荷花、雍容华贵的牡丹……我的作品受到众人的赞誉,很多作品还在各类大赛获奖。在诗词班学习古诗词,平仄、押韵句句推敲,收获也颇丰。作品曾刊登在《滴翠诗丛》和《安徽吟坛》上。更重要的是,老年大学让我的晚年老有所学,老有所乐,老有所为。长追墨趣涂远景,细品书香览乾坤。老年大学丰富了我们的精神文化生活,也实现了我们新的人生价值。我爱老年大学,衷心祝愿老年大学越办越好。在庆祝中国共产党100周年诞辰之际,用心、用笔描绘祖国的无限美景、壮丽山河,歌颂伟大的中国共产党。

(作者系芜湖市繁昌老年大学学员)

老年生活更加丰富多彩

刘桂仙

我是一名退休的英语老师。退休前,盼望着早点退休,这样就可以过更加自由自在的生活了。如果有人问,你刚退休是否五味杂陈,现在看来的确如此。刚退休时,因无法适应退休后的闲散生活而心里空虚,莫名的失落感油然而生,突然感觉无所适从,就在我迷茫之时,机缘巧合从朋友那里得知,南陵县有老年大学。带着些许兴奋,我报名参加了政史班、保健班、越剧班、合唱班的学习。

在老年大学,我结交了许多新朋友,学到了很多知识。保健课使我受益匪浅,比如,爬楼梯时喘气,只要用大拇指按住中指间,爬楼喘气的情况就能立马缓解;预防感冒可以将3个穴位——风府、大椎、人中擦得发热即可,就连咽喉炎也可以缓解;还有"三二一经络锻炼法"效果也不错,"三"就是按摩3个穴位——合谷、内关、足三里,"二"就是两腿运动,"一"就是深吸气然后慢慢吐出(吸气时小腹鼓起来,吐气时小腹收起来)。不仅如此,我还把我学习到的健康知识——保持肠道健康,做成PPT分享给保健班的同学们,我又重返了讲台,那种感觉真好!

在政史班,学校聘请了非常有教学经验的硕士研究生老师给我们上课,我学到了学生时期没有学到的东西,上政史课有一种身临其境的感觉,有了下面的《朝代歌》,那些历史朝代顺序就烂熟于心:"三皇五帝始,尧舜如相传,夏商与西周,东周分两段,春秋和战国,一统秦两汉,三分魏蜀吴,两晋前后延,南北朝并立,隋唐伍代传,宋元明清后,皇朝至此完。"近代史课老师贯彻世界史,让我们在大背景下更好地理解吸收。特别是2021年为了庆祝建党百年华诞,老师还专门给我们上了党史课,我们更加清晰地了解了中国共产党带领中国人民推翻三座大山,打败美日帝国主义,建立新中国,实现中华民族的伟大复兴,又顺应时代潮流,改革开放,科技兴国,综合国力迅速提升,已经立于世界之林的强国路。我们生在红旗下,长在春风里。人民有信仰,国家有力量。

目光所致皆为华夏，五星闪耀皆为信仰。我骄傲，我是中国人，我是中国共产党党员！

我有幸进入合唱班学习，学校为我们聘请了专业的声乐老师任教，老师教我们认识简谱，学习发声技巧，练习如何正确吐字，弥补了我不识乐谱的缺憾。2021年的为党庆生活动，在泾县、旌德、南陵3个县联演中，我们合唱班献演的《四渡赤水出骑兵》，得到了大家的一致好评。

我还是老年大学越剧班的学员，我扮演过杨开慧、贾宝玉，还参加了与芜湖雅韵越剧团的联袂演出。除此之外，我还穿上礼服，实现了做主持人的梦想！

自从上了老年大学，我的生活变得更加丰富多彩，我还被大家推荐为政史班和保健班的班长，能为他们服务是我的荣幸，我将一如既往竭诚为大家服务。

在老年大学学习，我非常快乐。在这里，我享受教育，享受艺术，陶冶情操，收获了知识。老年大学，让我真正实现了学无止境，老有所乐！

（作者系南陵县老年大学学员）

皓首学艺犹未迟

何 文

钢琴对如今的我，是再熟悉不过的朋友了。在镜湖区老年大学的6年学习时光里,在老师的辛勤指导下,那些跳跃的音符、优美的旋律,都可以通过我的双手在黑白分明的琴键上弹奏出。每当我演奏的乐曲,愉悦自己也打动别人的时候,那种发自内心的欣然,为我的退休生活增添了浓郁色彩。

年轻时的我,一直有学习钢琴的梦想。在职时没有时间,退休后先是热衷于社会活动,后又忙于家务劳动,让学习钢琴的念头一再搁置。等我终于安排好时间,去芜湖市镜湖区老年大学电钢琴班报名学习后,才发现有"两座大山"横亘在我的学琴之路上,但后来又都被我搬走了。

一是五线谱。看着那些分布在五条横线上上下下的小圆圈、小黑点,有时还拖上个小尾巴的符号,我是一窍不通,这些居然可以当作音符弹出音高,让我觉得既神奇又很迷茫。我按照老师的指导,看着五线谱找到音符的位置,在琴上边摸索、边记忆,由易到难反复练习,天长日久也就慢慢熟悉了。二是我的手指条件很差,小指特别短。刚开始时,练琴手指张不开,还老是不知不觉地翘着兰花指,总是没办法控制手型。长年患类风湿的手指无力地敲在琴键上,发不出清脆的琴声。双手合练时,僵硬的手指更是无法控制。回想当时真像是着了魔似的,经常用手指敲桌子茶几,乘公交车时用手指敲腿,以此来训练手型。渐渐地手指力量越来越强,钢琴声音越来越亮。功夫不负有心人,几年练下来,指骨也不太痛了,朋友们戏称"钢琴治愈了你的类风湿"。

尤为庆幸的是学琴路上,我遇到从教多年有着丰富教学经验的沈老师、张老师,他们针对我的身体条件和学习情况因人施教,不断地鼓励,增强我学琴的信心。教学过程中,老师们始终保持热情耐心、严谨敬业的精神,感染并激励我克服困难,用心领会钢琴基础知识和技术要领。学了一年后,老师建议我和其他7位同学参加上海音乐学院的钢琴社会艺术水平考级,那时我已经67

岁了。和年龄只有自己十分之一的孩子们一起考级,要过的不仅是生理关,还有心理关。尽管考前老师一再给我们加油鼓劲,进入考场坐在钢琴前,我还是不由自主地心跳加速,手指颤抖。当时那种紧张的感觉,比起50年前参加高考的紧张有过之而无不及!考试中我几乎是屏住呼吸完成了规定的3首曲目,评委老师颇为感动,事后对老师说,这位阿姨虽然手一直在抖,但还是比较好地完成了曲目的弹奏,表现力也还不错。后来拿到考级证书,成绩是"良",其他同学也都过了关。我十分开心,对我而言,参加考级并不是拿个证书去显摆,而是通过这种公平公正的形式检验我的学习成果,以此回报老师的辛勤教导。虽然通过的只是二级,但是增强了我的自信。之后,我学习更加自觉主动,视谱能力、左右手与脚踏板的协调能力,都有显著提高。有目标、有压力才会有更大的动力,两年后我又获得了三级证书,之后就没有再考级,但从弹奏曲谱的难度和熟练的程度来看,可以判断目前的水平已达五级。

　　为防控疫情,学校已经停课两年了。虽然线下的课停了,线上的课却很活跃。我们在师生钢琴交流群里,经常看到沈老师发的教学视频,学员们则自觉地练习,在群里回课,让老师点评。这期间,虽然没有老师面对面的教学,但却增强了我的自学能力,对一些旋律简单的曲谱可以自学弹奏了。

　　现在练琴成了我每天的必修课,听着那美妙的琴声从我这粗短的手指中流出,愉悦之情油然而生。不同的时段我会选择应时的曲谱弹奏,与琴友们分享:毛主席的诞辰日弹奏一首《浏阳河》,以缅怀伟大领袖;春天来了,弹一首圆舞曲《蓝色多瑙河》,和着欢快的乐曲踏着春天的脚步;"六一"儿童节给老儿童们弹一首世界名曲《童年的回忆》,共同怀念儿时的快乐时光。当我生活中遇到不快乐的事,会坐在钢琴旁,弹起圣桑的《天鹅》,仿佛看到波光粼邻的湖面上,洁白的天鹅优雅安详地浮游,心情便会逐渐平静,一曲终了,所有的烦恼消失殆尽。的确,弹钢琴可以陶冶情操,净化人的思想与心灵。

学习钢琴开阔了我的视野,学习了许多音乐知识,了解了一些世界著名的音乐家,识别了民间音乐、古典音乐、现代音乐等,还学会弹奏一些世界名曲《致爱丽丝》《梦中的婚礼》等。

学习钢琴不是件容易的事情,弹琴要运用眼睛、手指、耳朵、脚和大脑,调动全身感官的能动性,从而大大增强了观察力、理解力和记忆力。长期坚持不懈地学琴,磨炼了我的意志,改掉了这辈子"业余爱好三分热"的坏毛病。

虽然我已退休多年,但是退休绝对不是人生的休止符,而是精彩人生的新起点。在老年大学这个增长知识、丰富生活、陶冶情操、促进健康、服务社会的平台上,我认识了不计名利为老年人服务的好老师,结识了有共同兴趣爱好的众琴友,大家和谐相处、教学相长。学习钢琴不仅让我学到了技能,收获了快乐,也让我收获了友谊。在悠扬琴声的陪伴下,我的夕阳生活犹如朝晖!

(作者系芜湖市镜湖区老年大学学员)

最美不过夕阳红

李玉萍

时间过得真快,不知不觉我已步入人生的秋天。退休不是人生的终结,而应该是一个新起点。我希望在夕阳下,让黄昏的斑斓带给自己无限亮丽,同时收获更多快乐的心情。老年大学是老年人更新知识的课堂,健身养心的场所,开心娱乐的园地,广交朋友的平台,智力开发的基地。2019年的秋天,我如愿以偿地走进了芜湖市弋江区老年大学。

电子琴作为一种普遍受欢迎的乐器,与钢琴等其他乐器相比,更适合老年人的学习与掌握,是最快便能获得成就感的一种乐器,对提升老年人的自我价值有着很好的帮助作用。

弋江区老年大学开设的电子琴班是深受许多老年同志喜爱的课程之一,它具有很强的吸引力和潜在的发展力。通过学习电子琴,既可以全面提高我们的音乐综合素质,还可以加强我们的大脑记忆力、观察力、理解力、想象力、应变力和创造力等,好处真是太多太多。

教学中,我们的老师由浅入深、循序渐进地传授琴法和乐理知识,旨在提高学员们的学习兴趣和自学能力。教学中,我们的老师利用电子琴的同音色等特点,帮助我们学员提高音准、节奏、韵律、读谱、听音、乐理等诸方面的综合能力。通过弹奏电子琴的手指活动过程,使学员达到眼、耳、口、手、脑等多种器官的协调配合,使大脑不断受到刺激,产生良性循环,促进了生理和心理健康,还可以进一步巩固我们音的高低、长短、强弱、节奏和速度的变换等概念,全面提高了音乐能力。

每学习一首新歌,学员们首先要了解乐曲,初步分析乐曲,聆听乐曲的完整音乐形象,从而激发起对新歌的学习兴趣。通过分句、分段的教学方法和细致的指法示范,做到视听结合。我们的老师在教学中采用先学右手旋律,再听节奏,跟奏主旋律的方法,学会旋律。在进左手伴奏教学中,采用多次、多种双手配合演奏教学,自动伴奏和自行伴奏相结合的方法,达到初步掌握乐曲的完整演奏。

最兴奋的是学期结束前的汇报演出,学员们精心准备自己的作品,像小学生一样拿出自己的最佳状态,在老师和学员们面前认真演奏。一曲结束后,满脸的汗水和成功的喜悦全部展现在了每一位学员的脸上,满满的幸福感溢于言表。

在这所老年人的校园里,我们不仅学知识,还结识了很多新的朋友,给我们的老年生活增添了新的色彩,从而摆脱了退休后孤独的失落感。和蔼亲切的老师,真诚热情的同学,明亮宽敞的学习环境,那些年龄稍大的同学,都给我留下深刻的记忆。"谁说夕阳不娇美,谁说晚霞不灿烂,谁说老年人的生活就应该平平淡淡。只要我们心怀梦想,坚定生活的信念,我们就会重新找到快乐,品味生活的灿烂。"

通过上老年大学,使我们有了活到老、学到老、学无止境的体会。在这里既丰富了老年人的文化生活,又增长了知识,从学习中感悟生活,陶冶了情操。最美不过夕阳红,最乐惟有"老大"为!

(作者系芜湖市弋江区老年大学学员)

让生命继续绽放多彩的花

梁瑞英

我叫梁瑞英,2021年我85岁了,1956年6月参军入伍,同年12月入党,现在是芜湖军休中心一名军休干部。31年前退休离开了热火朝天的部队工作岗位,那时50岁刚出头,爱人40年前在广西牺牲,两个女儿都在离我较远的地方工作,当时身边只有80多岁的老母亲陪伴着我。

离开了繁忙的日子,面临人生的转折,下半辈子将如何度过?孤独与寂寞考验着我。然而,我是军人。回望30多年的军旅生涯,记忆中我曾感慨地写道:"岁月磨炼了意志,世事雕琢了风侠。脚下铺筑了成熟的路,磨难锻出了铁骨钢甲。白发是晚年开放的花,根根银丝都凝聚着对事业的执着与奉献,凝聚着半生的坎坷和酸甜苦辣。皱纹是晚年开放的花,在额头、在眼角、在腮旁颌下,年轮一样记录着前半生的平凡、成功或闪光的刹那……"

50多岁,自我感觉身体依然健壮,精神也还充沛,未来人生之路还很漫长啊!面对这人生的转折点,面对新来的孤独与寂寞,我该怎么办?我是军人,军人就应该有迎难而上的性格,有把困难踩在脚下的勇气。经过反复的思想斗争、考虑和咨询,我选择了上老年大学,开启我人生再学习的新征程。享受教育,让生命继续绽放多彩的花!

记得还是在遥远的花季,我曾很喜欢文学,特别对诗词情有独钟。但是,高中毕业后参了军,开始了紧张的部队生活,于是昔日的爱好便退却了,只能把梦想藏于心灵深处。

光阴荏苒,岁月如梭,30多年过去了。如今圆梦的机会如奔腾的江水涌进了脑海,决心已定上老年大学,再造以圆旧日之梦。

开学了,我像刚刚入学的孩子,背起了书包,欢快地走进学校,把自己投入到集体学习中去,投入索求知识的环境里去。在安徽师范大学老年大学,我认真聆听老师的教导。葛复中教授以他渊博的知识讲述《诗经》《论语》,让我认知了我国古代诗歌源远流长的历史。葛教授那洪亮的、抑扬顿挫的朗读:"蒹葭苍苍,白露为霜,所谓伊人,在水一方……"深深地印刻在我的脑海里。在团结路老年大学(后来又跟随浦金洲教授转到宣城地区老年大学),有幸在浦教授的指导下学习唐诗宋词的格律和写作技巧。一本浦教授撰写出版的《诗词鉴赏与格律》,让我在学诗词的殿堂上尽情发挥着自己的情趣。课堂上浦教授经常以我写的诗词作业为范例进行点评。无论是批评还是表扬,我的内心都感到无比自豪。得到浦教授出版的《浦州吟草》的诗集,我如获至宝,反复阅读,享受着浦教授诗作的熏陶。在芜湖市老年大学,在美丽的九连塘畔,邵庆春老师3年的谆谆教导,从唐诗、宋词到元曲,特别是元曲更让我平添许多新的知识。至今我仍然保留着邵老师给我批改作业的笔迹。在这里,我的诗词写作水平有了较大的进步,以至于我成了邵老师的得意门生。多年了,他的音容笑貌,他的文才,依旧铭刻在我的心里。

老年大学给了我生活的韵律,给了我深学文化的营养,给了我泉涌般的滋润,在老年大学的集体里又交识了许多新朋友。朋友们相邀郊游天门山,遥望大江北去,帆影点点,畅颂诗仙李白的《望天门山》诗句,激发诗兴,心旷神怡。我们远足到奎湖,观景赏花,品尝奎湖美味,吟诗赋词,好不逍遥。我们一起登上赤铸山,怀古干将莫邪铸剑,写诗入章,惬意非凡。一个人的日子投入这样的群体,哪里还有寂寞孤独的踪迹!

军休老年大学成立后,我更加如鱼得水,如虎添翼,心潮澎湃,热血沸腾。书法、绘画、电脑、唱歌,我都一个不落地积极参加。泼墨练书法,司天明老师的行书、草书,张宝兴老师的自体隶书是我临摹的典范。重彩绘江山,开始是谢克谦老师细心执教的构图、运笔、染色,后来是黄启林老师精彩纷呈的牡丹、花鸟图,让我增添许多绘画雅趣。还有电脑课、手机课,让我与时俱进,跟上时代的步伐。书画班的采风活动让我们走出斗室,领略大自然的风光,增强对山、水、树林的感性知识。在西河古镇,我们参观了新四军军部旧址,敬仰革命先辈的奋斗精神;观看了农家民俗,抒发对群众生活的日新月异的感慨。走进查济书画写生基地,看到年轻的书画爱好者挥笔写生的场景,更激发着我们老年学习书画的情怀。走进社区为群众写春联,让我感受到融进社会主义大家庭里和老百姓亲如一家的温暖。参加各种比赛、展览、演出,大大激发了我们的荣誉感。沈志祥老师多次指挥我们在舞台上引吭高歌,歌唱《我和我的祖国》《走进新时代》等红色歌曲,把老兵的风采潇潇洒洒地表现出来,同时激发着我们热爱党、热爱祖国的至诚情怀。

打开我书橱的门,那一排排闪着红光的荣誉证书,显眼夺目。30多本不同时期不同内容的荣誉证书,彰显着我上老年大学的成绩与收获,印证着组织上对我的关怀、鼓励和鞭策,激发着我更加努力地投入到有意义的活动中去。

虽然只有一个人的生活,但每天都很充实。在日记的扉页上我写着:"以学求享受,将乐补坎坷,忙并快乐着。"以此作为我的座右铭。

军队是个大学校,锻炼培养了我的意志。老年大学则是充电站、加油站,让我的晚年生活过得充实有意义。在这一天等于二十年的大发展的日子里,我庆幸生活在由站起来、富起来到强起来的中华人民共和国,我庆幸生活在新时代社会主义特色的养老氛围中。有以习近平同志为核心的党中央为我们引路导航,我感到无比幸福、无比快乐。在庆祝党的百年华诞的喜庆日子里,我拥有一片丹心向阳开,我感慨:"老树发芽芽更壮,暮年谱曲曲更难。黄昏仍是黄金日,锁住夕阳伴晚霞。"我决心以"老牛自知夕阳晚,不用扬鞭自奋蹄"的精神,不忘初心,牢记使命,尽自己所能发挥余热,老有所学,老有所乐,老有所为,让晚年生活更充实,更多彩,更有意义。我爱老年大学,是她给了我一个美好幸福、丰富多彩的晚年!

(作者系芜湖军休中心老年大学学员)

花甲之后　圆少年乐器梦

陶根苗

我是一名教育工作者,在教育战线耕耘了 30 多年。退休前自己的事业梦基本得以实现。退休后,我到芜湖市老年大学学习了民族乐器——葫芦丝。我从网上了解到经常吹奏葫芦丝可以健身益智。葫芦丝演奏中的三大技巧:气息、指头、用舌,与我们经典养生健身练习方法是非常一致的。其一气息:葫芦丝吹奏的气息要求是深吸气沉丹田,呼气吹音时要求守丹田。养生法中有"呼吸到脐,寿与天齐"之说;其二指头:葫芦丝演奏中,手指均衡运动,左右手交替,轻重缓急,恰到好处,"十指连心",促进了人体的健康;其三用舌:葫芦丝演奏中的用舌技巧丰富,经常吹奏葫芦丝,能预防老年舌头僵化和面表呆板。葫芦丝不愧是一件健身、养生的民族乐器。葫芦丝的音色亮丽而又柔肠百转,旋律富有诗意和舞蹈性,葫芦丝轻、飘、柔的特殊音色使我对这门乐器产生了兴趣。我在网上下载了很多葫芦丝名曲反复播放,增强了乐感,通过多年的学习,基本上掌握了中高难度乐曲的演奏技巧。曾参加过芜湖市老年大学和文化馆的演奏活动。通过学习陶冶情操,修身养性,在繁华喧闹都市区寻找一片心灵的净土,我的少年乐器梦能在花甲之后一步步地实现。

　　我在花甲之后能圆少年乐器梦,得益于我们这个伟大时代提供的圆梦平台。我退休后丰衣足食,老有所养,老有所医,有体面、有尊严地生活着。国家在老年事业上投入巨大,创办老年大学。近40年来,使一大批老年人老有所学,老有所乐,我也是其中受益者之一。梦果思源,我的感言正如姚明在退役发布会上所说:"感谢这个伟大进步的时代,使我有机会去实现自己的梦想和价值。"

　　我把圆梦过程在全国性征文活动——"东方美"全国诗联书画大赛中展现出来,作品《追逐"中国梦",让我的"夕阳梦"再添彩》荣获金奖,被收录在《中国当代文学艺术精品大系》中,已由中国文化出版社出版。

　　欣逢盛世,肩负重任。除了写文章与同行分享外,我决心回报社会。助人为乐是中华民族的传统美德,是中华儿女的共同价值观,是支撑中国社会不断发展进步最基本的道德规范。2016年初,芜湖市文化馆葫芦丝艺术活动中心启动了盲人义教工程,精选出13名具有一定水准且吹奏技艺熟练的学员担任专业教师,采取面对面的教学方式,每人教授1~2名学生,每周固定教学时段,以确保盲童正常学习不受影响。用乐器为盲童"织梦",我也是其中之一。我愿把自己在芜湖市老年大学和文化馆学到的葫芦丝演奏技巧奉献社会,以体现自己的人生价值,真正做到老有所学、老有所乐、乐中有为。

我们的教学对象是9~20岁的盲童和盲人青少年,他们大部分是全盲。对他们进行葫芦丝演奏启蒙教学有很大的难度。我们先教发音和曲谱,后教吹奏,并手把手教他(她)们摸音孔、练吹奏。经过两周的训练,盲童们都能记住葫芦丝音孔的位置,拿起葫芦丝吹奏,也能找到正确的音孔。盲童们看不见谱,但听力非常好,于是我们教一句,他们唱一句;我们吹一句,他们吹一句;吹了多遍后,开始吹全曲。我教的是一个11岁的盲童,他除了要记忆教学内容外,我读曲谱,他用盲文记谱,用手摸谱,就能唱谱。

"春种一粒粟,秋收万颗子。"每周下午两节课,周而复始,通过3个月的练习,盲童们竟然能吹出简易的曲目,如《映山红》《阿佤人民唱新歌》《月亮升起来》等,虽然音色不够柔和,节奏不够严谨,但毕竟还是自己吹的,多少有点获得感。获得感激发了盲童们的学习兴趣,不少盲童提前到教室练习。功夫不负有心人,在我们耐心指导下,盲童们的吹奏水平逐步提高,当年"六一"儿童节,多数盲童参加了校园演出。通过葫芦丝学习和情感交流,盲童们找到了生活的自信、人生的乐趣和意义。

盲童们是不幸的,双目失明,看不到外面的精彩世界。但盲童们又是幸运的,生活在这个伟大时代,社会一直关爱着他们,有这么多志愿者参与公益活动,奉献余热和爱心,世间有真情,人间有真爱。大爱见真情,我亲眼所见人间大爱在校园内真情传递。盲童们通过自身努力,诠释、书写无悔的人生,相信他(她)们也会有人生出彩的机会。通过义教,我与盲童因葫芦丝结缘,有一种返老还童的感觉,我收获了喜悦和健康。看到了当今社会正能量的传递,从盲童们的自强不息中我也看到了他(她)们的希望和未来。我深深地同情盲童们的不幸遭遇,但更看好他(她)们的明天。随着医学和盲教事业的发展,相信他(她)们的明天会更加美好。

与国同梦,我们都是追梦人。昨日风雨兼程,明日砥砺前行。只要盲童们有需求,我们的义教活动就会继续开展。爱心团队也会越来越大,大爱的种子将会撒遍神州大地,爱心接力棒也一定能在江城薪火相传,因为我们一直在同心共筑爱心公益梦。

2019年,安徽省离退休教育工作者协会主办了庆祝中华人民共和国成立70周年"我和我的祖国"征文活动,我的作品《我与盲童的葫芦丝情缘》获大赛入选奖。我还参加了安徽师范大学附属幼儿园葫芦丝义演活动,深受幼儿园老师、小朋友的欢迎。

写作和唱歌也是我的业余爱好。2016年我被中共安徽省委老干部局聘为离退休干部网络宣传员,利用媒体网站和移动网络平台,积极开展以"展示阳光心态、体验美好生活、畅谈发展变化"为主题的增添正能量活动。我主动承担记录新时代、书写新时代、讴歌新时代的宣传任务,大力颂扬党的领导和社会主义制度,弘扬社会主义核心价值观,深刻反映新时代历史巨变,描绘新时代精神图谱,为时代画像,为时代立传,为时代明德,传递向社会奉献爱心的正能量。几年来在互联网和《安师大退教通讯》上撰写多篇报道文章,释放了正能量。我参加"夕阳红兰亭文艺杯"全国老年(大学)文艺大赛,作品《龙虎山之旅,反思我国山水旅游文化》荣获文章类金奖,被大赛组委会特授"中华夕阳红文艺先锋人物"荣誉称号,并受邀赴京领奖;参加"东方美"全国诗联书画大赛,作品《徽州之旅,感受徽文化的人文气息》荣获金奖,被收录在

《东方美——全国诗联书画作品集(2016年卷)》中,由中国广播影视出版社出版;参加"四海杯"海内外诗联书画邀请赛,作品《不忘初心跟党走,誓为党旗再添彩》荣获金奖,被收录在《"四海杯"海内外诗联书画精品集》中,由中国文化出版社出版;作品《恢复古徽州建制,重建中华文化自信》在"中国新时代文艺作品宝库"评选中荣获特等奖,由中国文化出版社出版;参加"四海杯"海内外诗联书画邀请赛,作品《不忘初心献爱心,牢记使命育新人》在大赛评选中荣获金奖,被收录在《"四海杯"海内外诗联书画精品集(2020年卷)》中,由中国文化出版社出版。2019年,安徽师范大学筹办老年大学,我担任合唱班班长,并带领全体成员参加建党百年大合唱。

最美不过夕阳红,我要感谢老年大学为我提供圆梦、写作和歌唱平台。早晨太阳从东方升起,一夜之后它又回归到东方。昔日的光环、奖杯、证书和荣誉已变成遥远的回忆。一切从零开始,还要回归到零,这是世界上最简洁、朴素、浅显的哲学。心若在,梦就在,我要从头再来,在党的十九大精神指引下,继续追逐"中国梦",以新姿态投入到正能量活动中,让我的"夕阳梦"再添彩!

(作者系安徽师范大学老年大学学员)

夕阳工程造就了朝阳产业

杨小宣

5年前,我从市政府办公室副主任、调研员兼宣城宾馆总经理的岗位上退下来。欢送会上,领导和同事们惜别话语,回顾工作40多年的历程,虽觉轻松,但也隐有一丝落寞。光荣退休了,以后的日子里莫名有一种失落感压在心头,真是船到码头车到站?一日,在老伴的撺掇鼓动下,我抱着姑且一试的心情,报名参加了宣城市老年大学音乐班的课程学习。不去不知道,去了吓一跳!原来老年大学竟然有诸多未知的惊喜之处。

本人虽然是师范学校毕业,但40年的工作历程早将学过的音乐知识抛到脑后。重新进入音乐课堂,从识谱、发声、练习到一首首新老歌曲的学唱,从节拍到速度,从情绪到意境,在音乐老师的悉心教授下,我和大家的音乐水平和技能得到了明显的进步和提升。特别是亲身经历了学校举行的"纪念改革开放40周年""庆祝新中国成立70周年"和正在进行的"建党百年庆祝活动"等文艺汇演,大家的积极性空前高涨。以演促学,以学推演,学习在课堂,展示上舞台。我们这些年过半百、六旬以至古稀以上的男生女生们,个个精神焕发,斗志昂扬,引吭高歌,青春闪亮。让人实实在在感受到,学与不学不一样,校内校外不一样,学习带来的收获与愉悦非同凡响。

不仅学习音乐如此,再稍稍观察了解学校其他课目班级的学习情况,原来也各有精妙。看,舞蹈时装,身姿曼妙,婀娜多姿,红绸彩扇,蝴蝶飞舞;听,管弦琴乐,美妙动人,高山流水,余音袅袅;美,摄影书画,别有洞天,赏心悦目,气象万千。还有英语、电脑、文学欣赏……一言以蔽之:是学习,让我们然后知不足;是学习,让我们少了些迷茫烦恼,多了些豁达胸襟;是学习,使我们面对现实、与时俱进!

爱好学习,掌握一些新知识和新技能,即能陶冶情操,又能提高"老有所为"的新本领。老有所学并不是为了得到一个新学历或新学位,而是为实现老年人"以学促为、学为结合"的目的。

退休了,人生的轨迹势必产生变化。我虽担任机关党委所属离退休支部书记,但是我也给自己定下规矩:"退休不褪色,离岗不离党""建言献策不添乱,关心关注不添堵",顺势适应转折,过好大多数老同志的这道人生转折关。事实证明,是老年大学的学习生活让我很好地适应转折,老有所学,并催发我们老有所为的信心和动力。几年的努力学习下来,学习成果在校外及社会得以展示,如我们参演了第五届中国农民丰收节开幕式、新四军云岭红旅小镇电视剧,并在中央电视台七套转播,反响热烈。学校书画班、摄影班的作品在全国、省、市大赛中屡屡获奖。服饰班的姐妹们在香港参赛,一展新时代老年女性的卓越风采。学校鼓励、支持组成志愿者服务队,到社区、工厂、农村、敬老院、残疾人康复院,用歌声、琴声、舞蹈、朗诵等一切所学到的知识,服务社会,热爱生活,弘扬新风,宣传满满正能量。记得2020年元旦那天的上午,我们几十名老年大学学员们组织的志愿者服务队带着用捐款购置的御寒衣物、精心准备的文艺节目,到宣州区养贤乡敬老院,开展献爱心慰问演出。我永远忘不了几十名孤寡老人那布满皱纹的脸上,洋溢着幸福快乐的微笑!

永远忘不了,他们和我们共同高唱《没有共产党就没有新中国》的感人情景。过后,我有感而发撰写了《让音乐插上爱的翅膀》一文,在宣城市老年大学班长群里发布,受到了热烈欢迎和好评。我深深地体会到,老有所学支撑了老有所乐,老有所为激发了老有所乐。我们不能改变人生的长度,但拓展了人生的宽度,孕育了人生的厚度。老有所学把我们渐渐缩小的生活圈子,重新以健康、积极、阳光的方式扩展放大。我豁然开朗:夕阳竟有如此之绚丽。

由于历史沿革的诸多原因,宣城市老年大学现有的教学设施设备、人员经费等有所不足。在党委、政府的重视与支持下,我们期待着一座既有宛陵山水特色又适应现代化老年教育教学功能的新校区早日落成。尽管现在的校区条件陈旧简陋,但却有着极好的社会知名度和美誉度。学风、教风、校风,昂扬正气,蔚然成风。一座难求,已成常态。究其原因,学校的管理者,还有一批骨干教员,几乎都是退休又上岗的领导干部和专业人员。在熙熙攘攘的学员中,总能看到他们忙忙碌碌的身影,总是见到他们脸上温暖和煦的阳光。我们学到了知识,更从这些同样是老年人的老年教育工作者身上获得更多宝贵财富。学校遵循成人教育的规律,坚持继续教育的理念,宣扬终身教育的思想。正是他们年复一年,日复一日的无私奉献,兢兢业业、埋头苦干的辛勤耕耘,用其秉烛之光,照亮了广大学员的人生求学道路,使我们知晓,唯有晚年不虚度,方觉夕阳无限好。正应那首古诗"神龟虽寿,犹有竟时。腾蛇乘雾,终为土灰。老骥伏枥,志在千里。烈士暮年,壮心不已"。面对社会老龄化的日益加快,党和国家一系列老年教育法律、法规、政策措施的进一步强化落实,"增长知识,丰富生活,陶冶情操,促进健康,服务社会"的办学宗旨将不断发扬光大。老年教育这项夕阳工程将越来越展示出其强大的青春活力,正变成一项魅力四射的朝阳产业！

(作者系宣城市老年大学宣城校区学员)

在老年大学演绎着不老人生

吴敬立

年轻时,由于一些特殊的历史原因,我失去了上大学的机会。后来经历了下乡、招工,等到了恢复高考制度,我已年近30,成家立业迫在眉睫,上大学真的成了梦,成了我心底难以割舍的梦。

退休后,感受着失落和落寞,格外渴望得到再学习的机会。当朋友介绍老年大学时,我便怦然心动！可我一个普通的退休工人能上吗？忐忑中拨通了宣城老年大学芜湖校区的电话,当得到热情肯定的答复时,心里止不住地激动,我的大学梦终于可以实现了！

在老年大学我报名上了诗词班,开始了我年轻时想学而又没有机会的学习。

近体诗是我以前从没有接触过的新课程,毕竟年龄大了,记忆力也差了,诗词班的老师从最基础的平仄、四声讲起。为了适应老年人,老师耐心细致,对诗词中的各种格式,反复举例讲析,不厌其烦。就这样,在这个课堂里,我们学习了诗经、乐府、唐诗、宋词、元曲这些中华国粹中的名篇佳作,以及许多古今诗词。老师对每一篇诗文都做详细的介绍、分析,教我们如何去阅读鉴赏,去感受中华民族文化特有的韵味。在课堂上,我们还系统地学习了近体诗的格律、用韵,学会了押韵、对仗等作诗的方法及常用的修辞手法。

后来我们尝试着写诗,老师对每一首小诗都认真批改,还不断地鼓励我们。课外,我经常和同学们交流、切磋。在老师和同学们的帮助下,我的学习有了进步,我的一些小诗也能在省、市一些刊物上发表了,其中小令《浣溪沙·七夕》被选入《安徽当代诗词选》。后来我相继参加了省、市诗词学会,有机会向更多的诗友学习,不断得到提高。成绩是微不足道的,但给我的精神慰藉却是巨大的,想到在退休后,还能在诗词领域继续学习,并有所收获,怎不令人欣慰!

几年来,在老年大学,除了学习知识外,还有一个意外收获,那就是结识了许多新朋友。虽然我们来自不同岗位,有着不同的经历,但大家如同兄弟姐妹般相处和睦。课余我们一起漫吟名篇佳句,共同享受声韵之美。大家积极参加学校、班级举办的各种活动,例如,为庆祝新中国成立70周年,老师带领我们全班学员登台朗诵毛泽东诗词,得到一致好评,我们也从中更加深刻地领略革命家的胸怀与风采。2021年是中国共产党建党百年盛典,学员们纷纷写出歌颂党的丰功伟绩、不忘初心、再创辉煌的诗歌、文章。在创作的过程中,大家学习了建党百年的红色历史,牢记革命先辈为中国革命事业付出的鲜血和生命,更加坚定为实现中华民族伟大复兴而继续努力奋斗。

2020年疫情停课期间,我们班建立了微信群,老师和我们一起撰文、写诗,表达了抗击疫情必胜的信心,让我感受到生活在和谐友好的大集体中的温馨和快乐。

我是幸运的,赶上国泰民安的好时光。党和政府十分关心老龄事业,老年大学越办越好,办学条件也越来越完善。上老年大学不仅圆了我年轻的梦,提高了文化修养,还提高了晚年精神生活质量,开拓了眼界。以后我还打算学习音乐、美术、老年保健等课程,拓展知识面,使自己的晚年生活更加丰富多彩。

感谢老年大学,让许许多多老年朋友和我一样,在五彩、温馨的夕阳路上,继续着老有所学、老有所乐,演绎着各自的不老人生。

(作者系宣城老年大学芜湖校区学员)

我的"大学"梦

王 玲

我是郎溪县老年大学戏曲班学员王玲,上大学是我多年的梦想。在我高中的时候,由于受到一些特殊的历史原因的影响,我的理想被打落成一地碎片,未能有机会考上大学。我高中毕业当年的年底,被上山下乡的大潮卷入了偏僻的农村,加入了农村工作队。1971年9月,我被招工到县邮电局(时称电信局),当了一名话务员,然后结婚生子、成家立业,倍感工作与生活的艰辛。

寒来暑往,岁月蹉跎,几十年来,上大学的梦想始终在我的脑海里翻腾。2016年退休了,党的政策好,每月都能领到丰厚的养老金,真可谓是丰衣足食,但整日无事可做,天天打麻将,身体越打越差,总好像生活中缺点什么?直到2018年5月的一天,从几位闺蜜的聊天中得知,县老年大学决定恢复开办并于秋季学期正式开课。我仿佛一下子拂去尘封在内心深处多年的尘埃。从现况来说,老年大学就是学习、交流、开展活动的平台,但对我来说,那就是圆了我的大学梦呀!事不宜迟,我立刻就报了名,真正成为一名老年大学的学员。

老年大学学科较多,报个什么专业呢?还是从个人爱好和兴趣着手吧。我的爸爸妈妈一直在剧场工作,儿时起,各种剧团都需要在剧场演出,而我的家就住在剧场内,每次演出我都能享受到免票的待遇,久而久之,经过多年的耳濡目染,像黄梅戏、越剧、锡剧、花鼓戏等都能跟着哼唱几句,还略知一些基本手势、步法。于是我毫不犹豫地报名参加了戏曲班。在指导老师的帮助下,我的唱腔、表演水平得到了很大提高。近几年,在老年大学的组织下,我们开展了一系列公益活动,多次前往县内乡镇敬老院、康养中心进行慰问演出,我们在老年大学所学的知识一一得到展示,获得了老人们一致认同和赞誉。每次演出结束后,有的老人拉着我们的手说"你们要常来啊",让我们深受感动,因为我们老年大学做的是接地气、百姓认可的事。

我深深地体会到,来到老年大学后生活充实多了,我在这里不但学到了工作期间未曾学到的知识,还在这里切磋技艺、交流思想,增强了友谊,也学会了宽容,最关键的是让我在这花甲之际焕发了第二次青春。

每当我佩戴着老年大学的校徽行走在路上时,除了引起路人的羡慕眼光外,我自己特别自豪,梦圆了,我是一名名副其实的"大学生"啦!

老年大学就是好!我爱老年大学!

(作者系郎溪县老年大学学员)

夕阳花开的地方

郑燕玉

我是宣城老年大学芜湖校区音乐五班的一名学员,在这里我度过了近5个年头。尽管我退休后生活的重心是以帮助孩子、照顾家庭为主,但每每想起有这样一个班级,有老师、有同学、有课堂、有歌声,心中就会泛起一阵阵开心的涟漪,感觉有一种精神的慰藉。每当下课回来,有人问起:"你去哪了?"我总会自豪地回答:"我上老年大学去了。"当遇到上课时间我走不开时,我会告诉家人,今天我有老年大学的课,家人就会努力协调,把时间让给我。老年大学是我精神生活的寄托之一。

我身边的老年大学同学,年龄差距有30岁之多,性格各异,文化水平也参差不齐,就学习目的而言,我觉得可分为三类:

一类是专业基础较好,希望得到进一步提升的同学。这些同学通常非常喜欢自己所学的专业,也有较好的基础,学习认真,努力钻研,勤奋刻苦。他们对老师的要求比较高,上学的目标比较明确,十分注重个人专业的发展,学校、老师是他们专业提升的平台。一类是爱好明确,且有一定的基础的同学。这类同学因为有一定的基础知识,学起来比较轻松,加之努力和钻研,有专业老师的指导,他们的进步也是比较快的,这类同学是班级的主要力量,他们热情也有能量,班级活动往往参与度比较高。还有一类是学多学少无所谓,重在充实自己的老年生活的同学。这些同学不一定有什么专业基础,甚至有的可能是零基础,业余爱好也不是很强烈,即使努力了,对结果也不在意。由于这类同学主要是来充实和丰富自己的老年生活的,因此上课出勤率也很随机,班级活动的参与度通常也不高。

我们的老师深受学生的喜欢和爱戴,他从教于社区、县、市各级老年大学,非常敬业。课堂上他是我们的好老师,课堂下是我们的朋友,真可谓是良师益友。

我们班很多同学的音乐知识都是零基础,每次上课老师都会不厌其烦地、反复地、循序渐进地给我们讲一些音乐知识和唱歌技巧,一遍遍地练声,一句句地教我们唱新歌,先唱谱再填词。有时候因为我们有些学生回家没有认真复习,一个知识点反复讲了多次,我们还没有掌握,老师会很生气,严厉批评后,又会幽默地调侃一下,这时我们学生会报以愧疚的笑声。

唱歌是健康养生的方法之一,每次上完课,我们不仅学到了知识和唱歌的技巧,身心也得到了放松和愉悦。

我们宣城老年大学芜湖校区,每学期还会组织一次汇报演出,这个时候也是我们每个班级师生最忙碌的时刻。师生同台,穿上亮丽的演出服,展示我们老有所学的成果,展现我们老有所乐的风采。

记得在2018年度的汇报演出中,我们班的节目是女生小合唱《军人的本色》。我们身穿军装,戴着红色的贝雷帽,穿着红色的靴子,系着红色的腰带,英姿飒爽,威武靓丽。虽然我们不再年轻,但我们个个精神抖擞,脸上洋溢着军人自豪的表情。"假如一天风雨来,风雨中会显出我军人的本色",随着歌声的飘扬,我们演出的视频和照片在微信朋友圈中传播,还获得了不少点赞呢!

老年大学是夕阳花绽放的地方,在这里不管年龄大小,学历、职位高低,无论以前从事什么职业,我们都可以成为同学、成为朋友,可以从零开始,从现在开始,一起学习新的知识、技能,在歌声中享受生活的美好,在交流和演出中感受生命的活力。

我想用乔羽作词的《夕阳红》歌词作为结尾:"最美不过夕阳红,温馨又从容,夕阳是晚开的花,夕阳是陈年的酒,夕阳是迟到的爱,夕阳是未了的情……"

(作者系宣城老年大学芜湖校区学员)

童年的梦想今成真

樊翠岚

在我小的时候,大约五六岁吧,父母因为在外地工作,把我送回距离100多公里的农村爷爷奶奶家。没有熟悉的小朋友,没有玩伴,奶奶就叫来一个十二三岁的男孩陪我,我觉得应该叫他"叔"。在老家,我爷爷的辈分很高,大家都尊称他老长辈,因此这个"小叔"按辈分应该叫我小姑呢,我有点不好意思。奶奶说,你就叫他小哥吧,不要紧。

小哥是个非常聪明漂亮的男孩,眉宇间透露出精明与秀气,只可惜是个哑巴。他不仅能用泥巴捏出各种形状的物品,比如吃饭的碗、勺子、筷子等,还会用剪刀剪出各种各样的小动物:天上飞的小鸟、水里游的小鱼,还有小猫、小狗、大公鸡,剪得像模像样,栩栩如生。我高兴坏了,常常聚精会神地看着他剪。那时候家里找不到像样的纸,就把奶奶家的"门对子"(过春节贴的春联)撕下来剪,有时还到村里别人家去撕"门对子",自然是免不了一顿骂。

记忆中,不久好像回到父母身边开始读书了。再不久,回老家时奶奶说会剪纸的小哥已经不在了。没有听清奶奶说他得的是什么病,是不是没钱医治去世的,只顾着哭了。时至今日,每每想起他我依然泪眼婆娑。

时光荏苒,日月如梭,转眼我也到奶奶的级别了。从读书到工作,一路走来,剪纸的记忆时常缠绕心头。如今退休了,思量着怎样充实自己退休以后的生活。不觉想起童年时小哥的剪纸。由于我所在地方是个小县城,会剪纸的人并不多,偶尔在书画展中见过,听说作者是个乡村的大娘,有心求学,又不是很方便。因此,我将我的兴趣、爱好逐渐转移到书画方面,报名参加了县老年大学书画班,学习书法和绘画,在老师的辛勤教导下,受益匪浅。

直到2020年,因为新冠肺炎疫情,安徽老年大学远程教育网在线上开设了29门课程,其中就有剪纸课。我立即报名,有幸进入了剪纸班学习。通过每周一节线上的教学,我的剪纸知识面迅速扩大,经老师介绍知道了剪纸的由来:早在春秋战国时期,人们就通过镂空雕刻的技法,在一些薄片材料上制作工艺品,这是在纸张出现以前就开始流行起来的,虽然不是纸张制作,但如出一辙,这就为真正意义上的剪纸出现奠定了基础。从考古遗存中发现,剪纸艺术在北朝时期就已经出现,至今已有1500的历史,当时的剪纸技艺已经相当精熟。隋唐以后,剪纸艺术日趋繁荣,唐代还出现了专门描述剪纸的诗句《采胜》,诗中写道:"剪彩赠乡亲,银钗缀凤真。叶逐金刀出,花随玉指新。"该诗描绘出了唐代佳人剪纸的优美动作。到了宋代,开始出现剪纸行业和剪纸名家。明清时代,是剪纸技艺的高峰期。

剪纸艺术自诞生以来,在中国历史上就没有中断过。它来源于民间,并出现于各种民俗活动中,是中国民间历史文化内涵较为丰富的艺术形式之一。民间剪纸善于把多种物像组合在一起,产生出理想中的美好效果。

在老师的讲解过程中,我不仅知道了上述诸多历史知识,还学习了很多剪纸技法,有单色剪纸(剪纸中最基本的形式,由红、绿、褐、黑、金色等各种颜色组成,主要用于窗花装饰和刺绣底样)、彩色剪纸(采用点染、套色、分色、填色等手法)、立体剪纸(可以是单色,也可是彩色,采用了绘画、剪刻、折叠、黏合等综合手法产生的一种近似于雕刻、浮雕的新型剪纸,它吸取了现代美术的技巧,充分体现了写实与美术浪漫的特点,使剪纸艺术由平面感变为立体化)。以上各种形式各有自己的特色和独到之处:点染剪纸滋润,装饰性强;套色剪纸脆利、色块鲜亮;分色剪纸分色截然、色感丰富;填色剪纸则单纯、洁净、鲜明:均给人不同的感受。虽说剪纸这门技艺很容易学,一把剪刀、一张纸就可以开始学习,但是想要学精,还需要不断地钻研和练习。从临摹小幅作品开始入手,要一步一步、扎扎实实地从基础开始学习,只有熟练地掌握了传统剪纸的基本技法,吸收众家之长,才能创造出优秀的剪纸作品。

学习的过程让我领悟到,退休以后的生活原本是可以丰富多彩的,通过自己的努力,能够收获知识、健康和快乐!学习的过程给我们的生活增添了乐趣,提高了精神素养。修身养性,自我陶冶,做自己想做的事,一切顺乎自然。如今在中国共产党的领导下,在习主席的亲切关怀下,我们老年人过上了幸福美满的生活。走进老年大学,我们学到了年轻时想学而未学到的知识,展示了意犹未尽的艺术才华,梦想成真!感谢党和政府的政策好,感谢老年大学这个平台,让我们广大老年朋友真实享受到、真正体会到老有所学、老有所为、老有所乐!

(作者系郎溪县老年大学学员)

指尖上流淌着的幸福

徐 磊

日月如梭,光阴似箭。由几十年的忙碌、快节奏、紧张有序的学习工作生活,猛然转入退休后的悠闲、慢节奏、清静无为的生活,让我一时难以适应。

人生关闭了我为社会努力的大门,总会开启另一扇观景的乐园,可是那乐园在哪？我有些茫然。我思索着、寻找着……

一个风和日丽的春日上午,我信步闲逛来到了铜陵学院校园内。随风传来了一阵欢快悦耳又苍劲有力的歌声,让我驻足聆听。循着歌声漫步蹀去,我来到一间教室,见到一群退休老人正在教室里唱歌,其中不乏我认识的面孔。这时,授课老师走过来亲切地邀请我进入课堂,同时递给我一页歌谱。由此,我顺利地打开了老有所学、老有所为、老有所乐的退休生活乐园。老年大学欢乐、丰富的校园文化生活像和煦的春风,拂去了我刚退休时的空虚和失落感,人的精神面貌也焕然一新。

入学后,我知道了铜陵学院音乐班是铜陵市老年大学的一个分校班级,授课的周老师已经70多岁了,因为爱好声乐,退休后改行教授声乐并成立了一个合唱团,我跟班学习了一个学期。第二学期时,周老师又请来了专业的声乐老师授课,使我对声乐有了进一步的深化认识。

在周老师对我们的培训中,我懂得了声音的艺术、唱歌的呼吸以及正确的唱歌姿势、歌曲和乐器的配合等。我深深地体会到,声乐艺术需要时间来打磨。学唱歌不但要有兴趣,更要掌握科学的发声方法;要有健康的身体、良好的心态,还要求有一定的文学修养、综合素质,甚至具备内敛和张扬的性格。我越发觉得声乐就像是登山,登得越高困难越大,必须具备百折不挠的毅力和巨大而持久的耐心。但到具体练声或唱歌时,总会出现一些气息不稳、不知如何用喉咙、不知道如何打开、唱歌不自然等现象。这对我这个初次接触声乐的学生来说有一定的难度。虽然困难,但我一直在稳稳地迈着每一个脚步,并且依然享受着整个过程中的喜怒哀乐,这和老师出色的教学是分不开的。

由于时间充裕和求知欲使然,我又来到离家更近的铜陵市老年大学上课。这里给退休老同志们创造了更广阔的活动空间,校园内到处洋溢着勃勃生机。门球场、太极拳场地一应俱全,走廊里挂着同学们的绘画、摄影作品……在这里,我知道了党的十八届三中全会要求我们要"拓展终生学习通道""加快学习型社会建设""发展老年教育"……老年大学课堂带领我们紧跟时代前进的步伐:这里举办的营养健康讲座,让我们掌握了科学的养生知识,健康快乐地拥抱盛世中华;这里举办的各项活动,让我们充分展示出自己的才华。在这里,老年朋友们根据自己的爱好选修学科,愉快地遨游在知识的海洋。

我在老年大学深入学习声乐,不断改变自己的精神状态和提升自己的内在修养。我知道声乐艺术是一种听觉艺术,它的特点在于通过美好的声音、清晰的语言来表达真实的情感。如何才能获得美好的声音和清晰的语言?首先必须具备一定的嗓音条件,但光有一副好嗓子是远远不够的。玉不琢不成器,良好的嗓音还必须经过严格科学的训练、刻苦勤奋的练习。

声乐课就是在给我们进行科学的训练。首先要学会正确的歌唱姿势。唱歌的姿势正确与否直接关系着呼吸的状态、气息的运用、腔体的共鸣,影响着发声时整个发声器官之间的协调和配合,同时也表现出唱歌者的心理和精神状态。唱歌姿势正确了,发声的各个器官就能正常的工作。

其次是要坚持培养正确的呼吸方法。呼吸是人体发声的动力,也是唱歌的基础。呼吸方法的正确与否,决定了唱歌的发声方法。在老年大学老师的带领和帮助下,我和同学们不断练习,调整自己原来不合理的唱歌方式,逐渐学会正确的、科学的唱歌方法,唱出更加美妙动听的歌声。来老年大学学习后,我的声乐技能和音乐素养都有了极大的进步。

随着声乐水平的日益精进,我感到自己的普通话水平亟待提高,所以我在铜陵市老年大学又增加了一门学习普通话的课程。

长久以来,我一直说的都是铜陵方言,突然要将自己习惯已久的发音系统来个大颠覆,说起来容易,做起来却很困难。学习普通话,没有什么捷径可走,唯一的途径就是勤学苦练。

老师给了我很多指导,首先就是多读、多说。多读,就是指在看书、看报、看文件等阅读过程中养成用普通话朗读的习惯,即使囿于具体环境不便读出声来,那也应该养成默读的习惯。多说,就是没事的时间一个人对着镜子边说边注意自己的口型,与人交流的时候尽量用普通话,久而久之,当说普通话成为一种习惯,效果自然事半功倍。其次是多听、多练。多听广播、电视的播音员、主持人的节目,因为他们的语音相对来讲是比较准确的。多听身边普通话说得好的人的语音,有意与他们多交流,注意他们的发音方法、语言速度、声调处理等。多练,指的是要对着一些范文勤加练习,再辅以绕口令等难度大一些的训练。再次是多模仿、多琢磨。模仿不仅是普通话初学者的一种行之有效的方法,同时还可以增添我们的学习情趣,不致枯燥乏味。就模仿而言,还得多琢磨。用心找出自己的语音和模仿对象的差距,自己的发音方法和咬字器官的协调性还存在哪些不足,从而不断修正。通过普通话的学习,我感到想要说好普通话,绝非一朝一夕之功,只有全面掌握必要的普通话知识和规律,勤学苦练,持之以恒,才能学得会、说得好。

接着,为了更好地歌唱,我又试着去学习了钢琴。学琴过程并没有想象中那样美好,也走了一些弯路。钢琴、音乐知识浩如烟海,越是深入反而越觉得自己浅薄。一开始手指都摆弄不好,到现在也能弹奏上一两首曲子,说实话还是觉得挺有趣的。当一个个音符在指尖流淌的时候,那种舒适感加深了我对钢琴的喜爱。

指法是弹钢琴的基础,刚开始从最基本的指法开始练习。练习枯燥而乏味,不过练好了真的受益匪浅。后来我慢慢地接触了一些简单的曲子和片段。先单手练,左手练好,再练右手。等到双手合弹,才让我感觉到是真的在弹钢琴。简单的合手练完后就是难一点的了,先是右手旋律、左手伴奏,再是左右手互为旋律伴奏,一首比一首难,花的时间也越来越长,人不自觉地就烦躁起来。但练得多了,发现一首曲子上手很快。后来我们加练了踏板,加大了练习难度,困难被一一拿下。

学习钢琴首先要热爱钢琴,只有热爱才会投入、才能学好。其次是要有一定的乐理知识,只有这样才能更好地了解乐曲及其情感。另外,还应该要有一定的视唱功底。钢琴学习最重要的是练习,不厌其烦地练习,只有这样才能练好。只有从最基本的指法练习一步一步去提升,才能慢慢地达到一个不错的水平。

2021年恰逢中国共产党百年华诞,我受邀参加各类演出活动、征文活动,可以用歌声、用文字抒发对祖国、对党的热爱。

在各位老师热情、耐心的教导下,我不断增长着知识、拓宽着视野,更重要的是我学会如何去学习了。另外,我还认识了很多志同道合的老师和朋友们,建立了自己的交际圈,感到生活更加充实快乐、幸福而又精彩,希望能为提高我们当地老年合唱团水平尽到自己的一份力量。我还可以将在老年大学里学到的知识都运用在生活中,带动更多的亲朋好友们来到老年大学这个乐园。

　　最后要特别感谢老师,是您让我触摸到了声乐,是您让我的生活变得更加丰富多彩,是您让我找到了自信,是您让我明白自己只要努力就可以做好每一件事情。

　　铜陵老年大学,我心仪的乐园!在这里我度过了许多美好的时光,留下了许多难忘的记忆。这里有务实创新、为学校的建设发展尽心竭力的领导,有爱岗敬业、为我们热情服务的老师和工作者。感谢这个时代给予我的恩惠,感谢党和政府对老年群体的关怀,用爱心为我们构筑政治学习的阵地、增长知识的课堂、展示风采的舞台、温馨快乐的精神家园。祝愿祖国永远安康,河清海晏,十里繁花,竞相开放!

(作者系铜陵市老年大学学员)

老年大学是我快乐的乐园

李燕琳

人人都说,家是温馨的港湾。我说,家是我温馨的港湾,老年大学是我快乐的乐园。回想进入老年大学十几年来,在这里,我结识了许多新朋友,收获了许多新知识,实现了自己多年的音乐梦、舞蹈梦。是老年大学让我的晚年生活更时尚、更绚丽、更富有时代感。

我在领导岗位上工作了几十年,繁忙的工作压力使我根本没机会学习音乐、舞蹈等方面的知识,再加上我本就是文静拘谨的性格,所以在工作单位,蹦蹦跳跳的活动几乎和我无缘。我经常自嘲是没有文艺细胞的人,每逢单位有重大活动,参加完前面的会议,后面的文艺活动就借故退场,我也曾暗暗较劲,一定要找机会补足人生的缺憾。

为了实现自己的梦想,退休后我来到铜官区老年大学,首选的科目就是音乐和舞蹈。岁月不饶人,年龄大了,记忆力不好,再加上自己没一点基础,开始学习时感到特别吃力,一招一式都要付出很多汗水。记得2009年为迎接国庆60周年,学校组织了舞蹈队赶排节目,我任舞蹈队队长。我这个队长只能在行政管理上发挥才干,艺术排练方面只能由副队长负责。排练过程中听到队友们说跳舞要听节奏、跟节拍,我是第一次接触,也听不懂是怎么回事。在老师、队友们的耐心帮助和示范下,经过刻苦的学习训练,我的音乐和舞蹈技艺不断提高,取得了较大的进步。现在我对节奏和节拍都能很快适应,在校内、校外的不同场合都能听到我的歌声、看到我的舞姿。以前到了卡拉OK感到很无聊,现在到了那里成为活跃分子,大家都称我为"麦霸"。在家我也是一边上网,一边唱歌。我还成为60多人合唱团的团长和老年大学音乐班、舞蹈班的班长。

2013年,我在老年大学组建了爱心演出队,经常带领队员们精心编排文艺节目参加公益演出。我们活跃在部队、光荣院、社区和敬老院的舞台上,受到部队官兵和社区老年朋友们的欢迎。点滴温情,汇爱成河。我们的爱心公益活动深深感动着在场的朋友们。记得有一次演出,电视台曾当场采访一位老人,他连声说谢谢,说我们的节目无论形式还是内容都适合他们的口味,整台节目内容丰富,富有时代特色。一些老年朋友常常托人带口信问我们哪天再去演出。演出中我不仅是演员,有时还是主持人和整台节目的编排者。

在老年大学爱心演出队的基础上,2015年7月,我组建了"缘聚夕阳爱心艺术团",并担任团长。近些年来,这支队伍一直活跃在爱心奉献的舞台上,组织、参加大大小小的爱心演出共50余场。2021年12月,在做好疫情防控常态化的基础上,爱心艺术团组织了一场包括独唱、男女对唱、小合唱、黄梅戏、京剧、独舞、多人舞、旗袍走秀等多种风格的文艺汇演。现在我们的爱心公益活动已做到电视有声音有画面、报纸有文章有照片,得到了社会的赞赏和认可。2022年我提前谋划,准备和爱心艺术团成员一起,在国庆节和重阳节再举办2场演出,展现退休老同志的正能量!

在老年大学,我还学习了摄影和图片处理。我常常和家人及朋友们在齐春生态园、天井湖公园、翠湖公园、凤凰山等地游玩拍照。因为有前期学习摄影的基础,所以我拍的照片构图和人物神态都把握得不错。我还利用在图片处理班学到的 PS 知识,把小孙女的照片进行处理合成,做成了艺术相册,可以与照相馆做的相册相媲美。

几年来,我在老年大学不但实现了自己的梦想,补足了人生的缺憾,还结识了许多新朋友,和大家相处得亲如兄弟姐妹,许多学友都称我为姐姐,并说和我在一起开心、快乐、舒坦。这些都是老年大学给了我发挥余热的舞台,是老年大学让我的晚年生活更充实,老年大学就是我们的乐园。

(作者系铜陵市铜官区老年大学学员)

每天做一个全新的自己

刘穆莲

如果说人生是一条路,那人到老年应该就是从宽阔大道渐入小径。在这条小径里,应是满园春色,小径上应有一个俱乐部,俱乐部里文体技艺、说学弹唱、琴棋书画样样都有。这样我们每一天,都可以宠辱不惊,看庭前花开花落,去留无意,望天空云卷云舒。

当然,经营这个俱乐部是有学问的,这些学问适合老年的我们去践行,践行的办法就是"快乐学习和学习快乐"。我认为,老年人的生活法应该是"不庸人自扰",那些过去的、将来的都是云里花、雾里虹,隔空看看就可以了。我们的生活状态就是从雷声中听蝉鸣,微笑向暖,安之若素。只有这样,才可以在人生道路上取到一部能治百病的真经。

不庸人自扰必须要有内心定力。好好地学、认真地老、漂亮地活、潇洒地走。退休生活并不是一潭死水,应该也有"成长",每天做一个新的自己,用学习适应退休后的"成长"需求、"成长"动机、"成长"必要。退休了,尽管家务繁琐,但没有工作计划、方案实施、任务布置、迎检材料等重重困扰,我们的时间由紧张变得富有,我们的大脑便有了新空间,空间里有了一份真正意义上的自由和一份向往的力量。如何给大脑的空间装进自己想要的东西?那就是合理的、有趣的、理性的学习。

有的退休的人说:不枉度此生。我觉得这个话题太高大上了,对退休的人来说似乎也有点远,但让自己生活得更智慧、更聪明是可以的。大脑里的自由空间就是"一亩三分地",不能荒废,把原先在心中萌动的种子,种植在这片土地上,勤耕勤种是可以得到收获的。本着这一想法,退休后,我开始学绘画,写自己喜欢的东西,有时间还认真地去思考,去看几本书,哪怕是幼儿故事,里面也有赏心悦目的内容。除此之外,我还学习踩踩拉丁步、伸伸瑜伽腰、扭扭古典舞、跳跳广场舞等,我还喜欢静思,品茗杨绛、三毛等文学巨匠的才情和文字魅力,让自己的思想变得深邃和有洞察力。

画画、写文字、跳舞,每一个我都"情有独钟"。为了分享这份快乐,我偶尔也赠一二幅画给亲朋好友,抒写三两个文字滋润空间,小文小画常可以在《池州老年教育》和一些网络平台刊发,这个过程是奇妙的。2021年6月21日,为庆祝中国共产党百年华诞,池州市统战系统举办首届主题为"铭记辉煌路,共绘同心圆"的书画展,我竟然有三幅画被选中展览。这在以前连想也不敢想的事,今天居然发生了。看着自己的画挂在展厅里,许多人的目光落在它们身上,那千万笔笔落笔起引起的肩周疼痛,这一刻全成泡影,随风而去。

退休后的学习没有压力,简单轻松,况且池州老年大学窗明几净、环境优美。青春已走远,但学习永远不能辜负。为此,数千学员开始了各自的兴趣学习。我选学的拉丁舞、瑜伽、古典舞都美化了我的生活。比如,习舞后,我和同学们在各种联欢庆典中一展身姿,美丽又富有正能量。学习提高了我的气质和身体的灵动性,学习更挽住了生命的烂漫与芬芳,让生活变得五彩斑斓。

杨绛先生说:我们总是为了太多遥不可及的东西去奔命,却忘了人生真正的幸福不过就是灯火阑珊的温暖和柴米油盐的充实。杨先生不愧是大家,说的是平凡事,做的也是平凡人。人生一切看上去的辉煌都会降落平凡,抓住平凡就是抓住了生命的真谛,用一颗平常心对待自己才是最好的。

最后,我想说:韶华已逝,岁月可期,相信自己,路在脚下,满园春色小径里,等你步伐盈盈来。

(作者系池州老年大学学员)

享学习之乐　品夕阳之美

郑晓阳

"最美不过夕阳红,温馨又从容……"20世纪60年代出生的我,对这首歌耳熟能详。眨眼间,我也到了"夕阳红"的年龄,如何过好老年生活,让"夕阳红"更加绚丽多彩,我认为学习是最好的途径。

北齐文学家颜之推说:"幼而学者,如日出之光;老而学者,如秉烛夜行,犹贤乎瞑目而无见者也。""60后"的我,"如日之光"的求学时期恰逢"文化大革命"。如今,我要倍加珍惜时光,争做一位"秉烛夜行"的"老学者",享受老有所学的乐趣。

新时代,老年人对老年生活有了更高、更新的追求。老有所养、老有所医已经不能满足他们的需求,精神生活的丰富愉悦才是他们的目标。要实现这个目标,学习必不可少。老年人只有通过学习来挖掘大脑潜力,使自己充分地参与到社会生活中,才能更充分地体验到党的温暖和社会的关爱,体验到人间真情和乐趣,因此,老有所学十分必要且重要。

老有所学有益于老年人自身的健康。一是充实精神生活。不少老年人从工作岗位上退下来后,一时难以适应生活环境和节奏的变化,与人接触减少、参与社会活动的积极性降低,容易出现性格改变、心情郁闷、生活乏味等情况,时间一长容易因精神空虚而产生孤独感,进而产生失落感和厌世感。为此,老年人可以通过读书、到老年大学学习等方式丰富自己的精神生活,经常保持饱满的情绪,增强人生的信心和意志力。二是保证身体健康。生命的活力来自于运动。幼年的求学、青年的求职、中年的求成,一直忙忙碌碌的我们,一旦从工作岗位上退下来,打乱了几十年形成的生活节奏,改变了身心早已适应了的活动规律,突然由紧张变得松懈,就很可能从此"一休不振",导致疾病多发,很快衰老。为此,老有所学也是老年人的健康需要。比如,我在老年大学学习的剑术,要求学习者精神专一,物我两忘,通过运动来修身养性,强身健体。三是弥补知识缺憾。许多老年人,在职时忙工作、忙家庭，一些个人喜欢的兴趣爱好无暇顾及。退休后，可以有充裕的时间学习研究，并且能够借助学习平台，完成一些力所能及的目标，以实现自己的夙愿。

老有所学有益于家庭和睦。老有所学可以加强家庭成员间的情感交流。老年人通过学习及多接触社会，可以及时消除心理、生理障碍，使自己的心理感受转移到积极的一面，渐渐地就会心情舒畅、心胸开朗，从而达到神有所安，更加豁达、宽容，有助于家庭和睦。老有所学能够减少与子女间的代沟，加深相互沟通、默契与共鸣，还能通过所学增长知识、与时俱进，能够运用自己丰富的知识和生活经验，更好地培育下一代，有益于创造温馨的家庭氛围，从而实现老有所依、老有所乐。

老有所学有益于社会和谐。一是有益于开展老龄工作。把退休老同志组织起来学习，可以使他们增长知识、培养兴趣、充实生活、拓宽视野，进而关心、理解国家大事和社会发展，提高社会工作参与度。二是适应老龄化社会需要。随着社会的不断进步和发展，老龄化社会不可避免地到来，社会情况的转变对老同志也提出了新的更高要求，同时老同志也有积极奉献的义务和愿望。为此，通过学习，提高自己的理论水平，掌握一种技能，做到老有所为，更能实现老年人的人生价值。比如，在庆祝建党100周年之际，东至县老年大学组织开展一系列文艺活动，既提高了老年人群体的活力，又推动了县域精神文明建设发展，更为庆祝建党百年营造了浓厚的喜庆氛围。

老有所学益处多多，但如何做到老有所学、学有所得，也是一个值得思考的问题。

老年学习群体与青少年群体不同，家庭环境、身体状况、知识水平、性格爱好等都有着很大的差异，保证老年群体能够老有所学并非易事，更需要因材施教。

为此,我认为办好老年大学非常重要,也是形势所需。老年大学,为老年群体提供学习场地、配备桌椅、聘请老师等,是一种很实在、很具体的服务,目的是提高学员的思想文化素质、专业素质和身体素质。但随着社会的发展和进步,老年大学的发展也应该与时俱进。据专家预测,到 2025 年,我国 60 岁以上的老年人口比重将提高到 19%,到 2040 年将提高到 25%,老龄化社会来势之猛,为世界所罕见。因此,发展老年教育势在必行,也是积极应对人口老龄化的举措。但面临如此巨大的压力,老年教育必需大踏步地前进,老年大学应该是老年教育的主要阵地,但就我这几年的学习情况来看,现有老年大学的建设已经不能满足学员的需求,导致一些想入学的人入不了学,这些还需要政府给予的更多关注和支持。

除办好老年大学外,我认为应该发挥文化部门及社区的功能作用。因为还有很多老年人或在农村或行动不便,不具备上老年大学的条件,那么就应该就近学习,乡镇和村(社区)要充分发挥文化站、农家书屋的作用,要尽可能开辟老有所学的新阵地,为老同志创造合适的学习条件,多征订适合老年人阅读的书籍,多开展适合老年人参与的活动。东至县文化馆近几年开办了古筝、电子琴、书法等专业,为老同志提供了很好的学习平台。东至县文化馆群文合唱团,在 2019 年庆祝中华人民共和国成立 70 周年安徽省合唱展演中表现出色,被授予"安徽省优秀合唱团"称号,2021 年又在加紧排练新节目,准备参加全市汇演,为庆祝建党 100 周年献礼。作为合唱团的成员,虽然排练辛苦,但每个人都积极参与,对获得的荣誉我们都倍感骄傲和自豪。

党的十八大指出:"积极发展继续教育,完善终身教育体系,建设学习型社会。"终身教育思想在我国有着久远的思想基础,我们搞好老年教育正是发扬了中华民族终身学习的好传统。老年教育作为终身教育的重要一环,其目标是建设学习型社会,提高全民族整体素质。

但老年人学有所得且学有所为并不容易。

一是缺乏信心。有些老同志因为脱离学习已久,对自己能否继续学习好没有信心;有些老同志观念落后,认为已经退休再学习也发挥不了什么作用。这些都需要积极引导。孔子68岁才开始著书,蒲松龄70岁才写成《聊斋志异》,毛泽东61岁才学英语……古今中外,老有所学的例子不胜枚举。无论学习什么知识,都能够丰富我们的晚年生活,实现我们的自身价值。比如,学一些政策、法律方面的知识,可以使自己心明眼亮,对国家的发展,社会的改革理解得更深,适应得更快。学一些养生保健知识,可以预防疾病,做到有病早知道;学几套拳剑,可以强身健体;学习烹饪,可以提高饮食质量;学习琴棋书画,可以陶冶情操;学一些新领域里的知识,可以增长见识,开阔视野。何乐而不为?当然,要想学有所得、学有所为,必须要有耐心和毅力,要持之以恒。耐心和毅力来源于兴趣和爱好,因此要根据自己的兴趣和爱好来选择学习内容,只有这样才能比较容易持之以恒地学习,也比较容易出成果。

二是说易做难。老年人的特点是接受能力强而记忆力差,知识面宽而规范性差,学习认真而反应慢。这些不利因素很容易影响老年人的学习兴趣。所以,老年人在学习中要克服困难,增强信心,不气馁不急躁,循序渐进,切忌三天打鱼两天晒网。同时要本着遇到挫折不气馁、有了成绩不自满的学习心态,才能达到预期的效果。比如我在老年大学的扇子舞团队,队员们年轻时都没有跳过舞,更没有接受过相关训练,刚学习时,做出的动作都不规范,扇子"打架"是常有的事情,但我们不气馁、不服输,相互鼓励,每天早起练习,经过几个月的努力,所有队员都已经相当熟练,配合也很默契,在全县庆祝建党 100 周年文艺汇演中表现良好,深受观众好评。

  转眼退休已有 5 年,进入老年大学学习已经有 3 年,从最初的不适应到现在的乐在其中,学习给了我很大动力,也带给我很多收获。现在的我,身体健康、家庭和睦,丝毫没有因年龄的增长而有恐慌感和焦虑感,这样的"夕阳红"生活让我幸福感很强,对未来也充满希望。祝愿所有的老年朋友都能珍惜这美好的时光,以老有所学、学有所得来实现老有所为、老有所乐,使夕阳更美、生活更美。

(作者系东至县老年大学学员)

一座通往幸福的桥梁

陈松菊

  随着中国人口老龄化的比例不断上升,发展老年文化教育越来越成为一个不可忽视的问题。在退休之后,如何好好规划自己的晚年生活,成了退休人员的一大重要课题。于是,老年大学这一新生学校的诞生,很好地解决了这一问题。它为老年人"老有所学、老有所乐、老有所为"搭建了一个便捷的平台,也是积极应对人口老龄化的一条基本途径。

（一）老有所学，有利于老年人与时俱进

如何根据老年人的特点，开展多种形式的教育活动，使老年人更新知识、充实生活，继续发挥余热，其中重要的一项对策就是老有所学。老年人再学习，既是社会的需要，也是自身的需要，因为它有利于老年人适应社会发展的变化，为老年人参与社会工作、再就业创造了条件。比如，石台县老年大学开办的第一年，开设了电脑课。原先我对电脑知识是一片空白，上了一年的电脑课后，基本上掌握了网上读书、QQ聊天、网上学习广场舞、淘宝购物等技能，同时为后来使用智能手机打下了基础。现在玩起下载、转发、拍照、录制视频、"抖音"App等都比较得心应手。如今再就业工作中也常用到电脑。这些都得益于当年在老年大学电脑班的学习，为自己"老有所为"增添了新本领。

（二）老有所学，有益于老年人精神生活的充实

人到晚年，时间相对空闲，精神生活逐渐空虚，如何使老年人的精神生活充实起来，"老有所学"无疑是解决这一现象的最佳办法。它既让老年人增添了乐趣，陶冶了情操，又保持了脑力，有益于人的身体健康和思想修养。自从我参加了老年大学门球班的学习以后，耐心增强了，团队意识增加了，身体素质也提高了。"门球"一词以前闻所未闻，更别说掌握技术打门球了。如今通过几年的学习，不仅入了门，还多次参加了市级比赛，为石台县门球体育的发展起到了铺路石的作用；更重要的是，愉悦了自我心情，陶冶了个人情操，充实了自己的精神生活！

（三）老有所学，有助于老年人身体健康

《老年人权益保障法》第一章第三条规定："国家和社会应当

采取措施,健全对老年人的社会保障制度,逐步改善保障老年人生活、健康以及参与社会发展的条件,实现老有所养、老有所医、老有所为、老有所学、老有所乐"。老年大学正是为实施这一规定而采取的措施。有了"老有所学"的场所,就为老有所为、老有所乐提供了保障条件。上老年大学是老年人健康长寿、愉快而有意义地安享晚年的最有效、最适合的活动形式。再就业10年来,同事们都说我"精神矍铄"。我自认为虽然没有"老骥伏枥,志在千里"的雄心壮志,"矍铄"也谈不上,但精神饱满倒是真的。这又何尝不是"老有所学"带来的结果呢!

孟子曰:"老吾老,以及人之老……"老年大学正是秉承了祖辈们的传统美德,为老年人安享晚年架起了一座通往幸福的桥梁。

老有所学、老有所养、老有所为、老有所医、老有所乐,这"五有"我全占有,所以,我很幸福。这一切的一切,都源于中国共产党的正确领导和国家对老年人的重视以及党的政策好。我由衷地感谢党,感谢政府!在中国共产党成立100周年生日来临之际,衷心地祝愿我们的党越来越强大,伟大的祖国越来越昌盛,人民的生活越来越富裕,老年人越来越幸福、长寿!

(作者系石台县老年大学学员)

黄梅情缘让我们互敬互爱一家亲

何子明

我是安庆市老年大学2009级黄梅戏班学员,退休职工,现年70周岁。生活在创新发展的新时代,我们沐浴着"健康中国"的阳光雨露,享受在老年大学"老有所学"的快乐课堂,深感有幸赶上了好时代。

老有所学是退休人员的福音。面对退休那一刹那的急刹车,许多人的行为和心理准备还是不足的,有一种莫名的失落感。大家虽然在生活上衣食无忧,但在行为习惯和心理上的调整还必须有一个平稳的过渡。若处理不当,人会老得很快。"老有所养、老有所医、老有所为、老有所学、老有所乐",为我们退休群体指出了一条调整策略,使我们受益颇丰。

老有所学是退休人享受的一种愉快生活。有梦想的,可大器晚成;无梦想的,可自由选择学习一点新的东西,丰富自己的晚年生活。同时以学会友,以新的方式融入社会,便不再孤单、孤独,视野、心襟会更开阔,生活会更愉快。

各级老年大学是老有所学的好载体。老年大学充分保障了老年人老有所学的权益,各类课程因需而设,可增可减。老年学员学得丰富,可以学诗词、外语、电脑、声乐、戏曲、弹钢琴、电子琴,拉二胡,吹葫芦丝,跳各种舞蹈,练各类武术,绘山水、花鸟,写书、正、草、隶、篆,摄人间万象,讲时事政治,谈健康养生,教琴棋书画,普科技知识……更有网络教育,选择性好,适应性强。我就是这样走进老年大学走上求学之路的。

互动才有生气,互动才有活力。我们坚持开展"三互动",有力地促进了教学相长,实现了快乐有为。一是师生互动。老师不但教唱黄梅戏,还教我们学简谱,提高自学能力。同学们主动与老师互动,主动建立"学习群",录播老师的课堂教学,方便课堂学、课后练。师生互动还表现在课堂上同学们积极试唱,让老师及时掌握大家的接受状况,有针对性地指导纠正,教一段,学好一段。二是同学互动。课堂试唱时,有时几个同学一起上,为胆小的同学壮胆,带动基础差一点的同学向前闯。课后分组活动,互帮互学,集体练习,形成第二课堂,提高了学习兴趣,增强了学习信心。三是学唱互动。每学期期末,班级都举办汇报联欢,检验学习成果。在节目设置上有全班合唱、小组齐唱和男女生表演唱、独唱、对唱。形式多样,内容以本学期教的课程为主,可穿插一些其他歌舞,提高参与度,提升演唱水平,巩固学习成果,实现老有所学。四是教学相长。教学围绕传承安庆黄梅戏,既教唱传统的三十六大戏、七十二小戏中的名家名段,又教现代黄梅戏经典唱段,老师每学期至少创作一首黄梅戏新段子。我们不但学习了《天仙配》《女驸马》《牛郎织女》《刘海戏金蟾》《龙女》等十几个传统名剧名段,又学了《江姐》《洪湖赤卫队》《榴花不开盼哥回》《未了情》《家》《风尘女画家》等十几部现代名剧名段,还学了《闹花灯》《打猪草》《桑竹扁担》等一些传统小戏名段,更学习了老师新近创作的黄梅歌《我最爱唱的一首歌》、六尺巷中的《一纸书来只为墙》《孔雀东南飞》插曲、看社戏《你就等等我》《战胜病毒》《守护家园》等十几首黄梅歌曲,内容丰富,促人奋起。五是快乐有为。一群平均年龄近70岁的学员,绝大部分没有一点文艺基础,硬是在老师的教授下,在庆祝党的十九大胜利召开的日子里,全班齐上阵,成功地排演了黄梅戏表演唱《红旗绣出新春来》(老师改编节目),博得全校师生的一致好评。在庆祝建党100周年的大喜日子里,全班又倾情演唱了《战胜病毒,守护家园》(老师新近创作的黄梅戏歌),并选出代表,参与学校黄梅戏班合唱队排练《战胜病毒,守护家园》,并参加了全省老年协会和老年大学庆祝建党100周年大学合唱竞赛。同学们还积极参加社区公益活动,深入敬老院、养老院,为更多老人演唱喜闻乐见的黄梅戏节目。大家学得可开心啦!

大家从心底爱上了老年大学。黄梅情缘让我们这些退休老人聚集在一起,唱黄梅,论古今,互敬互爱,一家亲;精神爽,气豪迈,年岁长,心年轻。健康中国真好!老有所学真好!

(作者系安庆市老年大学学员)

我因老年大学而年轻

曹 莉

在度过一段无聊的退休生活后,我于2016年春季开学时走进了桐城市老年大学。面对课程表上几十门的课程,遵从初心,我选学了书法、电子琴、形体舞这几个心仪的专业。

上课的第一天,我早早地来到学校,走进三楼书画教室,学习楷隶书法课程。初来乍到,看老师、同学都是新面孔,心里不免有一丝怯怯的感觉。我端坐在座位上,看到其他同学说说笑笑、陆陆续续地走进教室,看着同学们从不同的拎包里取出笔、墨、纸、砚和准备临写的字帖,感到自己仿佛穿越时空,回到了学生时代。此时此刻,我心里明白,从此,我将在这里圆自己年轻时的梦想,开启人生第二个黄金时期。

相比而言,3门课中,书法课才是我的最爱,我把主要精力都放在书法学习上。学习书法需要"取法乎上",需要每天坚持临帖,更需要学习的引路人。楷隶书法班的李永贵老师习书40余年,是安徽省、桐城市书法家协会会员。李老师善于教学,在课堂上会针对每位学员所学书体,一对一进行辅导,从执笔到书写规范,一笔一画讲解示范,课后布置临帖作业。每天下课回到家里,我都认真完成临帖作业。在每次的作业上,老师都会细致地用红笔纠正每一个笔画的书写,还会留下鼓励的评语,这让我增强了学好颜体书法的信心。第一学期结束前,李老师将学员的临帖作业贴在教室外走廊上集中展示,一一进行点评,我的临帖作业得到李老师的表扬,这让我备受鼓舞,成为我勤奋学习的动力。

2017年春季开学,李老师为了提高学员的控笔能力,着力训练中锋用笔技能,带领我们临写汉隶《张迁碑》。李老师让我暂时放下《颜勤礼碑》的学习,改临《张迁碑》。《张迁碑》词旨淳古,笔法凝练,古朴沉雄。我又一次沉浸在书法艺术的海洋里,为中华民族传统文化之博大精深而感动,书法学习也渐入佳境,临帖水平不断提升。

书法学习离不开学友间相互交流、相互鼓励。2017年秋季,桐城市书法家协会发出第七届临帖书法展征稿通知,李老师鼓励同学们去投稿。我认为自己学习书法时间不长,临帖水平还需进一步提高,就不打算去投稿。班里的方菊英学姐得知我的想法后,鼓励我去试试。她说桐城市书法家协会每两年举办一次临帖书法展,吸引很多书法爱好者投稿,能否入展不重要,重在参与。热心的方姐还将自己的书法作品纸送给我。在学姐的鼓励下,我准备投稿。可能是因为第一次投稿,没有了平时放松的临帖状态,内心紧张,颇有压力,以至于不能完成精临,我感到沮丧。临近交稿时间,我还未完成自己满意的临帖作品,一度想放弃,可方姐一直鼓励我不要放弃。正是有了这一份鼓励和支持,我再次鼓足勇气,沉下心来,认真读帖、临帖,再读帖、再临帖,终于在截稿日期前,将自认为基本满意的临帖作品送到桐城市书法家协会副主席、时任秘书长朱仲和的办公室。朱秘书长看了我的作品,称赞说有《张迁碑》的厚重之气,但也指出我落款中的一字有笔画之误,让我回去重新写一幅送来。我回去再次认真临写,并按朱秘书长的指导完成了规范的落款。当我将所完成的临帖作品送给朱秘书长,他收下的那一刻,我如释重负,感叹书法学习的不易。出了朱秘书长的办公室,忽闻一阵暗香袭来,循香望去,只见文庙大门红墙下,一树梅花正在盛开,这让我想起宋代诗人王安石的《梅花》:"墙角数枝梅,凌寒独自开。遥知不是雪,为有暗香来。"梅花傲霜斗雪、凌寒留香的高雅品格给了我深刻的启示,学习书法就是要耐得住寂寞,吃得了苦累,方能从长期临习古人字帖、与古圣先贤对话中,领悟精美的书法艺术,感受崇高的人格风范,从而修炼出高尚的品格、儒雅的气质。2018年2月,正值新春佳节,我的节临《张迁碑》书法作品入选桐城市第七届临帖书法展,在桐城市博物馆展出。同年7月,我成为桐城市书法家协会会员。这让我有了更多的机会向书法家们学习,与书法爱好者、书友们交流学习体会,切磋书法技艺,丰富书法知识。

2018年秋季,学校尊重学员愿望,新增行草书专业课,我也报了名。授课老师潘来兵学习书法近20年,是安徽省、安庆市、桐城市三级书法家协会的会员,曾获桐城市第三届文学艺术奖、中国老年书画家协会主办的第三届全国精品大赛首批"德艺双馨"奖。潘老师授课时,遵循学习行草书规律,选择《集王羲之圣教序》、二王手札作为临帖范本,深入浅出、因人而异地进行教学辅导。他不仅备好每次授课教案,还自己整理有关行书学习资料发给大家。每堂课上,他都会对字帖原文进行逐字逐句讲解,让学员们读懂弄通所学内容,过好识字关。潘老师还引导我们多读书、读好书,推荐我们学习《古文观止》、唐诗宋词、桐城派作家的优秀散文。在以诗词为内容进行行书创作辅导时,融入对歌赋诗词的讲解,让我们有种意在笔先、下笔抒情的创作体验。经过几年学习,我的书法学习不断进步,书法作品先后多次入展桐城市各类书画展,3次在中国老年书画家协会举办的书画大赛中获奖。

一转眼,我的老年大学生活已有5年了。2019年秋季开学,我看到课程表上新增了老年时装秀专业,立即报了名。开课第一天来了100多位学员,教室根本容纳不下,只好在校内广场集中学习。授课老师蒋泽霞就在广场上为学员示范了时装秀基本形体站姿,并让大家细心体验。为了满足大家求学的愿望,学校决定每周分3个班进行教学。走秀专业学习从形体训练开始。课堂上老师要求学员以军人的站姿站立、收腹,双肩自然下垂,屈膝掩膝,这样一站就很长时间。我从开始的站不稳、站不久,到最后能坚持站到老师叫停。一个学期下来,我找到了T台秀的感觉。学期结束,学校举行年度教学成果汇报,我被选进老年大学时装秀表演队。穿上了从未穿过的旗袍和跟高11厘米的走秀鞋,随着江南韵味的音乐响起,款款走上舞台,尽情展示自己的风采。我的T台梦实现了。现在,我已是桐城市老年大学时装走秀学会的理事、桐城市老年人体育协会时装走秀俱乐部会员。

桐城市老年大学不仅是老年朋友老有所学、学有所成的天地,还是发现自我、再现价值的舞台。2018年秋季学期,我被老师和同学推荐为行草书法班班长。虽然自己在原单位做过管理工作,但对当班长心里没有底,想打退堂鼓。可潘老师引用《集王羲之圣教序》中"利物为心"一语,勉励我以古贤为榜样,服务大家,快乐自己。我打消顾虑,认真履行班长职责,很快融入"校领导抓全校、专业教师抓专业、班长协助管理、骨干学员示范引领"四位一体管理体制中,贴心、热心、细心、真心服务学员。在2019年学校年度总结表彰大会上,行草书法班荣获先进班集体称号,我作为班长在会上做工作交流汇报讲话。2020年秋季一开学,我倡议楷隶书法1班、2班,行草书书法1班、2班,绘画1班、2班的班长,率先成立班级卫生清洁志愿者服务队,保障共用班级教室的卫生。此举在全校被推广,11月,桐城市老年大学第一批志愿者服务队成立,各班学员自愿报名参加,我受命担任副队长。志愿者服务队以"积极、乐群、奉献、示范"为宗旨,自觉履行志愿者义务。值日队员每天佩戴红袖章巡视校园安全,引导车辆有序停放,维护教学秩序,助力公共卫生,服务老年学员。在新冠肺炎疫情防控期间,每天为进校学员测量体温,宣传防控知识,检查防控措施,成为校内一道亮丽的风景!"老年大学因我而多彩,我因老年大学而年轻!"这是桐城市老年大学胡爱国校长挂在嘴边的一句话,道出了我们全体学员的心声。

桐城市老年大学教学有目标,专业有特色,切实做到了教学相长、知行合一。2019年12月,学校首批成立两个专业学会,我被任命为书画学会会长。自学会成立以来,我先后五次组织书法、绘画专业班学员参加省市各类书画展。其中,7月1日,为庆祝中国共产党成立99周年,在桐城市美术馆成功主办"永远跟党走"桐城市老年大学师生书画展。两次组织参加中国老年书画家协会主办的"第六届30省区市中老年书画联合大赛""第三届全国精品书画大赛",并荣获先进(优秀)书画组织奖;两次大赛共有

9人次荣获一等奖,16人次荣获二等奖,13人次荣获三等奖,11人次荣获佳作奖,5人次荣获优秀奖。我个人荣获第三届全国书画精品大赛一等奖,还赴苏州参加颁奖表彰大会,以桐城市老年大学书画学会会长的身份当选为颁奖嘉宾,在主席台就座。

5年前,我带着好奇和憧憬,走进了桐城市老年大学。5年后,我怀着热爱和感恩,为她的不凡成就喝彩点赞。因为,在老年大学这所求知的校园、健康的乐园、创新的智园、温馨的家园里,我的退休生活多姿又多彩!莫道人生无再少,老年大学因我而多彩,我因老年大学而年轻!

(作者系桐城市老年大学学员)

让我更加自信和快乐

徐 芳

我是一名基层公务员,在乡镇工作30余年,农村工作忙忙碌碌,虽辛苦,但也充实。退休后在县城生活,原本紧绷的弦突然松弛下来反而觉得自己没了着落。2017年,听闻老年大学开学,旋即报名。转眼4年过去了,想想这几年所学感触颇多。

入学伊始,自己也没有什么特别的爱好,凭着识得点文字,报名参加了文学诗词班。初来乍到文史班,自知无文学功底,怀揣着试试看的心理坐在了教室的后排。老年大学没有统一固定的教材,老师发给每位学员一本自编自印、类似于讲义的课本,封面为《古今名篇赏读》。

第一节课学的是北宋诗人苏轼的《水调歌头·明月几时有》。老师首先给我们介绍作者精彩而坎坷的人生,讲解这首词的写作背景,紧接着带领大家逐字逐句赏析这首词的内容。老师在讲完课本内容之后,旁征博引,以诗词带诗词。又诵读了与借"明月"表达感情的其他诗句,如唐朝诗人李白的"青天有月来几时,我今停杯一问之""今人不见古时月,今月曾经照古人"。一位70多岁的老人,能把一首古诗词讲解得如此生动透彻,我被他的博学和敬业所打动,正是这碗"心灵的鸡汤"坚定了我在文学诗词班继续学习的决心。

在接下来的学习里,我从古诗词中接受着美的熏陶,汲取了许多"甘泉玉露"。从"桃花潭水三千尺,不及汪伦送我情"中体会着朋友间的深情厚谊;从"大漠孤烟直,长河落日圆"中领略塞外奇特的大漠风光;从"人生自古谁无死,留取丹心照汗青"中感受到在民族危难关头,坚贞人格迸发出铁骨铮铮的民族气节;从"江山如此多娇,引无数英雄竞折腰"那令人拍案叫绝的精辟哲理中悟出了无产阶级要做世界的真正主人。在这些灿若星斗的文学诗词名篇里,我细细品味着这血性文字铸造的民族脊梁和骨气,穿越着时光让我的心灵获得了欣悦和洗礼。

2019年,学校在文学诗词课里又增添了摄影的内容,我想这是一个绝妙的搭配,只有摄影遇见文学,摄影才有新的生命和灵魂,既可观又可读。摄影课上老师循序渐进,从构图、光线、角度、取景到简单的网络制图。根据季节的变化,老师又带领我们到周边采风:注视橘黄色的朝霞,追逐戏水的飞鸟,凝思绚丽的夕照,欣赏火红的枫叶、金黄的稻田、一池染绿的睡莲、寂寥的孤星、沧桑的古村落。自从学了文学摄影,我每次旅游,都会不由自主地举起手机,记录心中感悟。拍摄时,依据学到的摄影知识,拍些照片,回家欣赏一番,配上文字,发个朋友圈,自娱自乐,有时还会引来"圈粉们"的精美点赞。

两年的学习,使我的摄影水平有所提高,在学校举办的文学、书画、摄影作品展中,展出了我反映普通百姓生活的《早餐铺》。作品虽然稚嫩,但它记录了我学习路上的小小进步。

在新中国成立70周年庆典上,看到姐妹们舞台上那优雅的舞姿、自信的眼神,心里顿生渴望。于是,我又成了舞蹈班的一名学员,开始了零基础的舞蹈学习。我的舞蹈老师很优秀、很和善,她手把手地指导我,耐心地鼓励我,课上她是老师,课下她是朋友,她和我谈学习、生活,也谈社会、人生。学习时,要求我先观察模仿,等动作熟练后再抠细节,反复听舞曲,找乐感,分清节奏,踩上舞点。跳舞时,不仅要讲究动作规范,还要注意面部表情,力求做到"形"到、"神"到。那些欢快活泼的节奏及变化多端的舞步,使我心情愉悦,忘记烦恼。舞蹈课上,我还和同学们切磋舞艺,交流思想,增进友谊,也培养了我仪表谦和、举止文明、乐于助人的情操。两年的舞蹈学习,我的乐感增强了,身体也变得柔软灵活。面对点滴的进步,我还是忍不住地窃喜,在2021年党的百年华诞庆典舞台上也有我舞动的身影。

"老有所学",充实了我的老年生活,让我不再失落寂寞,换来了自信和快乐。这样的老年幸福生活是我沐浴着党的温暖,享受着改革开放的成果才拥有的。"莫道桑榆晚,为霞尚满天。"在以后的生活里,我要挖掘自己的潜能,通过努力和勤奋,充分发挥"自由人"的优势和特长,积极参加社会公益活动,回报社会,服务家庭。在家做个好长辈,在校做名好学员,在社会争做好长者。2021年是中国共产党成立100周年,我要祝福伟大的中国共产党光辉永照。

(作者系怀宁县老年大学学员)

老两口快乐"留学"老年大学

朱素萍

我叫朱素萍,老伴叫张礼银。2008年春季,我俩报名上了太湖县老年大学,至今已连续"留学"13年整。

根据自己的兴趣爱好,老伴报了体育班、黄梅戏班,参加了校艺术团。我报了二胡、诗词、电脑、黄梅戏班。他爱"动",我爱"静",大家夸我俩是"黄金搭档"。

老伴从小热爱文艺,是黄梅戏戏迷,加入艺术团后,积极参与创作戏曲、快板、舞蹈等文艺节目。代表作有《庆祝建党90周年》《庆祝党的十七大召开》《十八大光辉照人心》《太湖名人赞》《纪念赵朴初先生诞辰100周年》《赞山货节》《老来俏》《赶新潮》等。其中《赶新潮》在全市比赛中获一等奖。2017年学校创作的《老来俏》节目,参加安庆市老年文艺汇演荣获一等奖。13年来老伴几乎年年都参加了省、市、县的文艺汇演,只要节目中有男演员角色都少不了他。2019年学校艺术团自编自演的节目《在希望的田野上》,被选入参加安徽省老年文艺调演汇报演出,并荣获优秀奖。2019年安徽综艺频道主办《老爸老妈好声音》赛事,老伴与学友吴正平搭档演唱的京剧《沙家浜》选段"军民鱼水情",经过层层筛选,最后被选上参加全省的复赛,第一次走进了安徽广播电视台的演播大厅,虽然没有进入决赛,但老伴已非常满足了。

老伴就读13年来,一直活跃在老年大学的艺术团,并于2009年担任太湖县戏曲联谊会副会长,2010年担任太湖县太极武术健身协会副会长,2014年担任县黄梅戏迷协会副会长。他们不仅在全县范围内通过艺术表演形式,宣传党的政策,讴歌新时代的新生活,展示当今老年人的新思想、新风貌,而且走出了太湖,参加了合肥、宿松、石台、安庆、六安等地的文艺调演活动。

老伴对太极也是十分投入。进入老年大学体育班就读13年中,每学期都报学了太极拳、太极剑、太极扇,每天早上在公园参加太极系列的训练。数年来,市、县举办的体育赛事他都参加了。记得2013年暑假我俩去深圳探亲,正好赶上8月8日"全民健身日",儿子居住小区的太极健身队的老友们邀请他参加了深圳市举办的大型体育健身活动(之前去深圳常与他们一起锻炼),老伴很高兴,积极参加,我也跟着为他们拍照摄像。回想那千人表演的"八段锦"和"五禽戏"场面,太震撼了!2020年10月,他们太极班还代表安庆市去旌德县参加安徽省老年人体育协会太极拳剑交流会。总之,这十几年来参加的活动我也记不清了,每当翻看我保存在电脑和U盘里的照片和视频时,还是回忆满满。2021年开学初,学校领导找他谈话,决定聘请他任太极拳课的老师。老伴很是激动,接受了老年大学领导对他的安排。

老伴出生于1948年,小学毕业就进工厂当学徒,身材瘦小,体质差。自从退休进入老年大学后,身体渐渐棒了,老胃病也不知不觉好了,每年体检各项指标均达标,这是我和孩子们最欣慰和自豪的。每年春节,儿孙们回来团聚,我会把他在老年大学荣获的奖状、荣誉证书,还有外出演出的照片、视频给孩子们看,儿媳们笑开了,孙儿们都说爷爷是老顽童。

说了老伴,再来说我吧!

太湖县老年大学办学20余年来一直开设二胡教学课,这让很多热爱二胡的"退休一族"找到了知音。虽然我很喜欢二胡音乐，但我的二胡知识是零基础。有道是"千日胡琴百日笛"，可见学二胡的难度，更何况我当时已是奔花甲的老人。没有童子功，怎样学？13年中，二胡班先后有两位老师任教，都是特别敬业的老师。现在授课的吴老师，每节课先把学习的曲子进行示范教学，再逐句教学员们练习，然后又请学员们逐个拉给老师听，及时纠正指法、弓法的错误。老师为二胡班建立了微信群，每节课教过的曲子，老师都要亲自示范演奏，制作成视频发到群里，让大家在家跟着视频练习。学员们也把在家演奏的习作视频发到群里，请老师指点。琴友们互相学习，共同提高，大大地激发了练习二胡的积极性。如今，我在中级班学会了五种弦调的拉法、简单的演奏曲，像《田园春色》《喜洋洋》《绣金匾》《良宵》，还有黄梅戏曲子等，我拉起来都很顺手。在每学期的结束会上，二胡班的学习成果展示，也是一道亮丽的风景。

随着信息时代的到来，学校开设了电脑班，我与老伴也成了"网虫"。2009年秋，我在电脑上注册了新浪博客。10余年来，我在键盘上敲下了200多篇短文保存在我的QQ日志和新浪博客里，记录生活的点点滴滴。我常把这些自创作品进行分享，在太湖县政府网站"网友见闻"和"文苑"版块发表了几十篇文章。我几乎每个学期都向学校校报投稿而且大部分被采用。太湖《长河文艺》也刊登过我的两篇文章，分别是2010年的《阳台下的无名树》和2013年的《我与四哥》。2012年我创作的《走娘家》刊登在《太湖周刊》上。太湖县老年大学成立20周年的《资料辑录》中也刊登了我创作的《再唱〈保卫黄河〉》。至于诗词课，学习格律诗对我来说难度较大，但是，我喜欢在手机微信朋友圈里、在QQ日志里写写打油诗。近两年，我也在慢慢从学五言绝句和七言绝句入手，儿媳妇为我买了《诗词格律与创作》，我是"照葫芦画瓢"地慢慢"套",用一个小本本,记录下来,如今已写近体诗约40首。例如,2020年疫情防控期间,我写了"宅家抗疫九余天,睡到太阳二竿间。三顿更为两餐用,银屏专注战瘟篇!"立冬之后我路过小湖边,看到枯萎的残荷,回来我写下"茎断叶枯浮水中,垂头搭脑怨寒冬。红消香逝谁人爱？苦守池湖待夏公。"每天早上我洗衣服都要把音箱放在身边听学黄梅戏,于是我写下"每日洗衣裳,音箱立在旁。黄梅声入耳,数载习为常。"诗词来源于生活,我就是这样记录生活。我也常把这些习作发给老师看,请他指导。我的这一切,都是来自老年大学继续学习的成果。

我喜欢黄梅戏,入学13年来,老师教的黄梅戏段子我基本都会唱。有了智能手机后,我下载并注册了"唱吧"App,在"唱吧"里发表了近200首作品。

我喜欢摄影,捕捉生活的精彩瞬间,留下美好的回忆。我的QQ相册里已保存近2万张照片。有开学和学期结束场景,有老师上课、学员听课的画面,有学校组织外出游学时"人在画中游"的画卷……老年大学的老师和同学们看到这些照片后,送给我一个外号"资料库"。

心态和性格决定人的生活状态。我与老伴认为,退休后还是要与时俱进,继续学习,老年大学是活到老学到老的圣地,希望永远"留学"在老年大学里。

(作者系太湖县老年大学学员)

健脑修心 求知求乐

王日耀

　　退休之前,我是一名公务员。由于长期在基层和县直部门担任主要负责人,成天忙于公务,上为党和政府履职,下为老百姓解忧,思想上和工作上的弦总是绷得紧紧的。当我从紧张繁忙的一线退下来后,清闲、失群的现实生活让我一下子无所适从。作息打乱、晨昏颠倒、生物钟乱套,生活由有序变为无序,仅靠钓鱼、弈棋、串门或看书来打发日子。2018年下半年,我的老同事宿松县老年大学诗词班的班长朱浏福先生向我推荐了宿松县老年大学开设的诗词课程,并热情邀请我到校学习。在他的鼓励下,2018年9月17日,我抱着试试看的想法迈进了宿松县老年大学的校门,开始了格律诗词的学习。

　　此前我对古典诗词知之甚少,不懂平仄和声律。虽然在家自学过,但困于应用。学写一首诗,不是词穷字拙,就是言不达意,且平仄乱套、音律不协调、对仗不工,出了不少"废品"。

　　在诗词班,我认真聆听了老师们的谆谆教诲,初步掌握了习作诗词的基本知识,感受到了良好的学习氛围,还结识了一大批新的老年朋友,给我的晚年生活开拓了新的境界,注入了新的活力,增添了新的快乐。

　　经过3年多的熏陶,我对格律诗词写作技巧有了提升,部分拙作还在省、市、县级报纸、杂志上刊登。如广州《诗词》《诗词百家》《东坡赤壁诗词》《南英诗刊》《赤水诗联》《宿松吟苑》《宿松文艺》等均有刊载。2020年，在江苏省以"廉政环保"为主题的全国性诗词大赛和本省太湖县以"粮安杯"为主题的安庆市诗词大赛中均有诗作参评。欣喜之余，十分感谢县老年大学诸位老师的循循善诱和鞭策鼓励，感谢各位师友的热心帮助，更感谢宿松县老年大学这一知识的乐园。我进校的初衷完全出于对诗词之爱，既无意于在媒介上扬名，更无心于蝇头小利，唯期健脑、修心、求知、求乐，给自己平静的晚年生活增添一点新的色彩。我在这里虽然时间不长，但增长了知识，收获了快乐和友谊。现将个人学习写作诗词的几点体会汇报如下。

（一）熟读经典，学做一只勤劳的蜜蜂

我国是诗词的国度，从《诗经》到唐诗、宋词、元曲，明珠璀璨，辉耀千秋。这既是中华民族的文化宝库，又是炎黄儿女的精神乐园。古人云：熟读唐诗三百首，不会吟诗也会吟。我体会到这是学习古典诗词迈出的最重要的一步。熟读前人的佳作、名篇，既是打基础，更是知识的积累。对经典一要读、二要背、三要懂、四要悟。杜甫说过："读书破万卷，下笔如有神。"这既是读书的经验之谈，又是敲开诗词宝库的金钥匙，除此之外，无捷径可循。随着年龄的增长，我感觉自己的记忆力较前明显差了，怎么办？笨人笨办法——用小本本摘录，随身携带，得空翻翻。这样既可充分利用业余时间，又可提高记忆力。此外，我平时阅读时始终保持看书必动笔的习惯，或撷取精华，或对生僻字、词、典释疑，或对一些精品进行赏析。3年来，单就诗词这方面的读书笔记达数万字之多。除此之外，我还注意收集一些名家的诗论，以及对作品进行剖析评介的文章。这些资料都成为我学习诗词的"不语先生"，经常为我指点迷津,充电加油。

(二)反复练笔,做一头拓荒牛

熟读诗词的目的在于应用,在于提高自己的写作水平,因此,必须做到既要临渊羡鱼,又要退而结网。我的办法是读读写写,反复练习,直到自己满意为止;题材取之于生活,写自己所见、所闻、所感。如我有一次在街上看到一位磨刀老人扛着工具,边走边哼小调,十分悠然,对此触景生情,回家写了一首《磨刀老人》(七绝):"手艺家传姓字张,一条板凳走城乡。吹丝不过新锋口,闲吼京腔带二黄。"并刊载于广州《诗词》2019年10月30日第八版。诗稿初成,还须回炉、敲打、再回炉、再敲打的反复修改过程。古人尚能做到"为求一字稳,耐得半晓寒",我们不是李、杜、苏、辛,写诗填词不可能一蹴而就,只有用心打磨、反复推敲,才能求得进步。作诗不宜贪多,唯求精益求精。一首精品可抵上千百首平庸之作,寿命甚至可逾千载。据说清乾隆皇帝一生做了4万多首诗,可流传下来的微乎其微。而《全唐诗》中有的诗人一生只做了一首或几首诗,却传诵千秋而不衰。由此可见,写诗重质量而不重数量。诗写通不易,造就精品更难。作为我们这些初入门之人,反复锤炼措词、酌句、表情、达意的基本功,不断求得进步,却是至关重要的。

(三)以童心待诗心,让诗作像风筝一样,神采飞扬

学诗之初,我的父亲告诉我写诗要有丰富的想象力,否则难以出彩。缺乏想象力的诗作相当于图画中的素描,而富有想象力的诗作则相当于绚丽的油画。我体会到,诗人在创作时应拥抱童心,秉持童趣,从而进入童话世界。至时,静者动,动者舞,舞者飞,视觉可转化为听觉,听觉可转化为味觉,无理而妙。诗词是用

来抒情的,是情绪释放的产物。对所选中的题材,作者自己先要有心灵的触动,围绕主题,启动思维,展开联想,挖掘内在美,抓住思想闪耀的火花,用自己的匠心慧眼寻找合适的意象和准确生动的语言来表现主题,努力营造打动人心、让人过目难忘的艺术精品。如毛主席《长征》(七律)中将逶迤的五岭比作"细浪",将磅礴的乌蒙山比作"泥丸",想象奇特,意境优美,既充满了革命的浪漫主义色彩,又展现了红军战士大无畏的革命英雄主义气概,读后令人精神为之一振,耳目为之一新,且过目难忘。再如唐代著名诗人王维的《相思》之所以成为千古绝唱,是因为他给相思找到了合适的象征物——红豆。风筝本有一线一衣一骨(我自认为相当于诗词中的字、词、句)组成,一经组合,并借助风力上了天,便潇洒自如,风光无限,写诗又何尝不是这样。

回忆起我在宿松县老年大学学习的短短3年,可谓收获满满,感慨良多。3年来,我在这里学到了新的知识,找到了新的乐趣,成全了我的人生梦想,还结识了一大批良师益友。尤其值得称颂的是宿松县老年大学除了十分重视课堂教学、选配得力的师资外,还经常组织师生有计划、有目的地开展下乡采风、写生的现场教学活动;及时安排学员参加县里组织的大型庆典活动,积极推动诗词联合歌舞进学校、进企业;适时带领我们参观国家在宿松布点的大型工程建设项目施工现场,多次组织学员下乡感受脱贫攻坚的火热场面等,使全体学员既耳闻目睹了这火红年代的铿锵步伐和日新月异的巨大变化,又丰富了创作题材,更进一步激发了广大师生的创作热情,也大大提升了学习效果。为了鼓励学员创作,校领导还亲自出面联系报社,在《安庆日报》"宿松专版",刊载学员们的采风作品,给学员们以莫大鼓舞。学校还专辟墙刊,经常展览学员的优秀作品,并定期更新。校刊《黎河晚晴》闪亮登场,版面制作精美,既刊载学员的新作,又开展诗评,还传授写作知识,深受全体老年学友的喜爱。期刊问世,大家总是争相传阅,爱不释手。

总之,我在宿松县老年大学学习的 3 年是丰收的 3 年,快乐的 3 年,达到了我所期望的健脑、修心、老有所为、老有所乐的目的。至此,感谢党和政府的正确领导,感谢宿松县老年大学的领导和全体教职员工的辛勤耕耘和无私奉献!衷心祝愿宿松县老年大学越办越好!

(作者系宿松县老年大学学员)

学得乐观伴夕阳

沈大珍

乐观,是一种人生态度,是一种心智素养,更是一种生活情操。对于老人而言,乐观更像是返朴归真的香茗佳酿!乐观并非与生俱来,而是后天习得。乐于学,学中乐,不懈不惰,持之以恒,你就一定能成为一个乐观的老人。

老年人的精神世界,一定要有春风送暖,春雨涤新。乐于学习即是这春风春雨,它会让你心田溢生绿意,枯萎得以返青;生活更加丰满,身心更加充盈。乐学,首先要将自己众多的兴趣"唤醒"。因为兴趣是人行为的原动力,兴趣是最好的老师,"无师自通""自学成才",皆是兴趣使然。人生余年大课堂,养、医、学、乐皆文章。以童心读懂老年,以乐学勾画夕阳,那么,你的"夕阳晚照"必会更加绚亮。其次,乐学要有良好的心理环境。心理环境是人们所感受到的氛围,它直接影响人的心理活动。它既包含有形的物理环境,又包含无形的人际关系和个体的心境。当你置身于歌厅的灯光、音乐之中,你就难免有一展歌喉的冲动,这就是心理环境使然。毋庸置疑,老年大学的客观环境,正是我们学习所需的最佳的"心理环境"之所在。

盛世百业兴,惠老国策明。老年大学风生水起,老年学员座无虚席,何以至此?因为老年大学是国家养老"拼图"中最具活力的板块,是老年人名副其实的"乐家学园"。

老年大学课程的设置,凸显了中国优秀传统文化元素——书法、绘画、诗词、戏曲、音乐、舞蹈、太极、器乐等。仅是这些课目,就会唤醒你肌体中固有的文化细胞,让你激情荡漾。而实际学习中,时时展现的文字美、色彩美、旋律美、形态美,定会让你心旷神怡。老年大学的学习方式是以老师课堂教学引导,自主学习为主。学员自选课目,自主练习,自主巩固强化,自由轻松,伴随始终。学员学习,不图功利,不争高下,无有比拼,无有优劣。如泼墨书法,横竖撇捺,间架结构,呈现毫端,乐于心里,即佳;投彩绘画,丹青初试,线条流畅,构图合理,色彩匀称,溢情抒怀,即好;学习诗词,平仄律韵,对仗工整,不求一蹴而就;学习舞蹈,眼随手动,刚柔有度,不求舞姿曼妙;学习戏曲,碎步兰指,字正腔圆,不必惟妙惟肖。总之,上老年大学,愉悦身心第一,学有所成第二。乐学,还当勤学、善学。多向教师请教,谓之教学;学员交流切磋,谓之互学;利用汇演汇展,观摩评鉴,谓之鉴学。以乐观的心态,审己察人,团结和谐,齐学共进。总之,老年大学的学习,是老年群体精神生活、休闲教育的阵地,是笑对人生的漫游。在这里,没有尖端知识的攻坚克难,也没有人生哲理的宏论折辩。然而,它能让人忘却自己的生理年龄,让人重返青春的蓬勃与浪漫。同时,也让我从众多的老年朋友身上,收获了欢声笑语,收获了乐观豁达。这就是我在县老年大学10年学习生活中采撷的阳光和雨露。

>国运隆昌梦呈祥,人生余年少彷徨。
>老有所学勿虚度,学得乐观伴夕阳。

(作者系岳西县老年大学学员)

老枝新叶四时肥

汤昌社

2016年2月,当我拿到"退休证"的那一刻,心里五味杂陈,不由自主地发出了"我老了"的无奈感慨。多少次,习惯地拿起文件包,在一声叹息中又无奈地放下;多少回,在梦中,和同事们谈论着工作,醒来后,却一片茫然;无数个傍晚,独倚窗台,望着火红的落日,不由自主地发出"夕阳无限好,只是近黄昏"的感慨……

人生最大的无奈莫过于空虚。起初,为了打发无聊时光,我整天泡在棋牌室里,可那个地方一天到晚,人声嘈杂,烟雾缭绕,让我很不适应。后来,又去学钓鱼,渔具添置了不少,可至今也没钓到一条鱼。每次都是高高兴兴出门,无精打采回家。

2018年,孙子上小学了。为了接送孙子,儿子把我从老家桐城接到了安庆这个人生地不熟的江城,当起了孙子的"专职书童"兼"贴身保镖"。在老家虽然无聊,但熟人多,谈天、打牌、下棋,偶尔钓钓鱼（虽然每次都是空钩滑竿），一天就这样打发了。可到了一个新地方，脚踏生地，眼望生人，对于我这一个年逾花甲不善交际的人来说，就更加不适应了。我只有每天守着长江，数着游船，望着落日，听着笙歌，看着行人……

我不止一次地怀疑，我是一个被这个世界抛弃的人！

见我郁郁寡欢、愁闷满怀的样子，老伴和孩子们都劝我去上老年大学，说那里老年人多，到那里或许能活跃一下心情。

2019年9月，新学期开学了。我在老伴的陪同下，来到了安庆市迎江区老年大学。这所学校坐落在进士第西，二郎巷尾，离我居住的"水师营"不到500米。更重要的是，这所学校环境好、师资硬，还有我喜欢的诗词班。教诗词的是齐周梦老师，先生饱学多才，从事诗词教学已有10余年，是中华诗词学会员、安庆市诗词学会常务副会长、安庆市乃至全省的著名诗人。先生著有《格律诗教程》和《铁庵诗话》，出版有诗集10余册，成诗2万余首。经先生调教的学生，初小文化的学员都出了诗集。我自幼喜欢舞文弄墨，对唐诗宋词更是情有独钟。平时也写一些顺口溜来自娱自乐。凭着自己的爱好，加上仰慕先生的大名，就这样，我成了诗词班的一名学员，是先生门下的一名弟子。

诗词班有三十几名学员，是一个参差不齐的混合型班级。说它参差，首先是年龄上，长者80多岁，稍年轻的如我60岁出头；其次是学龄上，长的高达10年，短的如我刚入师门；再次是水平上，高的已驾轻就熟，出口成章，落笔成诗，低的如我不识平仄，恍如白丁。虽然参差有别，但有点是共同的，那就是：头发是花白的（当然也有全白的），心态是阳光的，感情是丰满的，待人是热忱的。

第一次见到先生便有一种亲切感。先生个头很高，腰板挺直，面色红润，慈眉善目。脸上时常挂着微笑，语言也很风趣幽默,就像电视剧中的老学究。难怪大家都那喜欢这位"小老头"。

听先生的第一节课,我仿佛在云里雾里:什么平仄,什么韵脚、白脚,什么平起式、仄起式、首句入韵式和不入韵式……先生讲得头头是道,而我听得不知所云。心想写诗还有这么多名堂,那我平时写的是什么?见我有畏难情绪,先生安慰我:"先不要急,慢慢就会懂的。"师兄师姐也在课后帮助我。

经过一段时间学习,慢慢地我懂得了现代汉语中的一、二声为平声,三、四声为仄声。可最难掌握的还是古汉语中的入声字。

再过了一段时间,我对传统古典诗词有了更进一步的了解:传统古典诗词,指的是近体诗。近体诗讲究四声,即平上去入。绝句和律诗常见的有五言和七言。五言绝,五字四句,共20字;五言律,五字八句,计40字。七言绝、律类推。这就是所谓的"字句有定"。我们初学时,先生推荐我们用上海古籍出版社出版的《诗韵新编》,简称"十八韵"。渐渐地,我学会了句子的拗救,懂得了什么叫"一三五不论,二四六分明",什么叫"孤平""三平尾""三仄尾"。

我们使用的教材是先生自编的讲义和先生著的《格律诗教程》,伴以先生自撰出版的《铁庵诗话》作辅读教材。先生博学,一首五言绝句,先生从作者介绍、创作背景、词语解释、诗句赏析到诗法重点,再到点评和基础知识分析,一上午,两节课,两个半小时,满满当当。先生引经据典,深入浅出,把历史与地理、哲学与人文有机结合,贯穿其中,真正做到了"功夫在诗外"。我们每学一首诗,无疑是一次艺术的享受,灵魂的升华。

我们每周三上午是基础理论课,主要学习书本知识,学习古人写诗的技巧。周四下午是诗词点评课,重点是巩固理论知识,丰富写作实践。每到点评课,大家都早早地来到教室,把自己的诗写在黑板上,有的抄在纸上,张贴在墙上,等待老师的修改与点评。作品的质量参差不齐。像刘战生大师兄、王和师兄、邢桐生和张冬菊二位师姐,按先生的话说,他们"都是手背上长毛的老手",水平自不用说。记得我初学写诗,出律落韵,那是稀疏平常的事。先生总是不厌其烦地修改,并指出错在哪里,以及为何要这么改。我们在老师手把手地传授中,学到了书本上学不到的东西。

学诗是辛苦的,不然怎么会有"两句三年得,一吟泪双流";若不辛苦,也不会有"吟安一个字,捻断数茎须"。但同时,学诗又是快乐的。不然古往今来,怎么会有无数贤人达士,苦吟成痴,乐此不疲,"衣带渐宽终不悔,为伊消得人憔悴"。自从迷上了诗词,我似乎变了一个人。平时不太爱看书的我,现在读完了《唐诗三百首》,床头摆着《诗经》和《楚辞》。兴趣来时,写写诗,填填词。每当写出一首自己满意的诗,哪怕是一个好句子,心中的那种愉悦与自足,是无法用语言来形容的。

中华文化,博大精深。在浩如烟海的历史文明长河中,唐诗无疑是一颗璀璨夺目的明珠,她那优美绝伦的诗句,穿越时空,流传至今。我们在诗歌成就方面无法超越李杜,只有寄希望于后人。我们现在能做的就是做好传承,不能让老祖宗留下的瑰宝,在我们这一代人的手中丢失,我现在正在做着这样看似平常却又非凡的工作。2020年因疫情原因学校全年休课,但我们诗词班的线上活动从未断过。大家在班级群里,贴诗奉和,飞花接龙,气氛非常活跃。经过两年的学习,自我感觉进步还是很大的。到目前为止,我已创作诗词1500余首,大量发表在各大诗词微刊上,有的还入选《诗词月刊》《诗刊》等全国性知名刊物上;还应邀参加各大微刊平台的诗词大赛,均取得很好的名次;甚至还被几家诗社聘为诗刊编委、点评老师。目前,我的诗词网友遍及全国。

老年大学,是一种无门槛无学制、有娱乐无竞争的社会服务型终身学习组织机构。它的存在,让无数老年人如同我一样,得到了快乐,学到了知识,发挥着余热。就我所在的安庆市迎江区老年大学,学科分门别类,有诗词、音乐、黄梅戏、电子琴、书画、气功、太极拳等十几个学科、二十多个班级。当你走进学校大门的时候,你就会听到琴音悠悠,歌声袅袅;你就会看到刀光剑影,走秀旗袍……

"莫道桑榆晚,为霞尚满天。"真诚地感谢党和政府为我们老年人提供了这样一个老有所乐、老有所学、老有所为的平台,我们得以在这里无忧无虑地享受着生活,安度着余生。

感谢你,老年大学!我爱你,老年大学!我的余生将在这里度过,我的理想也终会在这里实现——有生之年也出一部诗集。

最后,我以一首小诗献给老年大学。

二郎巷里笑声飞,一缕斜阳七彩晖。

谁料花能开二度,老枝新叶四时肥。

(作者系安庆市迎江区老年大学学员)

在"三园"中丰富晚年生活

郑和平

我是2012年春季学期来到黄山市老年大学学习的,那时刚刚退休,一下从忙忙碌碌的工作中停下来还很不适应,是老年大学帮我找到了退休后生活的乐趣。我深深体会到,老年大学是我终身学习的校园,是健身开心的乐园,更是我晚年生活的精神家园。

我们老年大学有个好校长。记得第一天到老年大学上学,看到校长亲自在学校门口迎候我们,体现了他对老年学员的尊重和关爱,我很感动。我们的校长一生从事教育和教育管理事业:退休前是黄山学院院长,是德高望重的教育专家;退休后当起了老年大学校长,呕心沥血,日夜操劳,遵循老年教育规律办学,深受我们学员欢迎。

我们老年大学有一批好老师,他们热爱老年教育事业,专业水平高,教学经验丰富。我的老师朱翠红,是一级社会体育指导员,从事体育健身项目教学,如柔力球、木兰扇、木兰剑等,专业造诣很高。朱翠红老师年纪比我大几岁,我们相处如同姐妹。她教学严格,课堂讲课认真耐心,对每个动作都反复指导,直到学员们学会为止。我进老年大学学习的第一门课程是柔力球。刚开始学习柔力球时,我一点都不懂,有畏难情绪,朱老师鼓励我、帮助我。在朱老师的指导下,我经过3个学期的学习,终于做到运球自如,还对柔力球运动有了新的体验和认识。我体会到,柔力球运动是应时而生的一项太极化球类,每一次的发球、接球、送球都是一次对心理的修炼,都能享受到自由自在、酣畅自如的肢体运动所带来的欢乐。通过几年的学习和训练,我的身体越来越好,考上了柔力球三级教练员资格证,并参与组建屯溪区柔力球协会,担任秘书长一职。如果没有老年大学,就没有我今天的成绩。

在朱老师的影响下,我先后又学习了木兰扇、木兰剑、太极拳这几门课程。这几种运动,不仅保留了太极思想、太极运动中的所有精华,同时又加入了现代元素,使二者很好地融合在一起。通过在老年大学的学习,我初步了解了中华民族博大精深的太极文化,达到了健身强体的目的。如果不是上老年大学,在这方面我始终是个门外汉。

在老年大学学习的这几年里,我不仅学到了知识和技能,也结交了许多新同学、新朋友。老年大学的学员都是从各个岗位上退下来的,大家的文化程度、个人素养都不一样。班级是一个大家庭,在这里大家要和谐相处、共同进步,离不开学校领导、任课老师和班长的正确引导。我退休前在企业担任经理一职,又是共产党员,同学们看我办事热心敢担当,我每到一个班他们都选我当班长,2021年我还被大家选为专业班级临时党支部书记。我当班长这些年总结出以下几点体会:一是要充分发挥党员的先锋模范作用,事事时时走在大家前面;二是要发挥好学校和学员之间的桥梁和纽带作用,认真落实好抓好学校布置的工作,带头遵守校纪校规,争做一名高素质高修养的学员;三是要主动协助任课教师上好每一堂课,帮助班上学员学好并熟练掌握老师所教的内容;四是配合老师开展好第二、三课堂活动,让大家学有所得、学得开心;五是要热情主动关心班上每位学员,了解某家庭生活、身体状况,做到遇到困难共同面对,家有喜事共同祝福,把老年大学班级这个集体真正当成我们交友的精神家园!我们班上每当有人生病或突遇不幸之事时,我总是第一时间带班委去看望慰问,让大家都感到我们这个集体的温暖。2020年因新冠肺炎疫情,学校开展了"线上+线下"新模式教学。我在班级群里,组织学员进行网络学习,配合老师开展线下教学活动,做到疫情期间"停课不停学",受到学校的肯定和学员们的好评。我所在班级,多次被学校评为文明班级,我也多次被评为优秀班长和优秀学员。

"老有所学"还要"老有所为"。我们这代人生在新中国、长在红旗下,是祖国"站起来"到"富起来"到"强起来"的见证者、参与者和受惠者,我们对党对祖国有着满腔的热爱,我们都有一个愿望,就是要把在校学到的知识服务于社会,服务于百姓。我们老年大学里有一支夕阳红志愿者队伍,我组织同学们积极参加各项活动,如创建全国文明城市、宣传"保护新安江母亲河"、慰问孤寡老人、走到乡村街头宣传党的方针政策。在传递正能量的各项活动中,处处都有我们夕阳红志愿者的身影。2019年是祖国的70华诞,为了表达我们对党和祖国的深厚感情,我组织所在的声乐五班学员,与摄像摄影专业班级师生合作,摄制大型MV《我和我的祖国》。我和同学们在课堂上苦练发声训练,利用课外时间一次又一次拍摄外景。大型MV《我和我的祖国》向社会发布后,获得很好反响。2021年春季学期,我校在全省、市级老年大学中率先恢复线下上课。为做好疫情防控工作,学校组织了以班长为主的疫情防控志愿者队伍,由我担任队长。我排班值日,落实各班班长每天上岗值日,检查入校师生扫安康码、戴口罩、测体温。我自己天天值班,和志愿者一起认真负责做好每一天的值日工作,一直坚持了16周,直到学期放暑假为止。学校多次在简报、网站上表扬我们以校为家的主人翁精神。2021年是党的百年华诞,我作为临时党支部书记,带领支部所有党员开展主题党日活动,重温入党誓词,讲红色故事,唱红色歌曲,谈入党感想,参观党史教育展览馆,表示要不忘初心听党话,牢记使命跟党走。

　　在我们校长"三园"式办学思路的引导下和坚持不懈的努力下,黄山市老年大学真正成为我们老年学员"学习充电的校园、健身开心的乐园、交友交流的精神家园"。通过几年老年大学的学习,我不仅在知识和技能方面得到了提高,在精神层面上也得到了升华,既增长了知识,又开阔了眼界,也锻炼了身体,真正做到老有所学,老有所为,老有所乐。我为我是黄山市老年大学的一员而感到骄傲!

(作者系黄山市老年大学学员)

老有所为的生活从这里起航

余秀芝

美丽的新安江畔,绿树浓荫中,坐落着一处老年朋友向往的地方——黄山市老年大学。我老有所学、老有所为的生活就从这里起航。

宽敞明亮的教室里,座无虚席。我们的老师汪大白退休前是黄山学院副院长、古典文学教授。他用自己丰厚的知识蓄存,精心编排诗词教学内容,深深地吸引着学员们。从唐诗的雍容典雅到宋词的流利清新,从艺术境界到奇思巧工,从大气磅礴到委婉含蓄,一步步将我们引入了古典诗词的百花园。先贤的才情与胸襟感动和激励着我们。李白的浪漫与夸张,杜甫的上悯国难、下痛民穷,王维的"雨中草色绿堪染,水上桃花江欲燃"的山水田园吟,苏轼的豪放大气、清新旷远,陆游的"心在天山,人老沧洲"的家国情怀,感染着我们,开阔了我们的视野,滋养着我们的心灵,提升了我们的境界。

写人言情、叙事言情、写景言情、写物言情,一章章、一节节地讲授。汪大白老师用生动的语言、深刻的诗句解释和循循善诱,将我们置身于诗情画意之中,感受古诗词作品是如何言志咏情的。我们应该从哪里入手学做诗?通过理论联系实际,让我们觉得写诗填词也不是那么神秘,也不是那么高不可攀,大家都跃跃欲试。

　　班级办了《黄山吟坛》，每月一期，这正是学员们实践和展示的园地。老师从收稿、审稿到编排、印制，费神费力，精心呵护着"小苗"成长。每当学员们看到自己的作品上了《黄山吟坛》，心里别提有多兴奋。《黄山吟坛》的开办极大地鼓励着大家的创作热情，是初学者实践、提高的平台。是这个平台让我们大家从认识诗词到喜欢诗词。

　　学了诗词，感觉大自然是如此美好诱人，一年四季各有景色，就用诗词记录之。时光中的节日，如五一劳动节、五四青年节、七一建党节、国庆节、春节，都用诗词赞美之，生活平添几多美好。

　　写诗词需要词语，所知的不够用了，那只有多读书才行，没想到我退休后还多次到书店购书。古代文史名著选译丛书、历史人物丛书、诗歌、散文……有空就读几页，遇到好词、好句就摘抄下来。看电视、听新闻都带上笔，碰上好词语就记下备用。学诗词让自己养成了爱读书的好习惯。

　　现在我外出旅游时，不仅观赏景点的景色，更着眼了解景点的历史和文化，留下旅游的痕迹，收获长久的记忆。非常幸运此生遇到诗词，中华传统文化滋养了我的心灵，启发了我创作的愿望，我前后创作出版了《田园牧歌》《竹韵》两本诗集，丰富了晚年生活。

　　在黄山市老年大学学有所成后，我又来到我居住的屯溪区昱西街道戴震路社区，了解到该社区老年人较多，街头巷尾三五成群东游西逛，闲聊打牌。当时我就萌发了建个活动场所的念头。当我得知辖区内有座闲置的原幼儿园用房，管辖权在屯溪区时，立即撰写了一份提案送到区人大。经过区领导的调研和协调，同意将此闲置楼作为社区老年活动中心，并拨专款对房屋进行了维修，三层楼设置教室6间，于2016年3月正式对外开放。开始时,设乒乓球、象棋、音乐、腰鼓、舞蹈、书法6个班,每周活动人数达200多人次。现在增加到12个班,增设了京剧、黄梅戏、朗读、瑜伽、旗袍、二胡,每周活动人数达300多人次。此外,还选党员担任各班的班长,使各班各项活动有序进行。每年的"五一劳动节""七一建党节""国庆节""元旦"都组织各班编排节目进行庆祝,营造了健康、文明、和谐的社会风气,为社区精神文明建设奏响了合拍的音符。

为了丰富社区活动,我又邀请在老年大学学习的同学参加社区朗读班学习,用自己学到的知识,辅导社区爱好朗读的老年朋友一起读唐诗宋词、毛主席诗词。朗朗读书声透过门窗在街区的上空回荡,朗读者兴奋,闻者舒畅。在享受古典诗词美感的同时,大家也有了写一写的想法。见此情况,我约班上几位诗友商量,提出办份刊物的想法,在大家的支持下,《小巷清风》诞生了。有了《小巷清风》,我们用诗词写身边事,记凡人善举,赞美新风向,弘扬正能量。改革开放40周年、新中国成立70周年、中国共产党百年华诞,我们用诗词歌颂之。朴实真诚的语言表达对党、对祖国的感恩和热爱之情。防疫、抗洪过程中,社区干部夜以继日地坚守,广大社区志愿者舍小家顾大家的感人行为都成了我们写诗词的好材料。《小巷清风》前后共刊出了7期,正如一缕清风滋养了社区居民的心灵,净化了社区的空气,为文明社区建设贡献了力量。

没有共产党,哪有新中国!感恩共产党,感恩和平安宁的好时代,让我们过着无忧无虑的日子。中华民族的复兴伟业需要一代又一代人的不懈努力。尽管我们已经退休了,但只要身体允许,就要不断地学习,力所能及地为基层百姓做点事,让自己的人生过得更有意义。

(作者系黄山市老年大学学员)

上老年大学是我最佳选择

王绍箕

我原是一名小学退休教师,2005年走进歙县老年大学。凭着酷爱和执着,我先后学习了花卉、绘画、二胡、电脑、手机以及2021年开始学的交谊舞课程。学习时间最长的是绘画。我虽然年近八旬,只要身体健康状况允许,我就会坚持学下去。2011年,我的老伴也来到了老年大学,她学的是歌咏、戏曲、交谊舞专业。

养老方式固然多种多样,上老年大学是我最佳的选择。老年人难图大器晚成,但可以图晚年开心快乐。我进老年大学后,生活更有规律了。我和老伴每周学习三四节课。课后,抽一点时间画画、玩电脑、玩手机、看电视、读报纸、整理《读报摘要》。若天气好,我们早晚都去公园唱唱歌、跳跳舞。要是遇到下雨天的晚上,我就拉起二胡,老伴便跟着唱起来,妇唱夫随,倒也开心。有机会时走出家门,饱览祖国壮丽山河,分享祖国改革开放的伟大成果;或走出国门,欣赏异国风情。有时我夫妻俩也随学校送戏下乡,赴农村演出,受到当地村民热烈欢迎。2019年6月的一天,我们在学校接受安徽广播电视台《老爸老妈》栏目采访,并录制节目。老伴表演的越剧《红楼梦》选段《黛玉葬花》,受到好评。

歙县老年大学设有22个专业、45个班、28名教师,近2000名学员。在学校,我们这群老年人是师生、是同学,又好似兄弟姐妹,大家友好相处,其乐融融。这里可谓是老年人的乐园,我们既学到了知识,陶冶了情操,又促进了健康。我和老伴多次被评为优秀学员。

进入城市生活,家庭养花是普遍的爱好,既点缀了环境,又净化了空气。在老年大学,我首先选学花卉专业。教花卉课的是安徽省行知中学花卉专业江建凯老师,他还教老年大学的电脑班课程。江老师教学认真,每逢新学期开始,他都要听取学员意见,制订切实可行的教学计划,每逢期中、期末都要检查计划执行和落实情况。不仅如此,他还像在普通学校一样,每节课都备有教案。面对老年人记忆力差、反应欠灵敏的特点,他耐心、细致地讲解,百问不厌,和蔼可亲。在一年的花卉班学习中,我们不仅学会了花卉栽培的理论知识,还学会了春、夏、秋、冬花卉的四季管理。利用所学的知识,我家常年养了绿萝、蟹爪兰、吊兰等十几种常绿花卉,小小的家室终年洋溢着春天的气息。

社会在发展,知识在更新。电脑、手机不再是年轻人的专利了。我校自开办电脑、手机班以来,深受学员欢迎。我先后断断续续学了两三年。电脑从开、关机学起,初步学会了用电脑写文章,学会了上网听音乐、看新闻、玩QQ、查资料、收发电子邮件。随着智能手机的普及,我又报了手机班,并担任了手机班班长,自己认真学习的同时,协助老师搞好教学工作,发挥桥梁作用。我首先认真地听课,仔细地记好笔记,课后整理笔记,并发至班级群里,供同学们参阅。我历年在老年大学学习的各科笔记至今完好无损地保存着,有的知识忘了,打开笔记本便一目了然帮助回忆。我曾在《歙县老年大学简报》发表过一篇文章——《学电脑就要发挥笔记本的作用》,不少学员不仅称赞我的笔记条理清楚,重点突出,还借去抄录、复印。

为了让全班学员积极报名学手机,我及时征求同学意见,把未学会的知识编成"疑难问题之一""疑难问题之二"等,并以电子文稿形式汇报给老师,再由老师适时传道、授业、解惑。此举得到学员称赞并打消了"退堂鼓"的念头。通过一段时间的学习,大家几乎都掌握了微信聊天、发信息、音视频通话、手机购物、微信付款等软件的运用,我还特别学会使用记录生活的几种软件,即电子相册、彩视、小年糕影像、美篇。我用所学的技能为学校、班级、个人免费做了大量的相册,撰写了图文并茂的短文,仅美篇就制作了43篇,自费印刷了6本12篇纸质文章;花了两个月时间将100篇文章、8万多字、100幅图片编撰为《王绍箕的文学之路》,并打印成册,作为自己的人生纪念。我每次所做的相册、美篇等都及时地发布,为宣传党的方针政策,宣传习总书记新时代特色社会主义理论,讴歌新时代精神风貌和先进事例、模范人物等发挥了一定作用。如《七七洪水怎能忘?》记录了2020年7月7日歙县特大洪灾的实情,弘扬了在县委、县政府带领下,全县干群同心协力战胜洪灾、重建家园的革命精神和自力更生、艰苦创业的光荣传统。该文章点击率近6000次,传播面很广,受到广大读者的一致好评。

在老年大学学习时间最长的科目是绘画,从开始到现在从未间断。现在教我们的是歙县二中美术教师朱双喜。他上课直奔主题,注重示范。教花鸟画时,他以常见的四季花卉(如牡丹、荷花、菊花、梅花等)和常见的鸟类(如仙鹤、喜鹊、麻雀等)为对象反复教学,并让学员反复学习,从而达到举一反三、触类旁通。他常说:"教,是为了不教,授之以鱼,不如授之以渔。"每画一幅画,朱老师总指导大家怎样选材,怎样布局谋篇,怎样突出主体,怎样表现主题。他一面示范一面指导。在范画中有时出现笔误,他就坦率地说,这是败笔,解决的办法就是"破"。朱老师的率直和低调赢得大家的爱戴和尊重,每节课都赢得阵阵掌声。

经过一段时间的学习,同学们都学有小成。2013年国庆期间,我和几位同学有幸代表老年大学参加府前百人绘画活动,得到锻炼。一分耕耘,一分收获,多年来我的努力没白费,我的汗水没白流,看到亲友、同学、熟人高兴地拿走我的一幅幅作品,心里自然欣慰。数年来,我的作品多次参加县美协、县教委展览,多幅作品被歙县老年大学校庆10周年纪念册、歙县老年大学校庆20周年纪念册、黄山市中老年国画大赛画册、歙县教育书画研究会首届书画作品集《翰墨薪传》等收录。我也多次参加全国和县级大赛,分别获过全国大赛优秀奖和县级比赛二、三等奖。为了总结成果,我还将多年来的作品合编为《王绍箕美术作品集》。

每当看到自己的学习成果时,除了高兴、自豪、激动,更多的还是感激。感谢县委、县政府开办了老年大学,为我们老年人搭建这样好的平台,提供这样好的机遇。老年大学不光学到许多专业知识,老年大学还安排了许多社会活动,如举办了健康讲座、党员活动、摄影采风、书画展览、花卉展览、考察实践等活动。在2020年新冠肺炎疫情严重的情况下老年大学也停课不停学,开辟了线上课程。

我深爱我的老年大学!

(作者系歙县老年大学学员)

老年大学:一本读不完的百科全书

宁艳穗

时光荏苒,一转眼我上老年大学已有7个年头了。2013年我退休了,脱离了工作的集体,回到家里总有一种莫名其妙的失落感,精神萎靡。日子一天天过去,内心越发焦虑不安,迫切想寻找一个新的、适合退休生活的集体。经朋友相约来到了老年大学学习,而且从没间断过。

记得当时的老年大学只不过是在老干部局的一个小会议室里放十几张桌子,一块黑板,条件极其简陋。只有书法、绘画、摄影、唱歌4个班。我报了书法班,很快融入了新的集体。

2015年,县里将原电池厂和县图书馆整栋大楼给了老年大学,经过改造,一所名副其实的老年大学屹立于城东。"休宁县老年大学"7个硕大的红漆大字跃然墙面,在阳光的照耀下熠熠生辉,光彩夺目。

场地有了,办的班也就多起来了。除了原先的4个班,又相继开设了舞蹈、交谊舞、电脑、黄梅戏、太极拳、木兰扇、瑜伽、电子琴、柔力球等,2021年又增设了腰鼓班。学校聘请经验丰富且热衷于老年教育事业的、身怀绝技的同志担任老师,吸引了大批老年朋友。每年的开学报名日,各个窗口就排起了长龙,部分热门科目"一席难求",瞬间"秒光"。

随着老年大学的发展壮大,办的班多了,老年朋友选择的空间就大了。我先后报名参加了舞蹈、交谊舞、太极拳、瑜伽、柔力球等课程,2021年又报名学了腰鼓,在所学的课程中尤其喜欢木兰扇和柔力球,下的功夫最大,吃的苦也最多。

当初学木兰扇是被她的"美"吸引。退休前曾见过别人舞木兰扇,双手挥舞着扇子翩翩起舞,很美!在这里我遇到恩师朱翠红老师,她带我们走进了木兰扇世界,了解了木兰扇是木兰拳系列中的一种,除此之外还有拳、剑、圈等12个套路。我们从木兰扇开始学起,抬臂、举扇、云扇、提腿、托扇……老师不厌其烦地一遍一遍讲解示范着每一个动作,学员们跟着老师一个动作一个动作认真地学、练,每一节课学习氛围都是那么热烈精彩。由于朱老师是从黄山市老年大学聘请来的,每节课后就要回屯溪,所以课后学员练习就不方便指导了,都是由我带着同学们练,所以上课时我更认真,老师对我的要求也更严,每一个动作都要保证我学会了她才放心,逐渐地我们从看似笨拙的模仿到轻盈自如,我们越学越有兴致,就这样跟着朱老师我们先后学会了四套木兰扇、二十八式木兰拳、木兰圈、木兰剑。

学习柔力球是被她的"奇"所吸引。在舞动的球拍上,球为什么始终在拍上?受到好奇心驱使,于是我买了球拍自己练起来,不得要领,总也练不好,只好作罢。直到老年大学开办了柔力球班,我才重拾球拍跟着老师学起来。柔力球的运动不同于内容单一的传统球类运动,是技巧、韵律、舞蹈、太极的大融合体,对人体的四肢、关节、骨骼的柔韧性、灵活性、协调性有着很高的要求。老师从最基本的握拍、左右摆动、八字绕环等基础动作教起,由浅入深,循序渐进,几乎每一个套路里都有一两个有难度的动作需要我们去挑战,像"螺旋盘绕""正反缠头"两个动作,每天要几十上百遍地练习,直到成功为止。我们柔力球老师有着丰富的教学经验,有一双"火眼金睛",课堂上30多位学生谁的动作不到位他一眼就能看出来。2021年是中国共产党成立100周年,感党恩、跟党走,我们这学期学了"中华大舞台""各族人民心向党""永远跟党走"三套柔力球操,体现了时代主旋律,充满了满满的正能量。如今,我们一帮老年大学的朋友每天清晨相约来到状元广场,打太极拳、舞扇、舞剑,开始美好的一天;晚上打打柔力球,练练腰鼓,中途休息一会,聊聊天,切磋交流一下球艺,既巩固了所学的知识,又锻炼了身体。

我们旗袍秀班多次担任齐云山张三丰太极邀请赛礼仪和在市县大型活动舞台上展演,并在节日期间深入养老院慰问演出。最精彩的要数一年一度的校园"文化节",既是文艺演出,也是这一学年学习成果的汇报。老师学员欢聚一堂,每个班都将自己精心准备的节目展示给大家,一幕幕精彩的节目赢得了阵阵热烈的掌声,展现了老年学员风采,道出了夕阳辉煌的心声,显现了老有所为的欢乐。

老年大学是一本读不完的百科全书,我将永远读下去,永不毕业。

"莫道桑榆晚,为霞尚满天。"让我们紧紧团结在以习近平同志为核心的党中央周围,从党的百年奋斗历程中汲取前进的智慧和力量,在老年大学这个知识的海洋里尽情地遨游,不断地充实完善自己,超越自我,紧跟时代发展步伐,为实现伟大的中国梦而奋斗。

(作者系休宁县老年大学学员)

让学习成为一种可能

罗建华

改革开放以来,我们党和国家非常重视老龄事业,把它称为"夕阳产业",提出了"老有所养、老有所医、老有所教、老有所学、老有所乐、老有所为"。"六个老有"体现了党对老年人无微不至的关心,同时也向我们老年人提出了新的要求,要我们"有所学、有所为"。

我觉得只有"老有所学"才是老年人与时俱进的主动选择,只有不断地"老有所学"才能"老有所乐",才能更好地"老有所为",才能更有质量地"老有所养"。

有人觉得学习是年轻人的事。可我觉得,人在每一个阶段,都离不开学习。特别是现代社会,科学技术迅猛发展、日新月异,不学习,就会被社会所淘汰。要想老年生活过得充实、有意义、有质量,就必须要有精神食粮。这就要求我们必须要像海绵吸水一样,不断地学习各种知识和技能,不断更新自己的知识,让自己的知识库里有源源不断的"活水",永葆大脑的"青春"。

人们常说"活到老,学到老",说起来容易做起来难。因为人到老年,随着脑细胞不断消亡,记忆力不断衰退,手脚也变得不灵活,学习速度、接受新事物的过程都变得缓慢和迟滞。但这并不能成为不学习的理由。只有不断学习新知识,接受新事物,不断刺激大脑,才能延缓大脑的衰老速度,才能活出老年人的精彩和自信。

(一)学习新知识,需要"钉子"精神,需要顽强的毅力

退休一年以后,我"送走"了96岁的母亲,又接来了我的大孙子,让他跟随我学习和生活。同时我也走进了老年大学,开启了我的人生"第二春"。一个对乐器一窍不通的人,报了一门二胡课程。"千日胡琴百日箫",学二胡是有难度的。刚开始时,我只觉得左手指僵硬,一点也不听使唤,右手也拉不开弓。许多人都知难而退了。这时,我想起了雷锋的"钉子"精神。既然选择了学二胡,就得下点功夫,开弓没有回头箭,在我的人生字典里没有"退缩"二字。从那以后,无论是严寒还是酷暑,我都坚持每天练琴。手上磨出了血泡,又慢慢变成了老茧。遇到问题我就多思考、多请教。功夫不负有心人,几年过去了,经过不懈努力,二胡音也从开始时的噪音慢慢向较为优美的方向转化。我现在可以用5种调子(C、D、F、G、b_B)来演奏常见的歌曲,还能够自拉自唱,引来了同行的羡慕和赞美。也许人们不会相信一个退休前对乐器一无所知的人,现在已掌握3种乐器,可这是事实。

(二)善于在生活中捕捉信息,抓住一切机会学习

微信开始于何时我不太清楚,我开始接触微信时是2015年正月。这里还有一个小故事。那年正月我在亲戚家吃饭,聊天时,他问我:"你有微信吗?"我说:"以前上班时有威信,现在老了没有了。"大家的笑声让我一头雾水。他说:"我说的是手机微信,不是你说的威信。"那一刻,我才知道手机上还有微信。可我当时用的是小灵通。

第二天我就去买了部智能手机,玩起了微信。智能手机开启

我的另一个新天地，我在手机上用微信聊天、投票、发红包，用微信和支付宝付款。在支付宝蚂蚁森林里植树、捐步、做公益。在淘宝、考拉海购、京东、唯品会、苏宁易购上购物。在手机银行里转账、买理财产品、做投资……2021年我又在手机上登录"抖音""快手""彩视"等App，把生活日常、上课实况、老年大学的教学实践活动以及旅游所见美景用手机拍摄下来，制作成短视频发到网上，让更多的人看到我们老年人的幸福生活，以此来展示我们老年人的风采，歌颂我们伟大的祖国、伟大的党。

2017年夏天，老年大学让我主持期末的一场汇报演出。说实话，我长这么大从未涉及过这个领域。当主持人要撰写主持词，还要根据不同的节目史料和场景需要来撰写不同的串词。我一遍一遍地查资料，一遍一遍地推敲主持词中的每个字词句。为了读准每一个字音，我一次又一次请教"字典"，直到自己满意了再让领导审核。这期间，不知道用了多少纸和笔，也不知道花费了多少时间和精力。当我闪亮登场时，我的心中充满了自豪。因为我又一次超越了自我。5年来，我一次次登台，一次次圆满地完成领导交给的任务，也让我成为一个小有名气的义务主持人。

2021年是建党100周年，在全国人民"学党史、感党恩"的实践活动中，作为一名中共党员，我怀着无比崇敬的心情，学习了中国共产党的百年历史，回顾我们党100年的光辉历程，我深刻体会到：没有共产党就没有新中国，没有共产党就没有今天祖国的繁荣昌盛，就没有人民的幸福生活。我结合实际写心得体会，积极参加老年大学开展的"学党史、感党恩、助茶农"的教学实践活动，并在党员大会上做主题发言。

今天，我们学习党史是为了吸取成功的宝贵经验，总结失败的教训。正如习近平总书记所说："我们党的全部历史都是从中共一大开启的，我们走得再远都不能忘记来时的路。"

我要铭记党的历史,不忘初心,牢记使命,不断增强责任感和使命感,传承好党的红色基因和革命精神,以忠诚之心跟党走,以奉献之心报祖国,为建设平安和谐社会贡献力量。

2020年,我上老年大学整整10年了。

回顾我的退休生活,我紧跟时代步伐,紧随祖国的发展变化一路走来。在不断学习的过程中,让"有学"和"有为"紧密结合,在学习中享受人生的乐趣,在学习中感悟人生的真谛,让学习成为一种习惯,让"有为"成为可能,让人生充满了豪情和自信。

如今,我已年近古稀。俗话说"七十古来稀",我想说"七十正青春"!尽管岁月的风霜染白了我的头发,沟壑纵横的皱纹爬上了我的脸颊,但我觉得青春并非年轻岁月,而是一种良好的心态。只要我们有毅力、有激情、有理想、有信念、敢闯敢试、努力学习、善于学习,我们就能开创出一片属于我们老年人的新天地!

让生命之花在学习和创新中开得更加夺目、更加璀璨吧!

(作者系祁门县老年大学学员)

80岁我学会了使用电脑

朱道毅

2021年,我虚龄90岁,是一个有24年校龄、只念书不毕业的老牌老年大学学员。

我于1993年年初退休并居住在歙县。1997年歙县开办老年大学，我曾报名参加了 4 门课程的学习，其中最吸引力我的是绘画。虽然过去未接触过绘画，但书法是我自幼的爱好，都说"书画同源"，我的绘画水平不到两年就有了起色，从此也就爱上了。随着岁月的流逝，我的绘画技能又"原地踏步"，停滞不前。"先学三年，突飞猛进；再学三年，寸步难行。"绘画这门技巧，入手易，深入难，是个螺旋形的上升状态。我稳定了曾经想打退堂鼓的情绪，坚持深入学习，就算 2002 年迁居岩寺后，我仍继续到歙县去上学。

2012 年秋，徽州区办老年大学了，真是一件大好事，不仅领导重视，而且师资力量强，环境也很优美，当然对我也更方便了。我愉快地上了绘画班，这阶段成为我提高绘画技巧的关键期。记得一次班级总结会上，蒋竺江老师的一句话打动了我的心，他说："提高兴趣，是学习的另一个好老师。"对啊！提高兴趣是学好各门知识的生命力之一，它涉及思想认识、教学方法、学习方法等诸多方面，关键还是学习者本身。我进行了反思，从以下几方面来提高兴趣：首先是不无故缺课；其次是逛书店，多买参考书，并多看多读；三是听课与听点评并重，特别是把同学的作业视同己作，找出自己的缺点和不足；四是坚持做作业、交作业，有好的作品还可以装裱挂起来，自我欣赏，鼓励自己；最后是重视彼此交流。我曾写了《书画题跋的纪时方法》《临摹中国画的体会》两篇文章，并自行打印后委托班长免费发给同学们参考。

2017 年，学校根据学员建议，拟出刊《耄耋学员书画集》，并举办联合展出，我被邀请参加。2018 年该画册正式出刊和展出。我在"螺旋形上升状态"中上了一个台阶。

学习电脑是紧跟新时代的需求，也是丰富老年生活的一个方面。我在绘画班学习后期，开始兼学电脑。这门新知识，我过去根本未碰过，现在一切从零开始，最大的难题，就是记不住。老师电脑一关，我的头脑一片空白，一种无能感缠着自己，感觉比绘画要难多了。在这关键时刻，我坚持住了。两年的努力，我给自己总结了3句话：坚定一个决心，坚持"四个多"，做好一张图。首先要坚定"跟上时代、勇闯网络"的决心，这是精神支柱，不能动摇。在具体操作上做到坚持"多练习、多琢磨、多请教、多做笔记"，力争经常打开电脑复习功课，每操作一步，都仔细察看电脑发出的提示和信息，对搞不清的问题，记下来再去请教老师、同学和亲友，笔勤是对付"记不住"的最好方法。最后，也是最重要的，就是"做好一张图"，即"路线图"。电脑班汪昌鸿老师多次发的学习材料，给了我启示；看了《安徽老年报》上的《为父母绘QQ说明书点赞》的报道，进一步激发了我："路线图"记录的就是完成某项任务的具体步骤。几年来，我做了19篇"路线图"存放在电脑中备用（包括如何使用电脑或手机传送文件、视频和图片，如何制作 I see 相册，如何使用 PS 工具抠图等），给记性差的我带来很大方便。我实现了"80岁学电脑"的美梦。电脑既复杂又深奥，涉及的内容丰富，有生之年我要继续努力。

　　24年来，我初步学会了绘画和电脑使用的技巧。实践证明，老年大学是提高老年人原有爱好和接受新知识的唯一学习乐园。

（作者系黄山市徽州区老年大学学员）

老有所学 幸福生活每一天

苏 敏

不知不觉皱纹悄悄爬上额头,青丝变成了白发,我们已到了退休的年龄,无论情愿或不情愿,我们还是与"老"撞了个满怀。

退休在家的日子里,我整天无所事事,总有大把时间不知如何打发,仿佛只能"混老等死",感到空虚和无聊,有一种脱离社会的焦虑和不安。我们曾经是岗位上的精英、家庭中的顶梁柱,退休让我们有一种被边缘化的孤独感、不被需要的失落感,从而渐渐生出自悲,担心老之将至,自己会成为家庭和社会的负担。这些负面情绪的搅扰,对我的身心健康造成严重影响,生活质量急剧下降。

自从我上了健乐老年大学,整个人由内而外发生了巨大的改变。

记得第一次走进健乐老年大学,首先映入眼帘的是校内环境布置,玫红色的亮眼色系,给人喜悦柔和的美感,内心顿感踏实。工作人员总是面带微笑,以不厌其烦、热情周到的服务打动了我。李校长等校领导态度谦和,平易近人,见到我们总是亲切微笑,低头躬身,处处流露出内心的恭敬和尊重,让我们如沐春风,倍感温暖与温馨。他们视我们如亲人,给予我们极大的关心和爱心,内心的自卑一扫而尽。

在这所学校,遇见了资历很深、有丰富教学经验的老师,遇见了爱好相同的同学,结识了新的朋友,有种特别的归属感、存在感,我们重新有了自信。

健乐老年大学从老年人自身需求出发,其办学特色是游学结合,游养相融,学养并举,养老享老。学校独特的"乐学乐游乐养"办学模式,让我们这些老年朋友老有所学,老有所乐,每一天都幸福地生活着。学校每个月还会给老师、学员过生日、办派对、吃生日蛋糕,我从未和这么多寿星一起过生日、办派对,每个人还都有一份小小的生日礼物,真的很开心,从前都不敢想象老年生活还可以这样!

"乐游"就是带领我们欣赏不一样的风景,了解不同地方不同民俗的风情,从而增长了见识。当我们将身心融入大自然,吸天地之灵气,超然物外,忘情也忘我,完全陶醉在美景的愉悦之中,有着无以言说的美好,仿佛人一下子都变得年轻了。

我参加了学校组织的江南三日游活动,让我一下感受到了江南美景的魅力和女子的柔美,每天出行我都会带上五六套服装,就为了留下美美与共的难忘画面。学校组织的旅游品质和性价比都很高,吃住条件都不错。在优美宜人的景色中,专门给我们从不同角度选景,拍摄的照片、视频瞬间就有了大片的既视感。回家后这些照片不仅爱人夸赞,就连走在时尚前沿的女儿都说美得不行,鼓励我再去学个模特,我心花怒放,立马就报了一个高级形体班。所谓读万卷书,行万里路,乐游不仅带给我们快乐,更是增长了我们的见识,增添了生命的灵动感。

"乐养"就是用老祖宗传承下来的宝贵的中医理念,帮助调节老年朋友身体的内环境,改善亚健康,从疾病的源头治疗,找到患病的机理,祛病治本,让我们掌握正确的养生方法,获得健康的身体。

学校开设了音乐、绘画、书法、插花等艺术类科目,学习各种乐器演奏技巧,这些高雅情趣的培养是修身养性的最好方式。舞蹈又唤醒我们的青春和美丽,不仅愉悦了身心,也健康了身体。看到镜子中一天天变美的自己,特别开心,希望之帆在心中升起,对生命充满了无限热爱。最让我喜爱的是学校开设的国学班,我们有幸在这里跟着名师学习《论语》,学习《了凡四训》,学习王阳明等先贤哲思的智慧,继承了中华传统文化。传统文化精髓在内心的根植,拓宽了心胸,提升了境界,重塑了自我。

　　我的家庭虽然很幸福,但也有烦恼的时候,最主要的就是和女儿的关系。女儿和我的关系不像小时候那么亲近了,总想挣脱老妈的束缚,很长一段时间我都很焦虑和无助。令人没想到的是自从上了国学课,我调整自身思维心境,换了一种沟通方式,现在女儿和我的关系越来越好,有种姐妹的感觉,所以就出现了上面鼓励我报模特班的故事了。一家人其乐融融是我在健乐老年大学收获的宝贵财富!

　　我曾在日记中写下这样一段话,"我采集世间的光明,光亮我的灵魂。掬一捧大地的甘露,温润我的心田。借人间的温暖,绽放我胸中的热情。借一切大爱,点亮我的无私。借智者思想,让我走出狭隘。无私和奉献,让我学会了给予。圣贤之气浩然于心,我亦走向高远。"

　　智慧和德操让心灵富足,让生命的青山绿水洒满阳光,时有清风明月相随,人生简单而快意。人生是一个不断修行的过程,活到老,学到老。修行就是修心,心量大了,人生的格局和境界就开阔了。当一个人不以自我为中心,人生的气象宏大开阔,心胸就宽广,幸福会自来,眼中的世界就变得美好。

　　老有何妨,经历过人生的风风雨雨,踏过人生的沟沟坎坎,学习沉淀出智慧,提升了格局,多了仁慈,装满爱,体现的是宽容,给人以温暖,为子孙树立榜样,传承善和美的家风,为社会发挥余热。我来不及认真地年轻,就这样认真地老去,该是很好的!

心若年轻,就会一生不老。借助健乐老年大学提供的学习平台:学习,使我们的生命蓬勃向上,激情飞扬;追求,使我们心中永存希望,常伴欢喜;知识,填平心中的沟壑;智慧,让眼中闪烁光芒;微笑,舒展脸上的皱纹。如此优雅地老去,是多么美好!

夕阳拥抱晚霞,梦想拥抱初心。健乐老年大学,一所适合老年人的学校。随着老龄人口急剧增多,老龄队伍不断扩大,老年大学的需求量也在不断增加。这就需要调动全社会力量对创办老年大学全力支持,尤其是对优秀民办老年大学全力支持,这样才能确保越来越多的老年朋友有个良好的学习处所,满足其全方位的爱好和需求。老年大学的诞生,创造了老年人丰富多彩的生活,极大地提高了老年人的生命质量,提高了国民素养。

我由衷地希望健乐老年大学能越办越好,让更多的老年人能活出心中最美的模样!更希望国家更多地鼓励、支持这样真心办学的民办老年大学,让家庭让社会更加幸福吉祥!

(作者系健乐老年大学学员)